中国特色社会主义
法治理论与实践系列研究生教材 | 10

法律硕士专业学位研究生案例研究指导丛书

法律职业伦理案例研究指导

袁钢 编著

中国政法大学出版社

2019·北京

作者简介

袁　钢　法学博士，中国政法大学法学院副教授，法律职业伦理专业硕士生导师，中国政法大学人权研究院兼职副教授，公证法学研究中心副主任，律师学研究中心研究员。兼任中国法学会法律文书学研究会常务副秘书长、理事，中国法学会法学教育研究会副秘书长、理事，最高人民法院首批法律研修学者，入选首批北京高等学校"青年英才计划"。2006 年 8 月~11 月赴布鲁塞尔自由大学（VUB）访学，2007 年中国人民大学欧洲问题研究硕士结业，2018 年 4 月~2019 年 4 月为美国哥伦比亚大学法学院 Randle Edwards Fellow 访问学者，主要从事司法制度与法律职业伦理、体育法学、法学教育、人权法的研究。现作为课题负责人主持北京市社会科学基金研究基地项目 1 项，完成国家社会科学基金一般项目 1 项，北京市哲学社会科学规划青年项目 1 项，参与 7 项国家社科基金重点项目、北京市社科基金项目、教育部人文社科研究项目。独著《北京市法律援助体系实证研究》（2017 年）、《欧盟监察专员制度研究》（2013 年）、《权利回归：国家人权机构研究》（2011 年），独译《推进正义的法律诊所教育》（2017 年），在《体育科学》《行政法学研究》《法学》《法学杂志》《南京大学学报（哲学·人文科学·社会科学)》《中国高教研究》《欧洲研究》《中国行政管理》《人权》等期刊发表论文三十余篇，主编、参编、合译教材、著作四十余部。

序　言

　　法学学科是实践性很强的学科。2017年5月3日，习近平总书记考察中国政法大学时对法学教育和法治人才培养提出了明确要求。他指出："法学教育要处理好法学知识教学和实践教学的关系。学生要养成良好的法学素养，首先要打牢法学基础知识，同时要强化法学实践教学。"如何使学生学习法治理论的同时，能够深入了解中国法治实践，拥有解决实际问题的知识和能力，是法学教育必须解决的首要问题。

　　法律硕士专业学位研究生教育最注重实践教学，日益成为法学教育的主要形式。近十几年来，法律硕士专业学位研究生教育快速发展，无论是举办高校数量还是招生规模都一路高企，呈现出一派繁荣景象。随着应用型硕士与学术型硕士的分野，二者之间在培养模式、培养标准、教学方式、教材体系等方面有何区别等问题亟待研究。可以说，法律硕士与法学硕士最大的区别在于人才培养目标不同，法律硕士培养应当服务、服从于法治实践，为实务部门培养具有法律专业素养和职业精神的优秀人才。有鉴于此，构建有别于学术型硕士的培养模式、制定统一的培养标准、改革教育教学方法、编写高质量教材，成为法律硕士专业学位研究生教育的当务之急。

　　法律硕士培养规律和实践表明，案例教学是强化实践教学的重要方式，也是增强学生问题意识，提高解决问题能力的有效途径。案例教学不仅能够使学生深入了解法治工作实际，提高他们正确适用法律的能力，而且可以促进理论和实践的有机结合，提升他们的理论素养。

　　中国政法大学作为全国第一批法律硕士专业学位研究生培养单位和第一所设立法律硕士学院的高校，在法律硕士专业学位研究生培养方面积累了一定经验。为进一步推动法律硕士专业学位研究生教学改革，深化培养模式改革，打通知识教学与实践教学之间的壁垒，强化实践教学和案例教学，学校组织有较高理论素养和实践能力的教师编写了《中国特色社会主义法治理论与实践系列研究生教材之法律硕士专业学位研究生案例研究指导丛书》（以下简称"案例研究指导丛书"），帮助学生从案例研究入手，更好地学习法学知识，掌握专业技巧，提高实践能力，以适应日益增长的社会需求。

　　案例研究指导丛书坚持以中国特色社会主义法治理论为指导，坚持从中国国情和实际出发，融通世界先进经验与中国智慧，结合中国法治实践，在夯实学生法学专业基础的同时，注重培养学生的理想信念、家国情怀、人文精神和责任担当，提高学生发现问题、分析问题、解决问题的能力，形成运用法律思维和法治方法分析解决问题的自觉意识。

　　衷心希望这套教材能够在法律硕士专业学位研究生培养中发挥积极作用，成为广大法律硕士专业学位研究生的案头必读书。

　　是为序！

中国政法大学　马怀德

2019 年 4 月 12 日

　　正如纽约大学法学院斯蒂芬·言勒斯（Stephen Gillers）教授在其第12次再版的《律师规制：法律和伦理问题》一书序言中所述，无论法律职业人员在哪一具体领域执业，都会遇到法律职业伦理教材所述和课堂所教的职业伦理问题。因此，本书前言旨在简短并重点介绍本书编写背景、特色以及使用方法，烦请拨冗阅览。

一、本书编写背景

　　立德树人是教育的根本任务，法律硕士教育承担的重任在于培养德法兼修，具有良好的政治素质和道德品质，遵循法律职业伦理和法律职业道德规范，服务于立法、司法、行政执法和法律服务以及各行业领域德才兼备的高层次复合型（专业型）、应用型法治人才。法律教育界和法律实务界就应当重视法律硕士研究生法律职业伦理教学达成了基本共识。2017年7月，国务院学位委员会办公室将《法律硕士专业学位研究生指导性培养方案》正式印发各法律硕士培养单位实施。该方案除大幅缩减法律（法学）研究生必修课课程之外，最大的变化就是将"法律职业伦理"正式列为法律（法学）研究生和法律（非法学）研究生的必修课，并将其列为专业必修课的首门课程。

　　法律职业伦理是法律职业人员职业价值观的内化，其外化形式是法律职业人员在执业中应当遵循的法律职业行为规范（规则）。法律职业人员的职业伦理是可以教化的。"法律职业伦理"课程旨在强调法律职业伦理不仅是规制法律职业人员的规范体系，更应是法律职业人员尊崇并切实履行的职业理想与追求。因此，"法律职业伦理"作为法律硕士研究生的必修课，除重点讲授法律职业伦理的基本原理、基本制度和基本规则，更应当切实提高法律硕士研究生自觉遵循法律职业规范的意识，准确运用法律职业伦理基本原理、基本制度和基本规范来评估、预防法律职业伦理风险，并且解决法律职业伦理问题。因此，在本书的编写过程中，作者尝试将法律硕士研究生置入真实的法律执业情景，由授课教师采用反馈评价、头脑风暴、圆桌讨论等多种教学方式，来实现"法律职业伦理"课程的教学目标。

二、本书使用方法

根据《法律硕士专业学位研究生指导性培养方案》，"法律职业伦理"课程为 2 学分。该课程内容设计应结合授课对象的多学科背景以及国家统一法律职业资格考试中"司法制度与法律职业道德"部分的考试要求，与民事诉讼法、刑事诉讼法、行政诉讼法中法律责任部分内容授课。使用本书进行"法律职业伦理"课程授课应注意以下三个方面：

1. 以案例研讨为主，专题讲授为辅。对于法律职业伦理的重点知识，授课教师可以采用讲授的教学方式，但要注意系统性和准确性，把握适当的深度，应将讲授内容、相关知识和法律法规提前布置给学生自我学习，让学生带着问题走入课堂；在课堂上应更多围绕典型案例，通过分析法律实践中常见的法律职业伦理问题，重点培养学生熟练运用法律职业伦理规范的能力。

2. 以体验学习为主，教师引导为辅。授课教师应当发挥引导作用，提前公开教学实施方案，明确教学进度，开具必读文献和选读文献清单，确定讲授或研讨主题。在专题讲授或案例研讨中，通过提问、追问检验学生预习效果，调动学生主动学习的积极性，可以通过模拟法庭、模拟谈判、模拟调解等教学方法，给学生创造角色情境，培养学生解决法律职业伦理问题的能力，让学生能真正做到"体验式学习"，而不是被动接受知识。

3. 以重点知识为主，新兴知识为辅。授课教师可采用电影教学、观摩庭审等方式，引导学生观摩相关法律职业伦理影片或者庭审，介绍热门案件中的法律职业伦理争议，使得学生充分认识学习法律职业伦理的重要性，掌握法律职业伦理知识体系中的重点内容。同时，法律实践具有很强的开放性和时代性，这就意味着法律职业伦理规范也并非一成不变，因此在教学过程中，授课教师也要适当介绍法律职业伦理近年来出现的新问题，如新媒体、大数据等在法律实践中广泛使用所引发的法律职业伦理问题，使教学内容保持一定的前沿性。

三、本书编写特色

1. 体系化体例结构。本书遵循本系列教材的基本体例规范，以专题形式组织编写内容。根据法律职业伦理教学内容和特色，共设置4编、10章、40个专题，每个专题包含知识概要、经典案例、拓展资料三个部分。知识概要部分呈现各专题的重要知识点；经典案例部分以各专题涉及的重点问题为导向，通过案例教学培养学生发现问题、分析问题、解决问题的能力；拓展资料部分包括与各专题相关的案例和阅读资料，以拓宽学生知识面。

2. 表格化知识结构。本书作为案例教材，对各专题的知识点均采用通说，统一按照概念、依据、内容和责任四个模块进行归纳与汇总。在第三编"律师职业伦理"的第五至八章中均设置"本章知识概要"，以律师应当承担的职业伦理义务为标准，将义务的具体内容和相关依据以表格化方式呈现，方便学生全面掌握知识点以及尽快查阅相关法律法规。

3. 真实化案例选择。与目前出版的法律职业伦理教材或者案例不同，本书选取的经典案例全部为真实案例，来源于中国裁判文书网、司法部和中华全国律师协会部分地方律师协会通报的涉及律师、公证员行政处罚和行业纪律处分的案件以及有关公开出版的报纸、期刊和著作中收录的案件，并且绝大部分案件是在近5年内发生的。为拓展学生知识面，也选择了3件来自美国律师行业的经典案件作为参考资料。

4. 案例化教学模式。本书力图采用案例教学模式来组织编写。案例教学是以学生为中心、以案例为媒介、以问题为起点、以讨论为手段，通过师生、生生间的协同参与和对话，面向实践，不断建构与生成知识、观点和方法，从而提高学生理论和实践相结合的综合能力的一种教学方法。案例教学的特点是通过学习、研究大量的案例来掌握法律的精神和基本原则，即在上课之前，学生必须认真阅读、学习授课教师编发的案例汇编，查阅相关的资料。课堂教学中，基本的方式是问答式、对话式或讨论式。授课教师在讲课中不断提问，与学生一起就某个案例进行讨论，在讨论中引导学生总结出法律的原则、规则以及各种法律之间的关系，而不是通过死记硬背具体的法律条文来学习法律。

案例教学不仅追求学生知识的积累，更关注学生个体智慧的增长，重视培养学生的批判性思维方式，重视理解专业事务复杂性、发展性和情境性特征。案例教学不同于授课教师在讲授中为帮助学生学习理解和掌握理论知识要点所编制的事例或者示例。在教学中，事例是为了定位和指向说明或者印证理论原理。因此，本书不同于本系列教材中的其他教材，没有就案例所涉及的法理分析或者裁判规则进行全面展示，也没有给出唯一的正确答案，而是为授课教师组织课堂教学讨论提供可以参考的案件和阅读资料，并简略指引教学方法和教学内容。

5. 规范化案例编写。全国法律专业学位研究生教育指导委员会于 2015 年启动法律硕士案例库建设。本书参考了《中国专业学位教学案例中心法律硕士专业学位子案例库入库标准》，按照《中国专业学位教学案例中心法律硕士专业学位子案例库编写要求》中关于"案例正文"和"教学指导手册"中的具体要求来编写，重视案例所涉教学内容和授课教师如何组织教学等问题。

本书作者将司法制度与法律职业伦理作为个人的研究旨趣，参与了全国法律专业学位研究生教育指导委员会关于修订《法律硕士专业学位研究生指导性培养方案》的研讨和《法律专业学位研究生核心课程指南》中"法律职业伦理"课程指南的编写工作，参与了有关法律职业伦理试题、中华全国律师协会律师职业伦理教材的编写工作，从事过法学研究生教育培养管理工作和法律实务工作，主持过以法律硕士教育评价为主题的国家社科基金项目的研究工作，并以访问学者身份在美国哥伦比亚大学法学院从事了为期一年的"完善中国法律职业伦理教育"课题研究，拜访、请教了纽约大学法学院斯蒂芬·吉勒斯、哥伦比亚大学法学院简·斯皮纳克（Jane Spinak）教授等诸位法律职业伦理研究专家。在此基础上，为保证本书各专题的一致性，作者终以编著方式独立完成本书的编写工作。

袁　钢

2019 年 9 月 8 日于美国纽约晨边高地

图书总码

目　录

第四编　公证员、仲裁员职业伦理

第一编

法律职业伦理总论

| 第一章 |

法律职业伦理概述

专题一 法律职业共同体的构建

🟦 知识概要

　　随着全面推进依法治国方略的实施，法律职业日益成为我国社会最热门的职业之一。法律职业作为一种高度专业化的职业，在长期的发展过程中，形成了一整套包括法律思想、学术流派、价值标准和各种制度规定在内的法律知识体系，涵盖了从事法律职业必须具备的高度专业化的法律思维、法律意识、法律语言、法律方法、法律解释、法律推理、法律信仰和法律伦理等。

　　法律职业共同体是以法官、检察官、律师、公证员、法学家等为核心的人员所组成的特殊的社会群体，他们受过专门的法学教育、具有较高的法律知识水准、掌握法律职业技能、具有法律职业伦理。忠于法律的法律伦理是现代司法独立和法治自身的要求。正是本着忠于法律的伦理精神，不同的法律职业者自觉形成对法律的确认和信服，培育法律至上的道德素质；认同和内化法律的内在价值，公正、正确地理解和适用法律；将法律视为自己的生命，视为自己的灵魂，客观能动地进行法律解释，弥补法律漏洞。在此过程中，他们逐渐形成了一种所谓的法律解释的共同体，分享同样的法律知识，运用同样的法律职业技术，遵循同样的法律职业理念，信守同样的法律职业信仰，进而形成一种富有独立性和专业性的社会阶层和社会力量，即法律职业共同体。

◈ 经典案例

案例 1.1　法官收取"介绍费"案

一、基本案情

2007 年 6 月 13 日，中共北京市纪委、北京市人民检察院反贪局、北京市人民检察院第一分院反贪局组成联合调查组对原北京市某区人民法院院长郭某涉嫌受贿等问题展开调查。2007 年 7 月 16 日，北京市人民检察院第一分院对郭某立案侦查。北京市第一中级人民法院一审审理查明：郭某于 1998 年 10 月至 2007 年 5 月间利用担任北京市某区人民法院院长等职务的便利，采取为请托人提供案源并为案件胜诉提供帮助；利用为施工单位、生产厂家承揽审判业务大楼建设项目，为采购及安装提供帮助等手段，多次索取或者非法收受十余人给予的财物及侵吞公款共折合人民币 797.28 万元。其中，收自律师的案源介绍费共计 367 万元。

郭某和这些律师结成"合作社"，用利益捆绑来实现利益"分成"。1999 年至 2002 年间，经郭某介绍，法律工作者张甲先后代理了该法院 20 余起诉讼案件，并按照所收诉讼代理费的 20% ~ 30%，通过其胞弟张乙，先后 10 余次送给郭某"介绍费"200 万元。张甲代理的案件在该法院审理过程中，只要找郭某帮忙，郭某一定会尽地主之谊，利用职务之便为其提供帮助。2002 年，郭某听到了传闻，说有人将"中介费"一事向纪检部门反映，立刻通知其胞弟张乙，让其找张甲打假借条以掩人耳目，以备事发好找借口，借条内容为：自 2001 年 12 月至 2002 年 3 月 9 日分 16 次向张甲借款共 200 万元整，以购买住房用，一年后偿还。同意人：张甲，借款人：张乙。此外，根据司法机关认定的证据，郭某还曾先后多次将律师马某、邬某等人介绍给案件当事人及涉案单位，通过与这些律师分成的方式大肆收受贿赂。

2008 年 10 月 30 日，北京市第一中级人民法院鉴于郭某坦白了司法机关尚未掌握的部分受贿犯罪事实、赃款已被全部追缴等情节，同时考虑其能认罪悔过，对其作出一审判决，判处郭某死刑，缓期两年执行，剥夺政治权利终身，并处没收个人全部财产。郭某不服，提出上诉。2009 年 1 月，北京市高级人民法院作出裁定，驳回上诉，维持原判。[1]

二、法律问题

1. 为什么法院院长会与律师结成"合作社"并进行利益"分成"？
2. 为什么法律职业人员必须具备法律职业伦理？
3. 应当采用何种方式来规范法律职业人员的职业行为？

三、教学安排

（一）教学内容

本案例主要要求学生掌握法律职业伦理的基础问题：法律职业共同体。

（二）课堂安排

要求学生在课前阅读与学习以上案例及本专题拓展资料中"可教化的法律职业伦理"等相关资料，授课教师也可补充其他阅读材料、时事新闻等。授课教师介绍教学内容、组织学生了解案例教学方法（参见拓展资料中"案例教学特色和步骤"）之后，组织学生围绕以上法律问题进行讨论和分析。

授课教师可以根据授课内容、授课人数等来决定采用不同的组织研讨的方法：

（1）授课人数在30人以内的，可以采取分成4~6个不同的小组，根据不同的专题内容、案例和阅读资料，分别由小组讨论5~15分钟（时间长短根据讨论对象内容来决定），具体讨论问题可以在本专题中"法律问题"的基础上由授课教师具体设计，例如可以要求学生列举法律职业共同体的建设或者法律职业伦理的重要性等。每个小组选定代表分别以口头或者板书等形式向所有成员汇报；每个小组代表汇报后，本小组成员可以补充。汇报完毕后，由授课教师组织总结，或者小组之间相互评价。

（2）授课人数超过30人的，可以根据授课名单将10~20人列为一个讨论小组，每次课指定1个讨论小组参与讨论。授课教师根据授课内容和材料，设计和组织问题，分别向讨论小组成员提问，由该小组同学分别发表观点，同时由全班同学向授课教师提出问题。

---

[1] 荆剑："京城法院院长郭生贵的四宗罪"，载《法律与生活》2009年第4期。

四、重点提示

1. 法官与律师会形成"利益"分成"合作社",很大程度上反映了法律职业共同体建设存在的不足,同时反映出为什么要重视法律职业伦理的建设和教学。建议引导学生从法律职业共同体建设的必要性来展开讨论,可以参考以下这篇短文:

没有法律职业共同体,就没有成熟的法治。反之,法治不成熟,也难有发达的法律职业共同体。法治与法律职业共同体应是共生共伴同长同成的关系。以法官、检察官、律师、法学教授以及职业立法者、社会法律服务者等组成的法律职业共同体,是随着经济社会的历史性进步,在法治成为社会主要治理方式时逐步形成的,表明了法律人的团结与协作,也因此受到社会尊崇。

就我国而言,随着良法体系的完备、法律得到一体遵行、法学教育形成规模,以及法治成为社会共同的生活方式,我们迫切需要一个相对独立的、规模庞大的群体专门从事法律职业。法官、检察官、律师等职业,内容各不相同,职业活动甚至是对立的、冲突的,为什么把他们称为共同体?原因首先在于他们是知识共同体。这一群体都受过法学教育的训练,具有相同的知识结构、相同的思维和相同的法言法语,恪守共同的公正标准。其次,他们又是价值共同体。无论是法治实践中的何种角色,他们都把法律等同为正义,把司法的过程理解为实现公平正义的艺术,把实现公平正义作为共同的追求。他们之间的争执、对立,不是为了远离公正,而是为了向对方表明自己更接近公正。公正是他们的共同修养、共同境界。正是为了实现公正才将司法分成了若干链条,也正是公正又最终将断开的链条衔接起来。他们是公正链条上的独立的环,但任何一环都无法独立地实现公正,只有用公正这根线再将他们串在一起,公正才有可能实现。

中国是世界上较早产生法律职业的国家之一。汉时设"律博士"一职,其职责即是研修法律。晋时郑玄、马融终生从事律条解释,他们创建了中国特色的法学——律学。晋后的中国历代都有专门的法律注疏者,也有专门的法律司主者,但他们无法组成法律职业共同体,原因即在于,他们只是一种依附于其他主体的工具。随着建设中国特色社会主义法治国家目标的确立,全面推进依法治国，我们迫切需要培育与法治中国建设目标相适应的具有中国特色的法律职业共同体，包括职业的立法者、职业的执法者、职业的司法者、职业律师、职业的法学教育与研究工作者，等等。

建设好这个共同体，需要确立"法治一体化"的理念与制度，比如一体化的法学教育，一体化的法律职业资格考试，一体化的职业培训，一体化的价值追求，等等。尤其重要的是，要有一体化的职业伦理要求，对于法官、检察官、律师而言更是如此。三者要以相同的伦理底线共约，如果允许三类职业有三类道德水准，其结果一定是低水准的道德把高水准的道德拉低，最后使高的向低的屈服。只有三者水准相同时，三者的道德才能共守共进。

此外，在实践中还应该确立一体化的人事制度和一体化的奖惩制度。只要出现与职业要求不符的行为，就应视为司法不公、司法腐败，就应予以惩戒。这两项制度也是法律职业共同体形成与否的制度标准。以上关于"法治一体化"的设想，是法律职业共同体形成和发展的制度性保障，也是法治走向成熟的制度性条件。[1]

2. 关于法律职业人员必须具备法律职业伦理的原因，可以从以下两个方面讨论：

（1）法律职业伦理是法律职业的重要特征。法律人才必须具备两个方面的素质：一是"技术理性"或称为"人为理性"，即法律职业人特有的知识体系与思维方式（属于技术问题）；二是维系着法律职业共同体的社会价值、信誉及尊严，因而为其内部所传承的职业道德（属于伦理问题）。二者共同构成法律职业人德才兼备的整体素质。法律职业除了要加强其职业技能专长之外，还需要通过职业伦理来抑制其职业"技术理性"中的非道德性成分，使之控制在最低程度；需要通过职业伦理来使其职业技术理性中的道义性成分发挥到最高程度。

（2）法律职业伦理是法律职业的基础性条件和特殊要求。法律职业者从业必须具备两个基础性条件：其一，有法律专业知识；其二，有法律职业伦理。

3. 关于规范法律职业人员的职业行为方式。习近平指出："法律规范人

---

〔1〕　徐显明："构建法律职业共同体"，载《人民日报》2014年9月23日，第5版。

们的行为，可以强制性地惩罚违法行为，但不能代替解决人们思想道德的问题。我国历来就有德刑相辅、儒法并用的思想。法是他律，德是自律，需要二者并用。如果人人都能自觉进行道德约束，违法的事情就会大大减少，遵守法律也就会有更深厚的基础。"[1] 法律职业人员需要从自律角度来实现自我规范，更需要从法律、法规、规章和规范等角度，以承担法律责任的方式进行他律。

拓展资料

1.1【拓展阅读资料】

专题二　法律职业伦理的特征

知识概要

一、法律职业伦理的概念和特征

法律职业伦理是法律职业活动中应当遵循的伦理规范。具体来说，法律职业伦理是指法官、检察官、律师等法律职业人员在其职务活动与社会生活中所应遵循的行为规范的总和。

法律职业伦理是法律职业的基本构成因素之一。首先，法律职业伦理是法律职业者在自己的职业活动中应该遵循的判断是非、善恶的准则，是从事法律职业必须掌握的专门法律知识和技能，即法律职业特有的价值观和判断是非、善恶的标准。其次，法律职业伦理是法律职业精神的核心内容，即服

---

〔1〕习近平："严格执法，公正司法"，载《十八大以来重要文献选编（上）》，中央文献出版社2014年版，第722页。

务于社会、服务于民。再次，制定和实施职业伦理规则是法律职业自治、自我管理的重要手段。法律职业伦理规范是一种调整法律职业内外关系的行为规范，它不仅有引导作用，更有一定的强制性，可以通过非正式的同行舆论压力，通过限制进入职业组织，通过审查、处分甚至清除那些严重违反法律职业伦理规范的人，维护和实现职业自治。最后，遵守法律职业伦理是良好社会地位的内在保障。法律职业伦理提倡的服务社会、利他主义价值观是法律职业充分发挥职业功能的精神、文化保障，能有效地支撑和巩固法律职业的社会地位。

法律职业伦理的特征主要包括三个方面：①主体的特定性，即法律职业伦理所规范的是专门从事法律工作的法官、检察官、律师等法律职业人员；②职业的特殊性，法律职业伦理体现了法律职业活动的特点；③更强的约束性，即法律职业伦理相对于公众伦理而言，具有更强的约束性，这是因为法律职业伦理的很多内容都是以纪律规范的形式体现出来的，违反了这些规范要承担相应的责任。

二、法律职业伦理学的研究对象

法律职业伦理学是将伦理学原理应用于法律职业领域形成的一门交叉学科，其具体研究对象包括：①法律职业伦理的一般原理，即从规范伦理学和元伦理学的角度出发，研究法律职业中最核心、最基本的规范和原则，如正义原则、保密原则、勤勉原则等。②法律职业主体的伦理规则，即研究法律职业人员在从事法律职业过程中应当遵守的规则，如法官应当遵守回避、平等、独立、公开等具体规则。③法律职业责任，即法律职业人员违反法律和规则所应承担的责任。④法律职业伦理的养成（也称内化）和教育。法律职业伦理的养成和教育就是指对法律职业人进行教育，使法律职业伦理成为法律职业人员伦理意识的一部分，养成自律习惯的过程。法律职业伦理的养成和教育研究的是法律职业伦理养成的规律和途径，是法律伦理教育的任务、方法、途径和规律。

三、法律职业伦理的基本原则

法律职业伦理的基本原则是指作为法律职业伦理规范基础的根本准则，

是法律职业人员从事职业活动时，应该遵守的具体法律职业规范中所体现的价值方针的高度概括，在法律职业伦理体系中处于统帅的地位，是对每个法律职业人员的职业行为进行职业伦理评价的最高标准。

为践行公民基本道德规范，根据有关法律、法规和规范性文件，规范我国法律职业人员的职业行为，我国法律职业伦理基本原则主要包括：

1. 忠于党、忠于国家、忠于人民、忠于法律。法律是人民意志的体现，法律职业人员应当忠诚于法律职业，带头遵守法律，严格执行法律，自觉维护宪法和法律的权威和尊严。法律职业人员的权力和权利来自于人民，必须对人民负责。法律职业人员应当把忠于党、忠于国家、忠于人民、忠于法律作为必须遵循的首要原则。

2. 以事实为根据，以法律为准绳。这是当代中国法律适用的基本原则。以事实为根据，是指法律职业人员必须以证据证明的案件的客观事实为依据，而不能以主观想象、主观分析和判断作依据。以法律为准绳，是指案件要以法律为标准和尺度，严格按照法律规定办事。以事实为根据是正确适用法律的基础和前提，以法律为准绳是正确处理案件的有力保障。法律职业人员在执业过程中需要完整地理解和执行这一基本原则。

3. 严明纪律，保守秘密。法律职业人员在司法活动中应当遵守纪律，保守国家秘密和司法工作秘密。《法官职业道德基本准则》《人民法院工作人员处分条例》《检察官职业道德基本准则》《检察人员纪律处分条例》《律师执业管理办法》《公证员执业管理办法》等，全面、具体地规定了法官、检察官、律师和公证员应当遵守的职业纪律。

4. 互相尊重，相互配合。虽然分工不同，但公正是法律职业人员的共同价值追求。司法机关依法独立行使职权，但同时应处理好司法机关与权力机关、上级部门的关系，处理好公、检、法三机关分工负责、互相配合、互相制约的关系，处理好与律师的关系，坚持互相尊重，相互配合。

5. 恪尽职守，勤勉尽责。法律职业人员应当热爱法律职业，献身法律职业；珍惜职业荣誉，坚持职业操守；对本职工作一丝不苟、尽心尽力、忠于职守、精研业务，保持良好的职业修养。

6. 清正廉洁，遵纪守法。法律职业人员应当树立正确的权力观、地位观、利益观，坚守廉洁底线，切实做到自重、自省、自警、自励，清白做人、干净做事，永葆清正廉明、无私奉献的本色。法律职业人员应当自觉遵守法律职业道德，在本职工作和业外活动中严格要求自己，维护法律职业形象和司法公信力。

在实践中，只有选择合适的内化途径和适当的内化方法才能够使法律职业人员将法律职业伦理规范融进法律职业精神中。法律职业人员应该有意识地将被动学习与主动学习结合起来，不仅要通过学校等教育机构学习法律职业伦理的基本知识，还应该主动通过在执业过程中对典范的观察，去学习和感悟法律职业伦理对于法律职业的价值。法律职业的整体状况以及与法律职业相关的制度构成了法律职业形成和发展的内环境。法律职业的相关机构有责任完善和加强法律职业内环境的建设，这将极大地促进法律职业人员的道德内化。

📚 经典案例

案例 1.2 律师支付"介绍、帮忙费"案

一、基本案情

1999 年至 2006 年间，张某在担任北京某律师事务所主任期间，为获得代理项目或其代理的项目能够在商务部（原对外贸易经济合作部）顺利获得审批，多次请商务部外国投资管理司副司长邓某（另案处理）予以帮助。为感谢邓某的帮助，张某先后 4 次以为邓某交付购房首付款、住房装修材料费、解决家庭纠纷及在邓某住院时到医院探望、慰问等方式，向邓某行贿共计人民币 1 795 811 元。2003 年至 2006 年间，张某为获得代理项目或其代理的项目能够顺利获得审批，多次请商务部（原对外贸易经济合作部）条约法律司副司长、巡视员郭某（另案处理）予以帮助。为感谢郭某的帮助，张某先后 3 次以为郭某交付购房、购车款的方式向郭某行贿共计人民币 787 729 元。

郭某、邓某等人的证言证明，郭某和张某系大学同学，1986 年毕业后都被分配到对外贸易经济合作部。1998 年机构改革，长城律师事务所和对外贸易经济合作部脱钩，当时张某和郭某、邓某商定，张某介绍项目或者其二人相助张某的项目，如果办成可以按一定比例分成，比例是：其二人介绍的项目按 30% 比例分成，张某自己的项目，其二人帮忙办成的按 10% 比例分成。

有的企业确实向郭某提过请他介绍律师，郭某也确实把张某介绍给他们，或者把张某电话给了这些企业。2002 年以后，郭某不再分管项目，没有再给张某介绍项目，只是帮忙找关系、协调。

北京市第二中级人民法院认为：被告人张某为谋取不正当利益，给予国家工作人员以财物，其行为已构成行贿罪，且犯罪情节严重，依法应予惩处；张某被采取强制措施后，主动交代了司法机关尚未掌握的部分行贿的事实，有坦白行为，故对其所犯行贿罪酌予从轻处罚。2010 年 5 月 17 日，该院根据被告人张某犯罪的事实、性质、情节及对于社会的危害程度，判决张某犯行贿罪，判处有期徒刑 6 年，继续追缴张某的行贿款予以没收，上缴国库。

此外，2010 年 5 月 21 日，北京市第二中级人民法院认定郭某收受人民币 441 万余元、美元 25 万余元、港币 22 万余元，以明显低于市场价的价格购买房产，获利人民币 165 万余元；受贿数额总计价值人民币 845 万余元。郭某受贿数额特别巨大，情节特别严重，社会危害性极大，鉴于郭某因涉嫌受贿被审查后，主动交代了有关部门尚未掌握的受贿事实，构成坦白，认罪悔罪，积极退赃，法院依法以受贿罪判处郭某死刑，缓期两年执行，并处没收个人全部财产。[1]

二、法律问题

1. 法官与律师应该如何处理同学（同乡等）关系？
2. 律师在执业中应当具有哪些"底线思维"？

三、教学安排

（一）教学内容

本案例主要要求学生掌握法律职业伦理的基本问题，包括：①法律职业伦理的概念与特征；②法律职业伦理的基本原则。

（二）课堂安排

要求学生在课前阅读与学习以上案例及本专题拓展资料中的"法律职业特征与法律职业伦理的特殊性"。授课教师介绍教学内容之后，组织学生围绕

---

〔1〕 北京市第二中级人民法院（2010）二中刑初字第 266 号刑事审判书。

以上法律问题进行讨论和分析。

四、重点提示

1. 关于法官与律师应当如何处理好同学（同乡等）关系。法官与律师都是法律职业人员，共同组成全面依法治国背景下的法治工作队伍，尽管工作的内容不同，但工作目标是一致的。近年来，随着律师体制改革，律师出现商业主义倾向。少数律师为了谋取非法利益，用利益拉拢、腐蚀法官，甚至结成利益共同体。最高人民法院、司法部等相继出台和制定了规范法官与律师关系的规定，其目的是阻断法官与律师之间的不良交往。但也应看到，在规范法官与律师关系时，不能矫枉过正，把一些应该属于正常交往的同志关系、同学关系、亲友关系都规定在禁止之列。

2. 关于律师底线思维，可以参考司法部《关于进一步加强律师职业道德建设的意见》（2014年5月23日司发〔2014〕8号）的相关规定：

充分认识进一步加强律师职业道德建设的重要性和必要性：进一步加强律师职业道德建设，是建设高素质律师队伍的迫切需要。律师制度是一个国家法律制度的组成部分，也是法制建设水平的重要标志。这些年来，在党中央、国务院的领导下，律师事业发展迅速，取得了服务社会发展、加强队伍建设的可喜成果。但是，当前队伍建设仍然存在一些不容忽视的问题，特别是少数律师职业道德水平低下，违反执业纪律的情况时有发生，有的律师不坚持为民服务的宗旨，诚信意识不强，工作不尽心、服务不尽责，损害当事人合法权益；有的律师趋利倾向严重，一切向钱看，挑词架讼，甚至"拿钱不办事"；有的律师与司法人员搞不正当交往，办关系案、人情案，甚至充当司法掮客，贿赂司法人员；有的律师不严格依法履责，逾越法律底线，不守执业纪律，干扰办案秩序，肆意炒作案件，泄露当事人隐私等，不同程度地妨碍了社会公平正义，严重损害了律师队伍形象。只有进一步加强职业道德建设，下大力气解决职业道德方面存在的突出问题，才能提高律师队伍的整体素质和执业水平，为建设一支高素质的律师队伍奠定基础。

加强律师职业道德建设，是律师队伍建设工作永恒的主题。要把大力加强律师职业道德建设作为当前和今后一个时期全面加强律师队伍建设的重要任务，下大气力进一步健全完善加强律师职业道德建设的长效机制，包括健全完善律师职业道德规范制度体系、健全完善律师职业道德教育培训机制、健全完善律师践行职业道德的监督管理机制、健全完善律师遵守职业道德的考核奖惩机制、健全完善律师职业道德建设扶持保障政策。

案例1.3　水门事件：美国律师的历史教训

一、基本案情

在 1972 年美国总统大选中，为了取得美国民主党内部竞选策略的情报，1972 年 6 月 17 日，美国共和党尼克松竞选班子的首席安全问题顾问詹姆斯·麦科德等 5 人闯入位于华盛顿水门大厦的民主党全国委员会办公室，在安装窃听器并偷拍有关文件时，当场被捕。事件发生后尼克松曾一度竭力掩盖开脱，但在随后对这一案件的继续调查中，尼克松政府里的许多人被陆续揭发，并直接涉及尼克松本人，从而引发了严重的宪法危机。

1973 年 10 月特别检察官考克斯对总统尼克松的调查进入关键时刻，前者要求尼克松交出与水门事件有关的证据。1973 年 10 月 20 日周六晚，尼克松下令，要求司法部长理查德森罢免考克斯的职务。但理查德森拒绝了总统的要求，随即辞职；司法部副部长拉克尔·肖斯接任司法部长后，也因拒绝罢免特别检察官而辞职；最后司法部的三号人物博克成为司法部代理部长，才答应罢免特别检察官（这一事件被新闻媒体称为"星期六之夜大屠杀"）。尼克松甚至动员 FBI 封锁特别检察官及司法长官、次长的办公室，宣布废除特别联邦检察局，把此案的调查权移回司法部。尼克松滥用行政权力来维护自己，招来国民的严重指责。

1973 年 10 月 31 日，美国众议院决定由该院司法委员会负责调查、搜集尼克松的罪证，为弹劾尼克松作准备。1974 年 6 月 25 日，司法委员会决定公布与弹劾尼克松有关的全部证据。7 月底，司法委员会陆续通过了三项弹劾尼克松的条款。尼克松于 8 月 8 日 11 点 35 分致信国务卿基辛格宣布将于次日辞职，从而成为美国历史上首位辞职的总统。史称"水门事件（the Watergate Scandal）"。

在美国历史上，没有任何一个政治事件像水门事件那样牵涉那么多律师，包括尼克松在内，共有 13 位律师，其中 12 位被定罪并被吊销律师执照；而尼克松则被福特赦免，不予追究任何刑事责任。水门事件涉及了众多的政府高级官员和顶级大律师，造成了美国空前的信任危机，也促使美国律师协会立即修正并颁布了新的律师执业规则。[1]

二、法律问题

1. 为什么要重视法律职业伦理建设？
2. 如何建设法律职业伦理？

三、教学安排

（一）教学内容

本案例主要要求学生掌握法律职业伦理建设的重要性和必要性。

（二）课堂安排

要求学生在课前阅读与学习以上案例及本专题拓展资料中的"法律职业伦理教育的基础理论"。授课教师介绍教学内容之后，组织学生围绕以上法律问题进行讨论和分析。

四、重点提示

1. 对于法律职业者来说，法律职业伦理建设是实现法治不可或缺的途径。其原因在于：

（1）法律职业伦理建设是法律职业共同体形成的必要条件。从理论上讲，法律职业是法律职业道德存在的前提。职业道德是伴随着职业分工的出现而形成的，从事某种特定职业的人们，由于有着共同的劳动方式，经受着共同的职业训练，往往具有共同的职业兴趣、爱好、习惯和心理传统，形成特殊的职业关系，从而产生特殊的行为模式和道德要求。特定职业道德产生的前提是特定职业的形成。法律职业共同体的形成应当有如下四个标志：①法律职业或法律人的技能以系统的法律学问和专门的思维方式为基础；②法律人共同体内部传承着法律职业伦理，从而维系着这个共同体的成分以及共同体的社会地位和声誉；③法律职业或法律人专职从事法律活动，具有相当大的

---

[1]　http://blog.sina.com.cn/s/blog_7dc5330c01015hzh.html.

自主性或自治性；④加入这个共同体必将受到认真考察，获得许可证。在这四个标志中，前两者属于内在的标志，即职业技能与职业伦理。可见，法律职业伦理，或者说法律职业道德建设对法律职业共同体的形成，起着至关重要的作用。而法律职业共同体的形成对于法治的实现，其作用是无法估量的。因为，法律职业并不是一个单一的职业，它是由以法官、检察官、律师为代表的，受过专门的法律专业训练，具有娴熟的法律技能与法律伦理的人所组成的自治性共同体。也就是说，法律职业又可以细分为法官、检察官、律师等多个职业，而这些职业的具体职业目的和职责是不尽相同的，同时这些职业又有着各自不同的利益，种种因素会导致他们对法律的理解不尽相同，这就给法治的顺利推行造成了障碍。正是从这个意义上讲，法律职业群体并不等同于法律职业共同体或会自然过渡到法律职业共同体，只有在这一群体能够折射出一种无形的、支撑着这一群体所从事的法律事业的法治精神时，它才能够被称为法律共同体。在我们这个普遍尊崇法治理念的时代，法治精神无疑已成为时代精神之一，作为法律职业群体如若不能体现出这种时代精神之内涵，那只能表明其所处的仍然是一个传统的社会，其本身并非法律职业共同体，不过是法律职业者个体的聚合。

从法治的内在思路来看，法治要求法律具有最高的权威，要求一个完美无缺的法律文本，而且要求一个独立且中立的法律人阶层，这些无疑都向职业化的法律群体提出了要求。如果没有法律职业者群体的支持，法律制度是不可能发挥作用的。因此，法律职业共同体的形成过程代表着法治社会的发展阶段和状态，反之，法治社会的成型与否也决定着法律职业共同体的存在及水平。

（2）法律职业道德建设有着阻隔人治的重要作用。所谓人治，是指在社会控制中，人具有很大的能动性、主体性，不以法律作为最重要的甚至唯一的价值取向。人治与法治的根本区别不在于有没有法律，而在于法律的定位是明显不同的。人治下的法律是治民的工具、君主的武器；法治下的法律，是保护一切人权利的武器，是规范一切人行为（包括最高领导人和统治集团）的工具。作为一种治国的原则与方法，与法治相比，人治有其无法避免的缺陷。人治社会中个人权力至上，夸大个人作用，把治理国家的希望完全寄托在贤君或明主身上。孟子有言："君仁，莫不仁；君义，莫不义；君正，莫不正；一正君而国定矣。"但是人治没有一种有效的监督体系，能有力地防止个人专断和腐败，同时也无法保障个人的权利。此外，人治社会还会存在法律的神秘和不平等、结果的非确定性和不可预期性等弊病。因此，欲实现法治，阻隔人治是其根本保障。而法律职业道德建设在这方面的作用之重大是不可估量的。作为一位法律职业者，他应当具有一种"一切依法办事"的卫道精神，一种"法律至信、司法优先"的职业信仰，以及强烈的职业荣誉感，这些都是法律职业道德的要素。

法律人的职业信仰是维系法治社会"司法优先"地位的制度内精神保障。法律职业者是法律机器的操纵者，是法治文明的传播者，如果作为法治理念的传播者和倡导者的法律人本身无信仰追求，法治就会沦为纸上谈兵。对于法律人来说，法律至上的信念使其产生的是从事法律职业的无上尊荣感和法律规则至高无上的行事原则。这就使得法律人无论是在强权或是其他显赫人物面前仍然以法律为至信。而强烈的职业荣誉感使法律人能够恪守法律职业伦理，也使公众对他们产生信任感，同时也促成公众对司法机关的信任。

（3）法律职业道德建设有利于司法权威的确立。司法权威就是指司法者（主要是指法官）所拥有的一种能够使人们服从其命令的品质和属性。司法权威一方面表明法官与其他主体之间的一种命令和服从的关系，另一方面也昭示着一国司法的公信力。用通俗的语言表达，司法权威反映了这样一个问题，即人们在多大程度上愿意接受和遵从法院的命令（包括判决、裁定等多种形式）。司法权威并不完全甚至可以说并不主要来自于国家强制力，从根本上说司法只有在一定程度上反映了社会的共同意志和普遍利益，在人民内心得到认同的时候，才能够赢得权威。具体来说，司法权威主要来自于以下几点：法官的独立地位、法律职业者的职业技能以及职业道德。其中，权威主体具有优良的品质常常被看成是权威得以确立和维护的一个内在因素。法官的权威在很大程度上依赖于法官公正、清廉、正直的品质。在中国历史上，"清官"之所以会赢得民众的尊崇，原因恐怕即在于此。其实，不仅是法官，对于检察官、律师等其他法律职业者也是如此。对法律职业伦理的恪守遵行，会使得民众更加信任法律，从而愿意通过法律途径来解决纠纷，从更深层次讲也就是更愿意接受法治。

2. 伦理、道德的本质是一种社会意识，是一种特殊的行为调节方式，属于调整人和人之间关系的行为规范。在人类社会中，为了调整人和人之间的关系，有多种不同的行为规范，如法律规范、政治规范以及其他对人的行为发生约束和导向作用的各种规范。道德规范的特殊性在于，它不是由政治的、行政的机构所制定，也不靠强力的、威胁的手段去维护，而是由人们约定俗成，并且依靠人们的内心信念和社会舆论来维护，一般情况下，不需要由政治的、行政的机关来强制执行。从终极意义上而言，伦理规范是一种内化的规范，伦理规范只有在为人们真心诚意地接受，并转化为人的情感、意志和信念时，才能得到实施。但道德规范本身是一种客观的社会要求和人们的主观意识相统一的结果，是一个由他律向自律转化的过程。

（1）伦理的他律性。无论是什么形式的伦理规范，都首先表现出伦理上的他律性，即伦理规范的外在约束力。在规范伦理学中，伦理他律的直接含义，就是指人或主体赖以行动的道德标准或动机，首先受制于外力，受外在的根据的支配和节制。这些外力或外在的根据，是超出伦理自身和伦理主体自身之外的，即所谓伦理义务的范畴。伦理义务，是指生活在某一社会中的人所时常感受到的对社会、对他人的一种职责、任务和使命。这种职责、任务和使命，一旦为一定社会集团用伦理规范的形式明确肯定下来，就成为一定社会的伦理义务。因此，从伦理的他律性出发，法律职业伦理建设必须讲究教育的方法和义务的约束。

（2）伦理的自律性。停留在他律阶段的伦理规范，无论人们怎样尽职地去遵循它，都终究是一种外在于道德主体的"异己"力量；只要伦理主体尚未将伦理规范内化为自己的伦理品格，尚未走完从他律到自律的历程，那么伦理规范的道德性就是不完全的，即不是严格意义上的伦理规范。一切他律的伦理规范，都必须转换为自律的伦理规范。伦理规范的他律性转换为自律性的最重要特征，表现为伦理主体自身的行为动因由原来的外在约束，转换为内在约束，由原来的外在导向，转换为内在导向，质言之，转换为主体自己的意志约束。伦理自律的问题，恰恰给我们法律职业伦理建设提出了另外一个重要的方式方法，即法律职业伦理的自我养成。

总之，法律职业伦理教育、法律职业伦理养成、法律职业伦理约束是法律职业伦理建设的三种基本方法。法律职业伦理教育将法律职业伦理的基本要素及品质要求有效地施加并影响于法律职业者，法律职业伦理约束则从外部对法律职业者的行为加以规范，二者最终都落脚于法律职业者自身伦理的养成。这也是一个内、外因相互作用的过程。

拓展资料

1.2【拓展阅读资料】

第二编

法官、检察官职业伦理

| 第二章 |

法官职业伦理

专题三　法官职业伦理的特征

📚 知识概要

一、法官职业伦理的概念和特征

法官职业道德是指法官在履行其职责活动中应当具备的与法官职业的职能、性质相适应的基本素质和应当遵循的行为规范，是法官履行职责所必须具备的业务素质、思想情操、品行修养、价值观念、行为准则的总和。法官职业道德对实现公正司法、维护司法权威、树立法院良好形象、保障法官廉洁履职具有十分重要的意义。

法官职业伦理的特征包括：①主体的特定性。法官职业伦理的主体是法官和法院内的相关工作人员，因此，法官职业伦理调整法官之间及法官与社会各方面的关系。②内容的全面性。法官职业伦理的内涵十分丰富，包括忠诚司法事业、保证司法公正、确保司法廉洁、坚持司法为民、维护司法形象，内容全面，涉及观念、意识、规范等。③约束的广泛性。由于法官职业的特殊性，决定了对法官职业伦理的要求较其他职业更高、更严格，既规范法官职业内活动，也规范职业外行为。

二、法官职业伦理的依据

法官职业伦理的依据是《法官法》（全国人民代表大会常务委员会1995

年 2 月 28 日通过，2001 年 6 月 30 日、2017 年 9 月 1 日修正，2019 年 4 月 23 日修订）、《法官职业道德基本准则》（最高人民法院 2001 年 10 月 18 日发布，2010 年 12 月 6 日修订后重新发布）、《法官行为规范》（最高人民法院 2005 年 11 月 4 日发布试行，2010 年 12 月 6 日修订后发布并正式实施）、《人民法院工作人员处分条例》（最高人民法院 2009 年 12 月 31 日发布）、《关于"五个严禁"的规定》和《关于违反"五个严禁"规定的处理办法》（最高人民法院 2009 年 1 月 8 日发布）、《关于人民法院落实廉政准则防止利益冲突的若干规定》（最高人民法院 2012 年 2 月 27 日印发）、《关于建立法官、检察官惩戒制度的意见（试行）》（最高人民法院、最高人民检察院 2016 年 10 月 12 日发布）等。

《法官法》第 3 条规定，法官必须忠实执行宪法和法律，维护社会公平正义，全心全意为人民服务。《法官法》第 10 条规定了法官应当履行的 8 项义务。按照《法官职业道德基本准则》第 2 条的规定，法官职业道德的核心是公正、廉洁、为民，基本要求是忠诚司法事业、保证司法公正、确保司法廉洁、坚持司法为民、维护司法形象。《法官职业道德基本准则》第 3 条规定，法官应当自觉遵守法官职业道德，在本职工作和业外活动中严格要求自己，维护人民法院的形象和司法公信力。《法官行为规范》对立案、庭审、诉讼调解、文书制作、执行、涉诉信访处理、业外活动等各个环节的法官行为进行了全面、具体的规范。《关于"五个严禁"的规定》和《关于违反"五个严禁"规定的处理办法》针对影响司法公正和司法廉洁最为突出的问题等方面作出了规定。《关于人民法院落实廉政准则防止利益冲突的若干规定》进一步规范了人民法院工作人员的行为，促进人民法院工作人员公正廉洁执法。《关于建立法官、检察官惩戒制度的意见（试行）》明确，法官、检察官在审判、检察工作中违反法律法规，实施违反审判、检察职责的行为，应当依照相关规定予以惩戒。法官、检察官惩戒工作由人民法院、人民检察院与法官、检察官惩戒委员会分工负责，人民法院、人民检察院负责对法官、检察官涉嫌违反审判、检察职责行为进行调查核实，并根据法官、检察官惩戒委员会的意见作出处理决定。

📖 经典案例

案例2.1 法官受贿案（2案）

一、基本案情

案例2.1.1 奚某受贿案

经天津市第二中级人民法院审理查明：1996年至2015年，奚某在先后担任最高人民法院经济审判庭副庭长、民事审判庭第二庭庭长、审判委员会委员、副院长期间，利用职务上的便利或者职务和工作中形成的便利条件，为相关单位和个人在案件处理、公司上市等事项上提供帮助，认可其亲属收受以及本人直接收受相关人员给予的财物折合人民币共计1.145 969 34亿元。

天津市第二中级人民法院认为，奚某的行为构成受贿罪。鉴于奚某为他人谋利的行为绝大部分基于亲属接受行贿人请托，贿赂款项亦为亲属收受使用，其本人系事后知情；奚某到案后能够如实供述自己的罪行，并主动交代办案机关尚未掌握的部分受贿犯罪事实；奚某认罪悔罪，积极退赃，赃款赃物已全部追缴，具有法定、酌定从轻处罚情节，依法可以对其从轻处罚，2017年2月16日，天津市第二中级人民法院公开宣判，对奚某以受贿罪判处无期徒刑，剥夺政治权利终身，并处没收个人全部财产；对奚某受贿所得财物及其孳息予以追缴，上缴国库。[1]

案例2.1.2 王某受贿案

王某原系最高人民法院民一庭审判长，因涉嫌犯受贿罪于2016年7月15日被羁押；同年7月29日被逮捕；北京市东城区人民法院审理北京市东城区人民检察院指控原审被告人王某犯受贿罪一案，于2017年12月22日作出刑事判决，认定：

1. 王某于2005年至2006年间，利用担任最高人民法院民二庭审判员的职务便利，接受他人请托，介绍孙某担任山东省某农村信用合作社联合社、某集团股份有限公司在最高人民法院进行二审案件的代理律师，并在案件审议过程中为孙某一方提供帮助；2012年间，王某接受孙某的请托，为山东某

---

[1] "奚晓明受贿案一审宣判"，载《人民日报》2017年2月17日，第6版。

有限公司在最高人民法院申请再审的案件提供帮助。王某通过与孙某约定按比例分配代理费的方式，收受孙某给予的人民币4.4万元，从孙某处提取现金约人民币100余万元，其余款项暂由孙某保管控制。

2. 王某于2009年至2012年间，利用担任最高人民法院立案庭第二庭审判长的职务便利，接受他人请托，为山东省某农村合作银行在最高人民法院进行再审的案件提供帮助，收受山东省某农村合作银行副行长陈某给予的人民币1万元。

3. 王某于2007年和2012年，利用担任最高人民法院立案庭审判长的职务便利，接受于某、贵州某房地产开发有限公司董事长包某的请托，为于某同学代理的、该公司在最高人民法院申请再审的案件提供帮助，分别收受于某、包某给予的人民币20万元、45万元。

北京市东城区人民法院认为，王某身为国家工作人员，利用职务上的便利收受他人财物，为他人谋取利益，或利用本人职权和便利条件，通过其他国家工作人员职务上的行为，为请托人谋取不正当利益，收受请托人财物，其行为违反了国家工作人员的职务廉洁性，损害了法院审判的独立性及公正性，已构成受贿罪且属数额特别巨大，依法应予惩处。考虑到相应"代理费"确实在孙某实际控制下，最终并未全额交付，因此扣除证据中双方认可的由被告人王某提走的部分，其余应按犯罪未遂处理较为妥当。鉴于王某具有未遂情节，且到案后坦白部分犯罪事实，在家属的配合下积极退赃，确有悔罪表示，可对其减轻处罚。故判决：王某犯受贿罪，判处有期徒刑6年，并处罚金人民币30万元；在案扣押的退缴赃款人民币120万元依法予以没收；剩余赃款人民币26万元，继续向王某追缴后予以没收。王某不服一审判决，提出上诉。北京市第二中级人民法院依法组成合议庭，经过阅卷、讯问上诉人王某、听取其辩护人的辩护意见，认为一审法院认定王某犯受贿罪的事实清楚，证据确实、充分，在认定王某具有部分未遂情节的基础上，根据其犯罪的事实、性质、情节及对于社会的危害程度所作的判决，定罪及适用法律正确，量刑适当，判令继续追缴王某的违法所得及对扣押钱款处理无误，审判程序合法，应予维持，依法作出驳回上诉，维持原判的终审裁定。[1]

---

〔1〕 北京市第二中级人民法院（2018）京02刑终87号刑事裁定书。

二、法律问题

1. 什么行为构成利用职务上的便利或者职务和工作中形成的便利条件？为什么本案涉案法官会利用职务上的便利或者职务和工作中形成的便利条件受贿？

2. 什么是不正当利益？为什么本案中涉案法官不能为当事人及其委托人牟取不正当利益？

3. 本案中法官本人未直接收受贿赂款物，或者未实际控制贿赂款物等行为是否影响对涉案法官的定罪量刑？为什么？

4. 本案中法官的行为违反了《法官职业道德基本准则》的哪些规定？

三、教学安排

（一）教学内容

本案例主要要求学生掌握法官的职业伦理的概念与特征。

（二）课堂安排

要求学生在课前进行阅读与学习，包括：①案例 2.1；②本专题拓展资料"法官的德性"；③《刑法》关于受贿、行贿的相关规定；④《法官职业道德基本准则》和《人民法院工作人员处分条例》。授课教师介绍教学内容之后，组织学生围绕以上资料中的法律问题进行讨论和分析。

授课教师可以播放以下电影片段，并组织学生讨论这些电影中基层法官的行为反映出哪些法律职业伦理的特征：《法官老张轶事》（2003 年）、《法官老张逸事之审牛记》（2003 年）、《法官老张轶事之回避》（2005 年）、《法官老张轶事之养老树》（2005 年）、《法官老张轶事之别动感情》（2006 年）、《马背上的法庭》（2006 年）、《法官老张轶事之告状记》（2007 年）、《法官老张轶事之偓萝卜》（2008 年）、《法官老张轶事之阳光与土地》（2008 年）、《法官老张轶事之无法知晓的真相》（2012 年）、《小镇大法官》（2012 年）、《知心法官》（2015 年）、《巡回法官》（2015 年）。

四、重点提示

1. 关于利用职务上的便利或者职务和工作中形成的便利条件，参考以下资料进行分析：

"利用本人职权或者地位形成的便利条件"与"利用职务之便"的正确区分：[1]

根据《刑法》第388条的规定，国家工作人员利用本人职权或者地位形成的便利条件，通过其他国家工作人员职务上的行为，为请托人谋取不正当利益，索取请托人财物或者收受请托人财物的，以受贿论处。理论上，一般将这种受贿称为斡旋受贿或间接受贿。虽然它不是一个独立的罪名，而是受贿罪的一种表现形式，但斡旋受贿与普通受贿具有不同的犯罪构成——斡旋受贿以"为请托人谋取不正当利益"为构成要件。这样，正确区分"利用本人职权或者地位形成的便利条件"与"利用职务之便"就显得至关重要。

《刑法》第388条规定的"利用本人职权或者地位形成的便利条件"，是指行为人与被其利用的国家工作人员之间在职务上没有隶属、制约关系，但行为人利用了本人职权或者地位产生的影响和一定的工作联系，如单位内不同部门的国家工作人员之间、上下级单位没有隶属或制约关系的国家工作人员之间、有工作联系的不同单位的国家工作人员之间的关系等。由此可知，"利用职务之便"与"利用本人职权或者地位形成的便利条件"主要区别就在于：如果行为人与被其利用的国家工作人员之间有着职务上的隶属、制约关系，则应适用《刑法》第385条，认定行为人"利用职务之便"；如果不存在这种隶属、制约关系，只是行为人的职权或者地位对相应的国家工作人员的职务行为有一定的影响，或者两者之间有一定的工作联系，则应适用《刑法》第388条进行处理。

从实际情况看，行为人因自己的职权、地位对被其利用的其他国家工作人员产生的影响关系，主要表现为两类：一类是行为人身居较高的职位、拥有较为广泛的职权，从而对那些并不隶属于他的国家工作人员的职务行为产生影响。另一类是行为人与被其利用的国家工作人员之间因工作联系而影响到对方的职务行为。这种工作联系又可以分为纵向的工作联系和横向的工作联系。所谓纵向的工作联系，通常是指上级机关的国家工作人员对其下级机关的国家工作人员在职务行为上的联系。在这种场合，行为人作为上级机关

---

[1] http://www.scxsls.com/a/20150708/108770.html.

担任非领导职务的国家工作人员，在某一项具体公务上并没有领导、管理或者制约下级机关国家工作人员的权力，下级机关国家工作人员也没有服从其指令的义务。但是，由于行为人身处更高的机关，如果出面向下级有关人员"打招呼"，可能产生使得下级有关人员徇其私情的效果。所谓横向的工作联系，通常是指在单位内不同部门的国家工作人员之间，相互之间有公务关系的不同部门、单位之间，比如公、检、法三机关之间，以及这一国家机关的工作人员与那一国家机关的工作人员之间，利用职务行为上的影响关系，一方可以凭借自己的职权或地位，左右或者影响另一方，使其利用职权为请托人办事。这些都是"利用本人职权或地位形成的便利条件"为请托人谋取利益的情形。

2. 关于不正当利益，参考以下资料进行分析：

《刑法》第388条须以"为请托人谋取不正当利益"为要件，但对于如何认定"不正当利益"，实务中争议颇多。《刑法》第388条规定的"不正当利益"，与《刑法》第389条规定的行贿罪中的"不正当利益"应是同一概念。根据最高人民法院、最高人民检察院《关于在办理受贿犯罪大要案的同时要严肃查处严重行贿犯罪分子的通知》的规定，"谋取不正当利益"是指谋取违反法律、法规、国家政策和国务院各部门规章规定的利益，以及要求国家工作人员或者有关单位提供违反法律、法规、国家政策和国务院各部门规章规定的帮助或者方便条件。根据上述规定，刑法中的"不正当利益"包括两种情况：一种情况是利益本身不符合国家法律、法规、政策、规章的规定，即利益本身不正当；二是提供不符合国家法律、法规、政策、规章规定的帮助或者方便条件，也就是说国家工作人员为请托人谋取利益的手段不正当，也可能利益本身是正当的。

司法实践中，认定贿赂犯罪中的"不正当利益"，要避免将用不正当手段谋取的利益都归于"不正当利益"。从斡旋受贿的特点来看，受请托人是通过其他国家工作人员的行为为请托人谋取利益的，那么谋取的利益是否正当，应从其他国家工作人员的行为是否正当来考察，受托人收受财物行为的不正当性，并不影响请托人获得利益本身的正当性。如果凡是通过行贿手段获取的利益都是不正当利益的话，那么刑法规定斡旋受贿、行贿罪必须具备"谋取不正当利益"的条件就没有什么意义了。

3. 本案中法官本人未直接收受贿赂款物，或者未实际控制贿赂款物等行为是否影响对涉案法官的定罪量刑的问题。受贿人未直接收受贿赂的案件中，认定受贿人是否构成犯罪的关键点在于：被告人是否具有受贿的故意；收受财物行为与谋取利益行为之间是否存在因果关系。

实务中，下列因素会影响法院的裁判：①受贿人与实际收受财物人之间的关系是否密切是判断是否存在受贿故意的重要依据。实际收受财物的人员与被告人之间多为夫妻、父子（女）、兄弟关系或姻亲关系，少部分为非正当两性关系。②实际收受贿赂的人对是否有明确受贿人的指证直接影响受贿故意的判定。在这类案件中，实际收受贿赂的人对受贿人知道或授意收受贿赂款的直接指证至关重要，尤其是在受贿人事后知情的情况下，实际收受贿赂人的指证更为重要。③受贿人事先不知情，事后知情或默认且客观上为行贿人谋取利益时，不影响受贿罪的成立。"事后知情"一般表现在实际收受贿赂的人明确告知，受贿人未表示反对或默认许可并谋取利益；除此之外，受贿人在案发后为了规避刑罚，通过补写借据、退还受贿款、事后串供、对行贿人态度的转变等行为也可推定被告人存在受贿故意。④行贿人代为支付嫖资、代偿赌债、代偿高利贷等非法债务时，部分法院认为因为属于非法交易、没有流通价值，受贿人所获得的利益不符合法律规定，则认定不构成受贿罪，但大部分法院认定行贿人为受贿人代付嫖资、赌资、高利贷的行为也构成受贿罪。⑤受贿人与行贿人存在长期、持续的行受贿关系并达到一定默契，行受贿双方并不需就每一次受贿行为达成具体的合意，受贿人只需具有概括的受贿故意，法院就会认定受贿，且受贿数额以实际收受的数额为准，而不论受贿人事先是否知晓具体数额。[1]

在受贿款由行贿人保管这类新型受贿行为中，行为人的客观行为表现为以下两种情况：一是实现了对贿赂的"实际收受"，二是没有实现对贿赂的"实际收受"。对于"实际收受"行为的具体认定，我国刑法学界存在以下观点：一是转移说，二是藏匿说，三是控制说或取得说，四是失控说或损失说，五是失控加控制说。[2]在普通的受贿案件中，取得说更符合受贿罪的立法精

---

〔1〕 http://www.sohu.com/a/192094084_480606.

〔2〕 赵秉志主编：《中国刑法典型案例研究（第五卷·贪污贿赂与渎职犯罪）》，北京大学出版社 2008 年版，第 193～194 页。

神和客观实际，即以行为人是否实际上取得或占有其索取或者收受的财物作为判断是否"实际收受"的标准。然而，对于受贿款由行贿人保管这类受贿行为，取得说显然不适用。可以采取"控制力"说加以论证。[1]

4. 本案法官的行为主要违反"保证司法公正"（《法官职业道德基本准则》第 8～14 条）和"确保司法廉洁"（《法官职业道德基本准则》第 15～18 条）。

拓展资料

2.1【拓展阅读资料】

专题四　法官职业伦理的内容

知识概要

按照《法官法》和《法官职业道德基本准则》的规定，法官职业伦理的主要内容包括忠诚司法事业、保证司法公正、确保司法廉洁、坚持司法为民、维护司法形象。

1. 忠诚司法事业。《法官职业道德基本准则》第 4～7 条要求，法官应当牢固树立社会主义法治理念；坚持和维护中国特色社会主义司法制度；热爱司法事业，珍惜法官荣誉，坚持职业操守；维护国家利益，遵守政治纪律，保守国家秘密和审判工作秘密等。

2. 保证司法公正。《法官职业道德基本准则》第 8～14 条要求法官维护审判独立；确保案件裁判结果公平公正；坚持实体公正与程序公正并重；提高司法效率；公开审判；遵守回避规定，保持中立地位；不办关系案、人情案、金钱案。2004 年 3 月 19 日最高人民法院、司法部发布了《关于规范法官

---

〔1〕　彭巍："论受贿款由行贿人保管的定性"，载《中国检察官》2014 年第 11 期。

和律师相互关系维护司法公正的若干规定》，要求法官应当严格依法办案，不受当事人及其委托的律师利用各种关系、以不正当方式对案件审判进行的干涉或者施加的影响。

3. 确保司法廉洁。《法官职业道德基本准则》第 15 ~ 18 条要求法官自重、自省，坚守廉洁底线；不得接受诉讼当事人的钱物和其他利益；不得从事或者参与营利性的经营活动；不得以其身份谋取特殊利益。《关于人民法院落实廉政准则防止利益冲突的若干规定》第 3 ~ 17 条就确保司法廉洁作了明确规定。

4. 坚持司法为民。《法官职业道德基本准则》第 19 ~ 22 条要求法官牢固树立以人为本、司法为民的理念，注重发挥司法的能动作用，认真执行司法便民规定，尊重当事人和其他诉讼参与人的人格尊严。

5. 维护司法形象。《法官职业道德基本准则》第 23 ~ 26 条要求法官应当坚持学习，精研业务；坚持文明司法，遵守司法礼仪；加强自身修养，培育高尚道德操守和健康生活情趣；退休后应当继续保持自身的良好形象。

经典案例

案例2.2　法院腐败窝案（2案）

一、基本案情

案例 2.2.1　湖北某中院腐败窝案

2002 年，湖北某中级人民法院因爆发"腐败窝案"而震惊中国司法界。除了常务副院长柯某、副院长胡某，还有 3 名副庭长、7 名审判员、1 名书记员、44 名律师悉数被查。其中，柯某、胡某分别获刑有期徒刑 13 年、6 年半。

2003 年 3 月，临危受命的周某当选为该院第 11 任院长，表现出"高调反腐"的姿态，比如推出有史以来最大规模的人事改革，刮骨疗毒地公开接待、立案、收费等有关事项。然而，仅仅 3 年多后，周某便因严重违纪而落马，2007 年 9 月，其因受贿人民币 93.69 万元、1000 美元、3000 新加坡元、港币 9000 元，被判处有期徒刑 10 年。

2018 年 5 月，湖北省纪委监委通报称，该院第 13 任院长王某涉嫌严重违纪和职务违法，接受纪律审查和监察调查，并被采取留置措施。同年 11 月，经湖北省纪委监委纪律审查和监察调查，并报湖北省委批准，王某被开除党籍和公职，其涉嫌犯罪问题被移送检察机关依法审查、提起公诉。经查，王某违反政治纪律，对抗组织审查；违反组织纪律，不如实报告个人有关事项；违反廉洁纪律，收受影响执行公务的礼金，违规购买非上市公司股份并从中获利，利用职权通过向私营业主放贷违规获取大额收益；违反国家法律，利用职务上的便利或职权、地位形成的便利条件，在司法诉讼活动中为他人谋取不正当利益，索取或非法收受诉讼当事人财物，数额巨大，涉嫌受贿罪；其家庭财产、支出明显超过其收入，差额巨大，本人不能说明来源，涉嫌巨额财产来源不明罪。[1]

案例 2.2.2　广东某区法院腐败窝案

2015 年 4 月 2 日，广东省某中级人民法院党组成员、副院长黄某因涉嫌严重违纪而接受组织调查。黄某酷爱麻将，在麻将台上迷失了自我，忘记了底线。调查中发现，向黄某行贿的几乎都是黄某麻将房的座上宾。2001 年，黄某就任区法院院长，律师蔡某抓住黄某爱打麻将的特点，随叫随到，开车接送，有时开局前先塞给黄某赌资，牌局中放放水，散局后赌债免单，甚至包揽黄某其他赌债。于是蔡某打着黄某的旗号揽了不少案件，而黄某有时候甚至连案情都不问就直接帮蔡某给主审法官打招呼。黄某的下属们自然投其所好，在麻将桌上买官卖官。据调查，黄某先后收受多名下属"麻友"买官行贿款近百万，区法院先后有 8 名法官因行贿、受贿被查处。4 月 22 日，黄某因涉嫌受贿 400 余万元被开除党籍并移送司法机关。[2]

二、法律问题

1. 为什么法律职业人员违背职业伦理规范案件会形成"串案""窝案"？
2. 为什么要规范法官庭外行为？如何规范法官庭外行为？

---

〔1〕　http://wemedia.ifeng.com/85683361/wemedia.shtml.

〔2〕　黄瑜："麻将桌上失底线　多年奋斗转眼空——广东省深圳市中级人民法院原副院长黄常青案件警示录"，载《中国纪检监察报》2015 年 8 月 6 日，第 3 版。

三、教学安排

（一）教学内容

本案例主要要求学生掌握《法官法》中关于法官职业伦理的基本规定，并在具体案件中适用相关规定。

（二）课堂安排

要求学生在课前阅读与学习：①案例 2.2.1 和 2.2.2；②《法官行为规范》第 80～89 条；③本专题拓展资料"法官业外活动指引"。授课教师重点围绕以上法律问题组织学生研讨与分析。

授课教师可以播放电影《东京审判》（2006 年）片段，并组织学生讨论该部电影中法官梅汝璈的行为体现了哪些法官职业伦理要求？

四、重点提示

1. 关于法律职业人员违背职业伦理规范案件会形成"串案""窝案"的问题，可以从以下几个方面来进行分析：①法官、律师职业伦理规范多为原则性规定；②各地法院在委托评估、拍卖和变卖等司法实践中遇到的具体法律适用问题，现行的法律和司法解释缺乏规定；③规制法律职业人员行为的管理部门不明确、监督制度不完善。

2. 关于规范法官庭外行为的问题，任何职业道德都反映一定的伦理，而法官的职业道德对法官提出了近乎完美的伦理要求。最高人民法院要求法官约束自己的业外活动，甚至退休后都应遵循一定的行为准则，而其他职业道德规范对业外活动几乎没有规定。法官职业道德规范不但对业内活动和形象有更严格的要求，对业外言行的要求也与其他行业有着显著不同的特点。法官职业道德对法官和其他工作人员具有重要意义。只经过法律知识的培训，还远远达不到法官履行其职务的要求，法官职业道德对法官的职业生涯至关重要，对树立法官形象亦至关重要。

《法官行为规范》对法官业外言行进行了约束，比如第 81 条规定法官受邀请参加座谈、研讨活动，对与案件有利害关系的机关、企事业单位、律师事务所、中介机构等的邀请应当谢绝；第 87 条规定，严禁乘警车、穿制服出入营业性娱乐场所等，以杜绝与法官形象不相称的、可能影响公正履行职责的不良嗜好和行为。

案例2.3　离职法官、法官配偶代理诉讼案（2案）

一、基本案情

案例2.3.1　离职法官代理原任职法院诉讼案

上诉人唐某因与被上诉人众力公司劳动争议纠纷一案，不服襄阳市樊城区人民法院的民事裁定，向襄阳市中级人民法院提起上诉。襄阳市中级人民法院认为在原审过程中，原审原告的委托代理人李某、朱某均是原樊城区人民法院的法官，根据原《法官法》第17条（现《法官法》第36条）的规定，其二人从法院离任后，不得担任原任职法院办理案件的诉讼代理人，原审未对此任职回避情形认真审查，程序严重违法。综上，原审法院适用法律错误，程序严重违法，裁定撤销襄阳市樊城区人民法院原民事裁定，由襄阳市樊城区人民法院继续审理该案。[1]

案例2.3.2　庭长配偶代理其任职法院诉讼案

上诉人周某因与被上诉人某镇政府名誉权纠纷一案，不服本溪满族自治县人民法院的民事判决，向辽宁省本溪市中级人民法院提起上诉。上诉人周某认为：镇政府的代理人王某是原审法院某庭庭长的配偶，依照原《法官法》第17条第3款规定不得担任本案代理人（现《法官法》第24条将此情形确定为法官任职回避的情形），而原审法院对此并未禁止，故程序违法。辽宁省本溪市中级人民法院认为：关于周某主张王某不得担任镇政府的代理人这一情节，因该瑕疵并不影响一审判决结果，故周某以此为由主张发回重审不予支持。[2]

二、法律问题

1. 在什么情形下法官应当回避？
2. 法官违反回避规定是否会导致审判程序违法？

---

〔1〕　湖北省襄阳市中级人民法院裁定书（2015）鄂襄阳中民一终字第00187号民事裁定书。
〔2〕　辽宁省本溪市中级人民法院判决书（2017）辽05民终1114号民事判决书。

三、教学安排

（一）教学内容

本案例主要要求学生掌握《法官法》中关于法官任职回避和离任回避的相关规定，并在具体案件中适用相关规定。

（二）课堂安排

要求学生在课前进行阅读与学习，包括：①案例 2.3.1 和 2.3.2；②《法官法》第 23、24、36 条，最高人民法院《关于审判人员在诉讼活动中执行回避制度若干问题的规定》（法释〔2011〕12 号），最高人民法院《关于对配偶子女从事律师职业的法院领导干部和审判执行岗位法官实行任职回避的规定（试行）》（法发〔2011〕5 号）。教师重点围绕以上规定，结合案例 2.3.1 和 2.3.2 组织学生发言，总结法官应当回避的具体情形。

四、重点提示

1. 关于法官应当回避的情形，详见《法官法》第 23、24、36 条，最高人民法院《关于审判人员在诉讼活动中执行回避制度若干问题的规定》，最高人民法院《关于对配偶子女从事律师职业的法院领导干部和审判执行岗位法官实行任职回避的规定（试行）》以及《民事诉讼法》《刑事诉讼法》《行政诉讼法》及相关司法解释。

2. 法官违反回避规定是否会导致审判程序违法的问题，《民事诉讼法》《刑事诉讼法》《行政诉讼法》及相关司法解释均规定，法官应当回避但没有回避属于程序严重违法的情形。案例 2.3.1 和 2.3.2 中法院的做法值得商榷。此外，原《法官法》第 17 条规定，法官的配偶、子女不得担任该法官所任职法院办理案件的诉讼代理人或者辩护人，即诉讼代理人或者辩护人回避制度；2019 年修订后的《法官法》第 24 条规定，法官的配偶、父母、子女担任该法官所任职人民法院辖区内律师事务所的合伙人或者设立人的，或者在该法官所任职人民法院辖区内以律师身份担任诉讼代理人、辩护人，或者为诉讼案件当事人提供其他有偿法律服务的，法官应当实行任职回避，即法官任职回避制度。此处修订符合《法官法》的基本定位，也扩大、完善了法官任职回避制度。

案例2.4　法官从事营利性活动案

一、基本案情

恒盈公司系有限责任公司，于1998年5月8日经工商登记注册成立，李丙持有恒盈公司67.5%的股权。2008年4月18日，李丙因病去世，李丙的第一顺序继承人为李丙父亲李甲、母亲伍某某，妻子吴甲及儿子李乙。2008年7月23日，李丙的所有继承人达成协议并签订《析产协议书》，明确李丙遗产中所持的恒盈公司67.5%股权中李甲继承17%、伍某某继承16.3%、吴甲继承30%、李乙继承36.7%。上述四方就所占份额享受权利承担义务，该份协议书自各方签字之日起生效。后因李甲、伍某某不予配合致使析产协议无法履行，吴甲、李乙要求李甲、伍某某按照相关法律规定，办理股东变更登记手续未果，吴甲、李乙遂诉至区法院，该法院判定李甲、伍某某履行《析产协议书》，李甲、伍某某、恒盈公司协助吴甲、李乙共同办理股权工商登记变更手续。

李甲、伍某某对一审判决不服提起上诉，并认为原审判决适用法律不当。《公务员法》第53条第14项（现《公务员法》第59条第16项）规定，公务员必须遵守纪律，不得从事或者参与营利性活动，在企业或者其他营利性组织中兼任职务；《法官法》也规定了法官不得从事营利性的经营活动。吴甲系公务员、法官身份，原审判决其可以办理股权登记手续，使其可以从事经营性工作，显然违反了《公务员法》和《法官法》的规定，应予纠正。被上诉人吴甲、李乙辩称：吴甲的公务员身份并不妨碍其依法继承公司股权。继承是一种被动的获得，是公民的基本民事权利，任何人不应予以剥夺。从法律关系而言，《继承法》和《公务员法》《法官法》是截然不同的法律关系，后二者并不调整民商事法律关系，不应在本案中予以适用。此外，继承获得股权并成为股东并不等于从事或者参与营利性活动，如吴甲确实有违反上述两法的情况存在也应按相关程序处理，不应将通过继承成为股东和从事营利性活动画上等号。实际上，继承发生后，吴甲从未参与公司经营。[1]

二、法律问题

1. 本案中吴甲继承有限公司股权是否违反法官不得从事营利性活动的禁

---

〔1〕　上海市第二中级人民法院（2011）沪二中民四（商）终字第781号民事判决书。

止性规定？

2. 本案中二审法院应当作出何种裁判？

三、教学安排

（一）教学内容

本案例主要要求学生掌握《法官法》中关于法官义务的相关规定，并在具体案件中适用相关规定。

（二）课堂安排

要求学生在课前进行阅读与学习，包括：①案例 2.4；②《法官法》《公务员法》。教师重点围绕以上规定，针对案例 2.4 中上诉人的上诉理由和被上诉人的答辩理由，组织学生发言，判定本案中法官继承行为的性质，并讨论实际生活中法官哪些行为构成"从事营利性活动"。

四、重点提示

1. 本案焦点在于吴甲是否能成为工商载明的登记股东。吴甲通过继承行为获得了继承股东资格的权利，本应可按《公司法》第 37 条的规定对恒盈公司的经营享有决定权、选举权、审议权、作出决议权及其他相关职权。但其现为公务员及法官身份，《公务员法》和《法官法》均规定了公务员必须遵守纪律，不得从事或者参与营利性活动，在企业或者其他营利性组织中兼任职务。而所谓营利性活动，即指公务员参与的活动是以盈利为目的，且进行收入分配。因此，吴甲以公务员身份参与恒盈公司经营为《公务员法》和《法官法》所禁止，吴甲诉请欲成为有公示效力的工商登记股东，与《公务员法》和《法官法》的相关规定冲突。吴甲可通过其他途径实现其财产权。

2. 基于以上分析，李甲、伍某某关于吴甲不能成为工商登记载明的股东的上诉理由成立。但李甲、伍某某及恒盈公司仍应配合完成李乙名下股权份额及比例的工商变更登记。据此，依照《民事诉讼法》之规定，二审法院应当判决撤销一审民事判决，判定上诉人李甲、上诉人伍某某、原审被告恒盈实业有限公司应于本判决生效之日起 10 日内将原登记于李丙名下的股份变更登记于被上诉人李乙名下；对被上诉人吴甲、被上诉人李乙的其他诉讼请求，不予支持。

案例2.5　法官集体违法违纪案

一、基本案情

2013年6月9日，上海市高级人民法院民一庭副庭长赵某接受上海某建工公司综合管理部副总经理郭某邀请，前往南汇地区的通济路某农家饭店用晚餐，赵某又邀上海市高级人民法院民一庭庭长陈某，市高级人民法院纪检组副组长、监察室副主任倪某，市高级人民法院民五庭副庭长王某一同前往。晚餐后，以上5人又和3名社会人员一起，前往位于惠南镇的衡山度假村内的夜总会包房娱乐，接受异性陪侍服务。当晚，参与活动的一社会人员从附近某养生馆叫来色情服务人员，赵某、陈某、倪某、郭某参与嫖娼活动。

依照相关法纪规定，上海市纪委、市高级人民法院党组和有关部门决定：给予赵某、陈某开除党籍处分，由上海市高级人民法院提请市人大常委会按法律规定撤销其审判职务，开除公职；给予倪某开除党籍处分，免去其市高级人民法院纪检组、监察室相关职务，由市高级人民法院提请市人大常委会按法律规定撤销其审判职务，开除公职；给予王某留党察看2年之处分，由市高级人民法院提请市人大常委会按法律规定免去其审判职务，予以撤职；给予郭某开除党籍处分，相关企业给予其撤职处分并解除劳动合同。此外，根据《治安管理处罚法》，上海市公安局已对赵某、陈某、倪某、郭某作出行政拘留10天的行政处罚。有关部门已责令位于惠南镇的衡山度假村内的夜总会停业整顿。[1]

二、法律问题

应该如何规范法官业外行为？

三、教学安排

（一）教学内容

本案例主要要求学生掌握《法官法》中关于法官义务的相关规定，并在

---

〔1〕 翟珺："市纪委、市高院党组等部门对'高院法官夜总会招嫖'作出决定，赵明华、陈雪明等被开除党籍"，载《上海法治报》2013年8月7日，第A4版。

具体案件中适用相关规定。

（二）课堂安排

要求学生在课前进行阅读与学习，包括：①案例2.5；②《法官法》第46~51条；③《人民法院工作人员处分条例》；④本专题拓展资料"法官业外活动指引"。授课教师组织学生围绕以上法律问题进行研讨与分析。

四、重点提示

法官是裁判者，是社会正义最后一道防线的捍卫者，因此法官不仅应熟悉掌握法律知识，具有较高法律职业技能，更应具备法律职业伦理。本案中涉案法官严重违反法官职业伦理规范要求，也应承担相关刑事、行政法律责任。法官违纪违法是人民法院的耻辱，是司法公信的灾难，危害甚大，教训惨痛。[1]法官不仅应当在审判、执行业务中遵守法官职业伦理的要求，也应当在业外活动进行自我约束，遵守有关业务活动规范和指引，维护法官在社会公众心中的良好形象。

◆ 拓展资料

2.2【拓展阅读资料】

专题五　法官职业责任

◆ 知识概要

法官职业责任，是指法官违反法律、职业伦理和纪律所应当承担的责任。《法官法》《人民法院工作人员处分条例》对此作了全面具体的规定。《法官

---

[1]　陈菲："周强：法官违纪违法是法院耻辱"，载《北京晨报》2013年8月16日，第A2版。

法》第46条规定了禁止法官从事的行为，并要求对违反此规定的法官应当给予处分，构成犯罪的，还应依法追究刑事责任；第47~51条规定了法官惩戒的具体程序。《人民法院工作人员处分条例》从政治纪律、办案纪律、廉政纪律、组织人事纪律、财经纪律、失职行为、违反管理秩序和社会道德的行为等方面，对人民法院工作人员的职务行为和日常生活行为进行了全面规范。根据《刑法》第八章（贪污贿赂罪）、第九章（渎职罪）的有关规定，法官因职务行为构成犯罪的，应依法追究其刑事责任。

法官违反法律、法规、有关条例规定，应当承担纪律责任。纪律处分应当坚持实事求是、客观公正、纪律面前人人平等、处分与违纪行为相适应、惩处与教育相结合的原则。人民法院应当根据法官违法、违纪行为的事实、性质、主观过错、后果等情况分别作出处理。违纪行为情节轻微，经过批评教育后改正的，可以免予处分。法官退休之后违纪，或者在任职期间违纪、在处分决定作出前已经退休的，不再给予纪律处分；但是，应当给予降级、撤职、开除处分的，应当按照规定相应地降低或者取消其享受的待遇。《人民法院工作人员处分条例》具体规定从重、加重处分，从轻、减轻处分的情况以及处分的解除、变更和撤销等。2016年10月12日，最高人民法院、最高人民检察院印发《关于建立法官、检察官惩戒制度的意见（试行）》，明确法官、检察官惩戒工作由人民法院、人民检察院与法官、检察官惩戒委员会分工负责。

经典案例

案例2.6 黄某贪污、受贿案

一、基本案情

黄某，原系最高人民法院副院长，2009年8月21日因涉嫌受贿犯罪、贪污犯罪被逮捕。被告人黄某涉嫌受贿、贪污犯罪一案，由最高人民检察院于2009年8月20日立案侦查，2009年11月17日侦查终结，2009年11月18日，最高人民检察院将该案经河北省人民检察院移交河北省廊坊市人民检察院审查起诉。2009年12月30日，河北省廊坊市人民检察院依法向河北省廊坊市中级人民法院提起公诉。2010年1月14日，河北省廊坊市中级人民法院依法组成合议庭，公开审理了此案，并认定：

1. 2005 年 1 月至 2006 年下半年，黄某接受广东省法制盛邦律师事务所律师陈某甲的请托，陈某甲希望黄某帮助促成其代理的一起执行案件双方当事人执行和解。黄某向最高人民法院执行工作办公室的案件承办人打招呼，并作出书面批示，使该案件达成了执行和解。为此，黄某于 2008 年 5 月收受陈某甲给予的人民币 300 万元。

2. 2006 年 5 月至 7 月，黄某接受广州佳德利房地产开发有限公司董事长肖某的请托，为该公司与广州建南房地产开发有限公司债务纠纷案的处理，请求广州市中级人民法院有关领导提供帮助。黄某即向广州市中级人民法院相关领导打招呼，为肖某提供了帮助。为此，黄某于 2006 年 5 月至 2007 年初，先后三次收受肖某给予的港币 30 万元，折合人民币 30.066 万元。

3. 2006 年 9 月，黄某接受四川冠宇投资有限公司董事长林某甲的请托，为其兄林某乙涉嫌行贿被广东省佛山市人民检察院立案侦查事宜，林某甲希望黄某通过该院有关领导提供帮助，使林某乙由监视居住变更为取保候审。通过黄某向佛山市人民检察院负责人打招呼，林某乙被取保候审。为此，黄某于 2008 年春节前，收受林某甲给予的人民币 30 万元。

4. 2006 年底，黄某接受北京市某高校教师赵某某为最高人民法院民一庭审理的一起土地转让合同纠纷案件向其提出的请托，赵某某希望黄某对一方当事人的利益给予关照。黄某对该案提出明确意见，合议庭据此改变了原处理意见。为此，黄某于 2007 年下半年，收受赵某某给予的人民币 10 万元。

5. 2007 年 5、6 月，黄某接受广东正大方略律师事务所律师陈某乙的请托，为广东省廉江市信用投资发展公司与广州南亚房地产发展有限公司执行案提供了帮助。为此，黄某收受陈某乙给予的人民币 20 万元。

6. 1997 年至 1998 年，广东省湛江市中级人民法院审理的中美公司破产还债一案，由广东粤法拍卖有限公司、广东法建拍卖有限公司进行了资产拍卖。被告人黄某利用其担任湛江市中级人民法院党组书记、院长的职务便利，隐瞒事实真相，伙同时任湛江市司法局副局长的陈某丙、粤西代办处负责人项某，以粤西代办处参与中美公司资产拍卖操作的名义，将湛江市中级人民法院取得的对该资产拍卖佣金中的人民币 308 万元，通过湛江市法官协会转入粤西代办处账户，由三人非法占有，黄某分得人民币 120 万元。

河北省廊坊市中级人民法院审理认为:被告人黄某身为国家工作人员,利用职务便利为他人谋取利益,利用职权、地位形成的便利条件,通过其他国家工作人员的职务行为,为他人谋取不正当利益,非法收受他人财物,其行为构成受贿罪;黄某利用职务便利,伙同他人骗取本单位公款的行为还构成贪污罪。检察机关指控被告人黄某犯受贿罪、贪污罪的事实清楚,证据确实、充分,指控的罪名成立。黄某受贿数额巨大,虽具有在被调查期间主动坦白办案部门不掌握的部分受贿犯罪事实,认罪态度较好,且案发后大部分赃款已追缴的酌定从轻处罚情节,但其身为最高人民法院大法官,所犯受贿罪社会影响恶劣,应依法从严惩处。黄某伙同他人共同贪污数额巨大,情节严重,且系主犯,亦应依法惩处。对黄某所犯受贿罪、贪污罪,依法应数罪并罚。

2010年1月19日,河北省廊坊市中级人民法院依法作出如下判决:①被告人黄某犯受贿罪,判处无期徒刑,剥夺政治权利终身,并处没收个人全部财产;犯贪污罪,判处有期徒刑15年,并处没收个人财产人民币50万元,决定执行无期徒刑,剥夺政治权利终身,并处没收个人全部财产。②在案扣押的受贿款项人民币300万元上缴国库,贪污款项人民币278万元发还湛江市中级人民法院。③其余赃款继续追缴。

被告人黄某不服一审判决,向河北省高级人民法院提出上诉。河北省高级人民法院依法组成合议庭审理了该案。河北省高级人民法院审理认为:一审判决认定事实和适用法律正确,量刑适当,审判程序合法。上诉理由和辩护意见法院均不予采纳,于2010年3月9日作出裁定:驳回上诉,维持原判。[1]

二、法律问题

1. 我国法官惩戒主体模式是什么?
2. 我国法官惩戒事由有哪些?

三、教学安排

(一)教学内容

本案例主要要求学生掌握《法官法》《人民法院工作人员处分条例》《法

---

[1] 《中华人民共和国最高人民检察院公报》2010年第4期;晓雨:"黄松有案落槌",载《民主与法制》2010年第4期。

官行为规范》中关于法官惩戒的基本规定，并在具体案件中适用相关规定。

（二）课堂安排

要求学生在课前阅读与学习：①案例2.6；②《法官法》第46~51条；③《人民法院工作人员处分条例》第22~106条；④《法官行为规范》第90~93条。授课教师重点围绕以上法律问题组织学生研讨与分析。

授课教师可以播放电影《黄克功案件》（2014年）片段，并组织学生讨论该部电影中陕甘宁边区审判长雷经天在审判黄克功案件中坚持了哪些法官职业伦理基本要求？

四、重点提示

（一）我国的法官惩戒主体模式的选择

根据我国《宪法》和《法官法》，罢免法官的权力属于各级人民代表大会及其常务委员会，但是二者并没有规定除罢免之外的惩戒权力授予哪个机构。1998年最高人民法院颁布《人民法院审判人员违法审判责任追究办法（试行）》，其中第28条规定，各级人民法院监察部门是违法审判责任追究工作的职能部门，负责违法审判线索的收集、对违法审判责任进行调查以及对责任人员依照有关规定进行处理。由此可见，我国的法官惩戒主体模式属于异体与同体的混合模式，但是这种模式在实践中具有两种遭受诟病的特点。一是立法机关享有的惩戒权更具形式意义。因为各级人大及其常委会更多是对人民法院惩戒法官的处理决定的认可，并没有实质性的审查。二是各级人民法院对所属法官的内部惩戒会引发两种后果，一种是同体惩戒引起的法官之间的"官官相护"，法官的违法和不当行为难以得到有效的惩戒和遏制，导致民众对司法的不信任，影响司法的权威性。另一种是缺乏独立性的监察部门难免会加剧法官之间的行政化倾向，进而影响到审判权的独立行使。

在此背景下，作为推进司法责任制改革重要组成部分的法官惩戒制度也在经历着相关方面的制度改革。党的十八届四中全会《全面推进依法治国若干重大问题的决定》提出改革法官惩戒制度；最高人民法院颁布实施的《关于全面深化人民法院改革的意见》提出"两级模式"的法官惩戒委员会模式，将在国家和省一级分别设立由法官代表和社会有关人员参与的法官惩戒委员会；随后在最高人民法院、最高人民检察院联合颁布的《关于建立法官、检察官惩戒制度的意见（试行）》（以下简称《法官、检察官惩戒制度意见》）中只设立了省一级的法官惩戒委员会。但是法院推动的法官惩戒制度改革依然尊重各级人大及其常委会对法官的罢免权。这种改革并没有从根本上改变同体与异体的混合模式，但是却在同体模式的具体内容上有所改变。这种改变一方面是为了避免对我国宪法体制造成根本改变，另一方面也是为了回应人民法院各自惩戒所属法官所带来的不良影响。但是这种改革之路也面临着不可避免的难题。

1. 作为惩戒主体的各级人大及其常委会享有的惩戒法官的权力是否依然只具形式意义，或者说我国的法官惩戒主体是否可以完全变为同体模式，取消各级人大及其常委会对法官的惩戒权。在笔者看来，各级人大及其常委会应该继续享有罢免法官的惩戒权，并逐步实质化。一是人民代表大会在宪法上的权力机关地位决定了其对法院和法官的监督地位。各级人民法院要对各级人大及其常委会负责并报告工作，这里的"负责"就包括人民代表大会对法官的选举任命与罢免。二是人民代表大会享有部分惩戒权是对异体惩戒模式中"他治"的尊重。一方面，异体惩戒模式能增强法官惩戒的权威性，避免法官系统内部对法官的袒护，另一方面，现行同体惩戒模式带来的弊端也使得民众不相信法院内部惩戒法官的权威性和公正性，将人民代表大会及其常委会的罢免权实质化有助于法官惩戒的公正性。

2. 法官惩戒委员会的"两级模式"是阶段性还是最终性的设置。在现阶段的改革中，《关于全面深化人民法院改革的意见》提出在国家和省一级分别设立由法官代表和社会有关人员参与的法官惩戒委员会，但是在《法官、检察官惩戒制度意见》中只是先从省级进行试点改革。那么未来的法官惩戒委员会模式会继续实施"两级模式"吗？"两级模式"的法官惩戒委员会会面临着哪些难题？一是两级法官惩戒委员会的关系是平行还是上下级。尽管国家一级的法官惩戒委员会还未成立，但是依据文件所述已是计划内之事，那么未来的两级法官惩戒委员会的关系就十分重要。如果两者是平行关系，那么法官惩戒会根据法官所属的层级分属不同的惩戒委员会管辖。这种做法一般出现在联邦制国家，诸如美国，联邦法官和州法官分属不同的惩戒主体。但是我国是单一制国家，地方各级人民法院的法官并非隶属于地方，让全国的法官因为所属法院层级不同就归属不同的法官惩戒委员会并不合理。二是如果两者是上下级关系，那么意味着省级法官惩戒委员会拥有对全国所有法官的惩戒权，那么最高人民法院的法官出现违法犯罪和不当行为时应该由哪个省的法官惩戒委员会管辖就难以确定。从现行公布的法规文件来看，上下级选择不是改革的目标。但是平行关系带来的难题也需要解决，考虑到我国的政法体制和法官数量，在省级法官惩戒委员会实践经验的总结基础上，设立全国性的法官惩戒委员会，并设立跨行政区划的法官惩戒委员会分支会是更好的改革路径。从这个意义来讲，我国的两级模式应该是一个阶段性的过渡模式。

（二）惩戒事由：司法内不当行为抑或司法外不当行为

法官可能会基于何种法定事由而被惩戒是法官惩戒制度的重心，惩戒事由指引着法官的行为不要越过"红线"。惩戒事由构成了法官行为的边界，但是这个边界范围在很大程度上取决于对司法性质和地位的认识。

1. 司法内行为与司法外行为。世界各国对法官惩戒事由的规定各有不同，体现出不同制度对司法独立与惩戒法官的侧重有所差异。综合来看，法官遭受惩戒的事由主要有两种：一是司法内不当行为，二是司法外不当行为。前者诸如枉法裁判、触犯刑法，后者如发表了与司法职务不相称的政治言论、私生活不检点等。

司法内不当行为主要围绕法官行使司法职权的行为展开。诸如德国法律禁止法官实施严重削弱公众对法院作为伸张正义机构的信心的司法行为，包括接受金钱或者其他贿赂、胁迫取证、伪造文件以及通过起诉对清白者进行迫害或判刑。日本《法院法》也规定，法官应受惩戒处分的情形包括违反职务义务或者是懈怠职务的行为。司法外的不当行为主要是法官在行使司法职权之外有损司法权威的行为。诸如美国律师协会《司法行为示范法典》规定法官禁止实施与司法职务不相称的政治行为，规定法官应当控制司法外行为，以使之与司法职责发生冲突的可能达到最低限度。法国规定，法官的任何职业责任的失职、损害法官荣誉、正直和尊严的行为都触犯了法官纪律，诸如臭名昭著的、不检点的个人生活行为，以及政治态度不良等。

在法官惩戒事由上，我们可以发现一些规律性的认识。一是关于惩戒事由的规定大多比较宽泛抽象，并没有事无巨细地规定何种事由构成惩戒事由。但是根据惩戒主体的不同也有所区别，在"他治"程度较高的异体惩戒主体模式下，规定的惩戒事由较为明确具体，其中的原因主要在于避免司法独立受到侵害，而在"自治"程度较高的同体惩戒模式下，惩戒事由规定得较为宽泛，其主要原因在于避免遗漏法无明确规定但有损司法公信力的情形。二是惩戒事由的规定更注重法官的行为，而非判决的结果。对于法官不当行为之惩戒，无需考虑行为主观因素，只要该行为足以致公众对司法公信产生损害，有此"客观后果"就足以对法官施以惩戒，主观因素仅作为惩戒轻重的考虑因素。但是错误判决必须是法官在故意和重大过失的情况才能被惩戒，以避免法官在依据内心确信履职并无主观错误时被追责，影响司法权的独立行使。三是惩戒事由的司法内行为和司法外行为得到同等重视。法官在行使职权过程中违反惩戒事由会直接损害司法的公正性，对当事人的权益会造成直接损害，对此进行惩戒也是顺理成章。但是法官的司法外行为也会遭到惩戒，更多的原因在于法官的司法外不当行为同样会对司法公信力造成损害，尽管这种损害可能更具间接性。诸如在强调法院中立性的国家，法官的不当政治表态就会损害人们对司法中立性的认同。

2. 我国惩戒事由设定的改变与重构。我国关于惩戒事由的规定散见于各种法律法规和规范性文件中，诸如 1998 年最高人民法院颁布的《人民法院审判人员违法审判责任追究办法（试行）》第 5～21 条规定了会受到惩戒的事由，2015 年最高人民法院颁布的《关于完善人民法院司法责任制的若干意见》第 26 条规定了追究法官违法审判责任的 7 种情形。2009 年最高人民法院颁布的《人民法院工作人员处分条例》从违反政治纪律、违反办案纪律、违反廉政纪律、违反组织人事纪律、违反财经纪律与违反管理秩序和社会道德 6个方面进行详细规定。总的来说，我国的法官惩戒事由基本涵盖了司法内行为和司法外行为，如《法官法》中规定的司法内行为包括贪污受贿、徇私枉法、隐瞒证据或伪造证据等内容，规定的司法外行为包括散布有损国家声誉的言论，参加非法组织和从事营利性活动等内容。

尽管我国的法官惩戒事由涵盖了司法内外的不当行为，但是实践中呈现的一些特征反映了我国司法实践的独特性，也可能成为继续改革的障碍。

（1）我国法官惩戒事由规定得广泛而具体，但是缺乏最核心的定位。如上文所述，我国的法官惩戒事由大多选择列举的方式对司法内外的不当行为进行具体规定，并且也毫无例外地具有兜底条款。这种立法模式不仅仅是承袭大陆法系事无巨细规定的传统，更是一种不信任法律使用者的体现，防止惩戒主体随意地"出罪"和"入罪"。当出现法无明文规定的情形，兜底条款就可以发挥补救的作用，但是我国的兜底条款规定缺乏明晰的定位，如《法官法》第46条的兜底条款规定"其他违法乱纪的行为"。并不是所有的不当行为都可能成为惩戒法官的事由，如嗜好抽烟等，只有那些有损司法权威和公信力的行为才能成为惩戒法官的事由。在近期的改革措施中，关于违法审判事由的兜底条款开始明确核心的定位，防止兜底条款的滥用。如《关于完善人民法院司法责任制的若干意见》在规定违法审判情形时提出"其他故意违背法定程序、证据规则和法律明确规定违法审判的，或者因重大过失导致裁判结果错误并造成严重后果的"。这种进步应该体现在未来的法官惩戒事由的立法中。

（2）我国的法官惩戒事由过于注重与审判直接相关的不当行为，忽略不具有直接相关性的不当行为。一切有损司法公信力和权威的行为都可能成为惩戒事由，但是最高人民法院颁布实施的司法解释和规范性文件基本围绕违法审判展开，即使是最近颁布的《法官、检察官惩戒制度意见》也规定"法官、检察官在审判、检察工作中违反法律法规，实施违反审判、检察职责的行为，应当依照有关规定予以惩戒"。在我国，错案追究制几乎成了法官惩戒制度的代名词，围绕"错案"追究的是法官在直接行使职权中的司法内行为，这种过度重视审判行为的现状，一方面确实回应了司法实践中人们对司法腐败的不满，但是也更容易导致法官惧怕受到惩戒而无法独立行使职权，反倒影响到司法的权威和公信力。那么这是否构成忽视法官与审判间接相关的不当行为的原因呢？显然不是，因为法官惩戒专门针对法官"外化行为"或"表象行为"，即该标准关注的是法官暴露在公众视线中的外在言行给他人的表面印象是什么，并衡量这种外在表象是否在客观上对公众之于司法以及法官本人的信赖产生不利影响。我国实践的背后原因涉及我们对司法的定位，如果将法院视为中立的纠纷裁决机构，那么法官的中立性和独立性就是应有之义，那么法官发表不当言论，单独会见一方当事人都会损害司法的公信力。但是我国并不十分强调法院的中立性，并不强调法院或法官与社会的适当隔离，甚至鼓励马锡五审判方式和司法中的群众路线，那么在西方国家认为可能会影响到司法权威和公信力的间接行为并不会被我国所重视，而关注的重点就落在审判实务上。[1]

案例2.7　法官涉嫌玩忽职守案

一、基本案情

2001年9月27日，区法院法官莫某开庭审理李某状告张氏夫妇等4人借款1万元纠纷案。李某持有张氏夫妇的借条，而张氏夫妇辩称借条是被李某、冯某持刀威逼所写的。经审理，莫某作出判决，认为借条有效，被告应予还钱。11月14日中午，张氏夫妇觉得冤枉，在区法院外喝农药自杀身亡。11月15日，公安机关传唤李某、冯某，两人承认借条系他们持刀威逼张氏等人所写。2002年11月4日，莫某被逮捕，涉嫌罪名是玩忽职守。2003年12月4日，市法院一审判决莫某无罪，市检察院不服判决，提出抗诉。市检察院在抗诉书中认为，莫某没有按照主管领导批示要求将处理意见报告领导后再作判决，是严重不负责任的表现。

二、法律问题

莫某没有按照主管领导要求作出判决是否违反法律规定？

三、教学安排

（一）教学内容

本案例主要要求学生掌握《法官法》中关于法官权利义务、法律责任，《人民法院组织法》中关于审判组织的有关规定，并在具体案件中适用相关规定。

（二）课堂安排

要求学生在课前阅读与学习：①案例2.7；②《法官法》第10～11条；③《人民法院组织法》第29～39条；④本专题拓展资料中"审判委员会运行现状"。授课教师重点围绕以上法律问题组织学生研讨与分析。

---

[1]　侯学宾："法官惩戒制度的中国特色"，载《法律适用》2017年第7期。

四、重点提示

关于如何认定莫某的行为性质，可以参考该案二审判决中的如下认定：《人民法院组织法》《民事诉讼法》以及最高人民法院关于落实人民法院审判组织权限的有关解释明确规定，合议庭或独任法官有权根据案件事实依照法律作出判决，对重大疑难案件可提请院长提交审判委员会讨论决定。在实际工作中，合议庭或者独任法官对于一些重大敏感案件主动向院长、庭长汇报，听取领导意见或者就案件中发现的问题提出建议的做法是客观存在的，但这属于人民法院内部汇报、请示及沟通的一种方式。对于某一案件是否需要报告院长、庭长，由合议庭或独任法官决定。只有经过法定程序由审判委员会讨论决定，才能作出不同于合议庭或独任法官的处理意见，院长、庭长个人不能改变合议庭或者独任法官的意见。因此，合议庭或者独任法官审理非重大疑难案件后直接作出判决的行为，属于正确履行职责的行为。检察机关以被告人莫某没有听取领导意见径行下判，作为指控被告人莫某不正确履行职责的一个理由，缺乏法律依据。

案例2.8　法官铐律师案

一、基本案情

昆明某律师事务所的何律师到澄江县法院代理一起土地使用权转让纠纷案，澄江县法院民事一庭庭长洪某独任法官审理此案。庭审结束后，洪某叫原、被告双方当事人在庭审笔录上签字。"我拿过笔录，首先在笔录第一页上签了字，翻开笔录第二页，笔录上遗漏了我的辩论观点。"何律师说，"把法官口头不同意追加当事人的观点补在笔录中"。此时，洪某说："不准动笔录，有什么意见可以另外提交书面意见。"何律师说："笔录是记载整个庭审过程的，如果不加上，我就不签字。""随便你签不签字，你爱签不签"，洪某当即回答。随即，何律师把自己签在第一页上的名字划掉，并在第二页笔录上补充："我要求对庭审笔录进行补正，但未获准许，被告代理人拒绝签字，并写下自己的名字。"洪某拿过笔录一看，大声说："你有哪样权利在上面随意写字。"何律师回答："这是庭审笔录，代理人有权在上面签字，代理意见不完整的，我有权利在上面写上自己的意见。"洪某说："我之前就告诉过你，这个事不要扯了。书记员，去把法警叫来，把他拘留起来。"书记员走出法庭去叫法警。何律师说："拘留可以，必须有完备的拘留手续，比如要法院院长签字同意才可以。"

此时，法庭旁听席上坐有 15 名旁听群众，目击了何律师和洪某的对话。洪某坐在审判席上沉默了 3 分钟左右，又向何律师提出："给你三个选择：一是拘留，二是罚款，三是写检查。"何律师回答："在笔录上写拒签笔录的原因是我的权利，所以，检查我是绝对不会写的。"很快，书记员带着两名法警走进法庭。洪某说："把他铐起来带走。"法警掏出手铐，把何律师铐了起来带出法庭，并带到法院篮球架上铐起来。何律师回忆："我被铐时，还特意看了一下手机，应该是上午 10 点 50 分左右。"

上午 11 点半，澄江县法院某副院长得知情况后，来到法院法警大队了解情况，随即叫法警把何律师的手铐打开，并把何律师叫到办公室了解实情经过。此时，何律师被铐在篮球架上晒太阳已有 40 分钟左右。据何律师转述，副院长了解情况后，对何律师说："这个法官性子急，案子多，压力大，他拘留你没有按程序办理手续，对不起你了，请你理解。"何律师离开法庭时，眼角都湿润了。尤其是被告方当事人再次开车到法院接何律师时，他面部通红，不知说什么好。何律师心想："我一个律师帮人打官司，竟然会遭遇如此非法待遇。"[1]

二、法律问题

对本案中洪某应依法给予何种惩戒？

三、教学安排

（一）教学内容

本案例主要要求学生掌握《法官法》中关于法官奖惩的相关规定，并在具体案件中适用相关规定。

---

[1] "云南澄江：律师被铐法院篮球架 40 分钟"，载《人民日报》2009 年 7 月 15 日，第 A10 版。张文凌："云南高院：决不能轻描淡写地处理'法官铐律师'事件"，载《中国青年报》2009 年 7 月 15 日，第 4 版。

（二）课堂安排

要求学生在课前进行阅读与学习，包括：①案例2.8；②原《法官法》第32条（现《法官法》第46条）、《律师法》第37条、《民事诉讼法》第147条、《刑法》第238条；③最高人民法院、司法部《关于规范法官和律师相互关系维护司法公正的若干规定》，最高人民法院、最高人民检察院、公安部、国家安全部、司法部《关于依法保障律师执业权利的规定》。授课教师组织学生围绕以上法律问题进行研讨与分析。

四、重点提示

本案中的法官铐律师事件引发司法界的认真反思。根据原《法官法》第32条（现《法官法》第46条），法官不得有下列行为……⑦滥用职权，侵犯自然人、法人或者其他组织的合法权益；《律师法》第37条规定，律师在执业活动中人身权利不受侵犯，并且何律师要求补正庭审笔录的要求也是有法律依据的。法治意识淡薄、忽视律师执业权利、缺乏法律职业共同体的观念可能是导致本案发生的原因。从刑法法律规范角度来分析，洪某的行为已经涉嫌非法限制人身自由，而从法官职业伦理规范角度来分析，应当依法免除洪某的法官职务。

📖 拓展资料

2.3【拓展阅读资料】

第三章

检察官职业伦理

专题六　检察官职业伦理的特征

📚 知识概要

一、检察官职业伦理的概念和特征

检察官职业伦理，是指检察官在履行检察职能的活动中，应当遵守的行为规范，是检察官的职业义务、职业责任以及职业行为在伦理规范上的体现。检察职业伦理既调整检察机关内部关系，也调整检察机关及检察官与其服务对象即与民众之间的关系。加强检察官职业伦理建设是我国检察官队伍建设的一项重要内容，也是检察机关维护公平正义、加强法律监督的需要。

二、检察官职业伦理的依据

检察官职业伦理的依据主要为《检察官法》（全国人民代表大会常务委员会 1995 年 2 月 28 日通过、2001 年 6 月 30 日和 2017 年 9 月 1 日修正、2019 年 4 月 23 日修订）、《检察官职业道德基本准则》（最高人民检察院 2016 年 11 月 4 日通过）、《检察官职业行为基本规范（试行）》（最高人民检察院 2010 年 10 月 9 日发布）和《检察人员纪律处分条例》（最高人民检察院 2016 年 12 月 9 日修订）。

为了加强检察官队伍建设和管理，提高检察官的职业道德素养，最高人民检察院先后制定了一系列检察官职业伦理方面的规范性文件：2014 年 7 月

14 日出台《关于加强执法办案活动内部监督防止说情等干扰的若干规定》，要求各级检察机关进一步加强检察机关执法办案活动的内部监督，严肃办案纪律，保障检察人员依法履行职责，维护司法公正和检察机关形象；2015 年 1 月制定了《最高人民检察院机关严肃纪律作风的规定》，重申相关纪律作风要求，从严肃政治纪律作风、办案纪律作风、工作纪律作风、生活纪律作风和廉政纪律作风等方面提出禁止性要求。

经典案例

案例 3.1　最高检通报检察人员违法违纪案

一、基本案情

1. 2014 年 9 月 25 日，最高人民检察院通报了检察机关近期查办的 12 起检察人员严重违纪违法典型案件。这些案件分别是：

（1）辽宁省沈阳市检察院原检察长张某阳涉嫌受贿案。2006 年以来，张某阳利用担任地方党政领导和检察长的职务便利及影响，为他人在拆迁补偿、职务调动等方面提供帮助，收受贿赂，数额巨大。目前，张某阳已被开除党籍和公职，依法移送司法机关处理。

（2）内蒙古自治区检察院兴安盟检察分院原检察长王某春涉嫌贪污受贿案。王某春利用职务之便，先后多次收受贿赂，共计 100 余万元；贪污公款 10 余万元。目前，王某春已被开除党籍，依法移送司法机关处理。

（3）内蒙古自治区检察院兴安盟乌兰浩特市检察院原检察长郭某发涉嫌贪污受贿案。2004 年以来，郭某发利用职务之便，索取或收受贿赂共计 59 万余元；贪污公款 22 万余元。目前，郭某发已被开除党籍和公职，依法移送司法机关处理。

（4）湖南省岳阳县检察院反贪污贿赂局原局长夏某阳受贿案。2009 年 10 月以来，夏某阳利用职务之便，先后收受请托人所送现金 6.5 万元。目前，夏某阳已被开除党籍和公职，被判处有期徒刑 3 年，缓刑 4 年。

（5）山东省青岛市检察院案管中心原临时负责人孙某峰受贿案。1998 年以来，孙某峰利用职务之便，收受或索取贿赂共计 48 万余元。目前，孙某峰已被开除党籍和公职，被判处有期徒刑 12 年，并处没收财产人民币 10 万元。

（6）河北省石家庄市检察院未成年人刑事检察处原副处长刘某勇受贿案。2011年6月以来，刘某勇利用职务之便，索取案件当事人贿赂12.2万元。目前，刘某勇已被开除党籍和公职，被判处有期徒刑10年。

（7）河北省石家庄市赞皇县检察院法警队原队长杜某明涉嫌受贿案。2013年7月，杜某明在参与查办某专案期间，利用看守、监管的职务便利，为犯罪嫌疑人林某向外传递串供材料，收受林某亲属所送贿赂20余万元。目前，杜某明已被依法移送司法机关处理。

（8）宁夏回族自治区银川市上前城地区检察院原主任科员肖某田受贿案。2008年，肖某田受吴某等人之托，利用职务影响力，帮助其申请长途客运线路。肖某田以需要疏通关系、请有关领导吃饭娱乐为由，收受吴某等人现金14.5万元。目前，肖某田已被开除党籍和公职，被判处有期徒刑2年，并处罚金1万元。

（9）山东省菏泽市单县检察院公诉科原助理检察员裴某伟徇私枉法案。2012年11月，裴某伟接受请托，为使犯罪嫌疑人王某某减轻处罚，伙同他人伪造虚假立功证明材料，被法院采信。目前，裴某伟已被开除党籍和公职，被判处有期徒刑1年。

（10）辽宁省凌海市检察院监所检察科原科员王某全伪造国家机关公文、印章案。2012年初，王某全为帮助朋友追要欠款，伪造检察机关公文印章，私自办假案。目前，王某全已被开除党籍和公职，被判处有期徒刑1年，缓刑1年。

（11）江苏省镇江市检察院清和园招待所原负责人王某鸣贪污贿赂案。2004年以来，王某鸣利用职务身份影响，收受或索取贿赂价值人民币60.6万余元；利用负责管理清和园招待所的职务便利，贪污公款5.5万余元；非法插手经济纠纷，驾驶该院警车去企业查账取证。目前，王某鸣已被开除公职，被判处有期徒刑13年。

（12）辽宁省本溪市检察院监所检察处原副处长白某卉违反办案纪律案。2014年1月，白某卉利用职务便利，违反规定多次私自在羁押场所会见犯罪嫌疑人韩某，将会见情况录制成音、视频，向韩某家属播放，并让韩某家属筹备办事费用。目前，白某卉已被开除党籍和公职。[1]

---

〔1〕 "最高检通报12起检察人员严重违纪违法典型案件"，载《检察日报》2014年9月25日，第1版。

2. 2014 年 10 月 29 日，最高人民检察院检察长曹建明在第十二届全国人大常委会第十一次会议上作《关于人民检察院规范司法行为工作情况的报告》时表示，最高检制定实施廉洁从检若干规定，出台检察人员与律师交往行为规范、检察人员 8 小时外行为禁令，加强对省级检察院领导班子的常规巡视和对最高检内设机构的专项巡视。坚持从严治检，在 12309 平台设立"举报检察干警违法违纪"专区，2006 年以来共查处违法违纪检察人员 2040 人，其中追究刑事责任 198 人，处理情况及时向社会公开通报。[1]

3. 2016 年 9 月 16 日，最高检通报了 2016 年以来查处的 12 起检察人员违纪违法典型案件。这 12 起典型案件是：江苏省扬州市检察院原副检察长钱某海受贿、违规从事营利活动、干预案件办理案，福建省石狮市检察院原检察长张某龙受贿、违反廉洁纪律、生活纪律案，山东省枣庄市山亭区检察院原副检察长曲某民违反廉洁纪律案，山东省青岛市检察院公诉一处原干部王某强贩毒案，河南省郑州市检察院公诉二处原副处长王某建违反办案纪律案，河南省南阳市卧龙区检察院反渎局原局长周某等人开设赌场案，湖北省孝感市检察院原检察长韩某清等人违反办案纪律案，湖南省益阳市赫山区检察院公诉科原科长周某军、副科长李某健徇私枉法案，湖南省衡山县检察院检察长聂某文等人违反换届纪律案，广东省阳春市检察院公诉科原科长韦某玮受贿、违规从事营利活动、巨额财产来源不明案，陕西省延安市检察院办公室原副主任张某恺诈骗案，新疆维吾尔自治区洛浦县检察院公诉科原干部拜合提亚尔某某受贿案。[2]

4. 2017 年 5 月 27 日，最高检通报了近 2 年来查处的检察人员违纪违法典型案件，包括广西壮族自治区桂林市象山区检察院党组书记、检察长李某松违规发放津补贴、报销接待费案；新疆维吾尔自治区焉耆县检察院党组副书记、检察长索某违规公款旅游案；甘肃省定西市检察院办案安全事故案；四川省宁南县检察院党组成员、副检察长殷某才，反贪局副局长王某钧非法限制人身自由案；湖北省武汉市武昌区检察院职务犯罪预防科科长徐某、科员

---

〔1〕 王治国："检察人员违法违纪情况及时向社会公开"，载《检察日报》2014 年 10 月 30 日，第 2 版。

〔2〕 郭洪平："最高检通报 12 起检察人员违纪违法典型案件"，载《检察日报》2016 年 9 月 16 日，第 1 版。

许某失职案;河南省检察院原副检察长李某华受贿、巨额财产来源不明案;吉林省吉林市丰满区检察院原党组成员、副检察长高某挪用公款、违规向当事人借款案;河南省郑州铁路运输检察分院案件管理办公室原内勤杨某宇违规处理涉案赃物案。〔1〕

5. 2017年11月16日,最高人民检察院通报了9起检察人员违法案件和12起检察人员违纪案件。

检察人员违法案件包括河北省石家庄市赞皇县检察院法警大队原队长杜某明因犯受贿罪、帮助犯罪分子逃避处罚罪,数罪并罚被判处有期徒刑11年6个月;新疆维吾尔自治区于田县检察院公诉处热某娅因犯受贿罪被判处有期徒刑5年,没收非法所得人民币6.75万元;吉林省检察院行政处孙某成因犯受贿罪被判处有期徒刑11年等9起案件。

检察人员违纪案件包括贵州省黔西南州兴仁县检察院反贪污贿赂局李某智因违规不移交涉案款物,被黔西南州检察院给予记过处分;山西省阳泉市检察院刑事执行检察处王某峰因违规给在押人员捎带物品被阳泉市检察院给予记大过处分;辽宁省阜新市检察院反渎职侵权局朱某因接受吃请馈赠被该院给予警告、记过处分,并被免去反渎职侵权局副局长职务,调离工作岗位等12起案件。〔2〕

6. 2018年2月3日,全国检察机关党风廉政建设和反腐败工作会议通报,检察机关坚持全面从严治检,2013年至2017年共查处违纪违法检察人员2089人,严肃追究531名领导干部失职失察责任。最高检抓住领导干部这个"关键少数"和司法办案这个关键环节,先后修订检察人员纪律处分条例,颁布干预插手过问案件记录报告责任追究实施办法、违法行使职权行为纠正记录通报及责任追究、规范检察人员与律师接触交往行为等制度。此外还制定落实中央八项规定及其实施细则的具体办法,颁布加强作风建设若干规定、严肃纪律作风15条禁令、检察人员8小时外行为禁令,查处违反中央八项规定精神的检察人员543人,检察机关作风进一步好转。〔3〕

---

〔1〕 郭洪平:"最高检通报12起检察人员违纪违法典型案件",载《检察日报》2017年5月27日,第1版。

〔2〕 戴佳:"最高检通报司法不规范典型案件",载《检察日报》2015年11月17日,第1版。

〔3〕 "检察机关党风廉政建设和反腐败工作会议召开",载《经济日报》2018年2月4日,第2版。

7. 2018 年 5 月 25 日，记者从大检察官研讨班获悉，2018 年上半年立案查处检察人员违纪违法案件 238 件 262 人，向全国检察机关通报落实插手具体案件"三个规定"情况以及 10 起检察人员违纪违法典型案件，向社会公开通报 7 起检察人员违反中央八项规定精神问题。[1]

二、法律问题

1. 检察人员违纪违法行为主要有哪些类型？
2. 为什么要加强检察官职业伦理道德建设？

三、教学安排

（一）教学内容

本案例主要要求学生掌握检察官职业伦理的有关规定以及检察人员违纪违法的主要类型。

（二）课堂安排

要求学生在课前进行阅读与学习，包括：①案例 3.1；②《检察官法》第 47～52 条、《检察人员纪律处分条例》；③本专题拓展资料中"检察人员纪律作风 15 条禁令、8 小时外行为禁令"。教师组织学生围绕以上法律问题进行研讨和分析。

授课教师播放电影《女检察官》（2007 年）、《检察长》（2014 年）、《青春检察官》（2015 年）、《敬礼检察官》（2015 年）、《我是检察官》（2018 年）片段，并组织学生讨论在该案中检察官行为符合哪些职业伦理规范要求？

四、重点提示

1. 根据《检察人员纪律处分条例》第二章"分则"中检察人员违反政治纪律、违反组织纪律、违反办案纪律、违反廉洁纪律、违反群众纪律、违反工作纪律和违反生活纪律等 7 个方面来开展分析，检索每个案件所关联的《检察人员纪律处分条例》的具体法条。

---

〔1〕 姜洪、郑赫南、史兆琨、闫晶晶："上半年查处 238 件检察人员违纪违法案件"，载《检察日报》2018 年 7 月 26 日，第 1 版。

2. 检察官的职责是依法进行法律监督工作，代表国家进行公诉，对法律规定由人民检察院直接受理的犯罪案件进行侦查以及履行法律规定的其他职责。随着依法治国和以德治国作为党的战略方针提出并付诸实施，建立一支高素质专业化检察队伍，发挥检察机关在法治建设中的职能作用已成为我国检察机关面临的一项重要任务，加强检察官职业伦理建设成为新时期检察官队伍建设的重要内容，具有十分深远的意义。

第一，加强检察官职业伦理建设是促进我国法治建设的重要保障。建设社会主义法治国家是党和国家的基本治国方略，也是我国面临的长期战略任务。检察机关作为国家法律监督机关，担负着维护国家法制统一和法律尊严的职责，在促进法治建设中有着重要的职能作用。加强检察官职业伦理建设，使检察人员牢固树立忠于法律的信念，培养检察官的职业责任感和荣誉感，以形成高度的思想觉悟和精神境界，并把它变成一种精神力量和支柱，能有力地促进检察官在职业活动中切实做到有法必依、执法必严、违法必究，正确履行法律监督职责，提高法律在人民群众中的威信，保障法律的正确实施。如果检察官没有良好的、高尚的职业道德，不能秉公执法，甚至知法犯法、贪赃枉法，就会直接损害法律尊严，影响党和国家在群众心目中的形象和声誉，甚至影响社会政治稳定，阻碍社会主义法治建设的进程。

第二，加强检察官职业伦理建设是社会主义精神文明建设的需要。伦理建设是社会主义精神文明建设的一个重要内容，伦理水平的高低是体现精神文明建设程度的一个重要标志。社会主义的职业活动场所，既是人们接受职业伦理教育的地方，也是开展社会主义精神文明建设的重要场所，职业伦理建设是社会主义精神文明建设的重要途径。检察官职业活动是代表国家进行的，涉及社会生活各个领域，具有广泛性和权威性。检察官应该是社会主义精神文明的提倡者、维护者，是群众的道德榜样。加强检察官职业伦理建设，使每一名检察官树立高尚的职业伦理，并将高尚的道德品质和道德标准展现于群众面前，推广到工作以外的社会生活中去，通过检察官的行为和道德情操教育群众、影响群众，可以影响和带动广大群众增强道德意识，促进整个社会道德水平和社会风尚的提高。

第三，加强检察官职业伦理建设是惩治腐败、纠正行业不正之风的重要举措。当前存在的行业不正之风及各种腐败现象，主要是凭借行业特有的职权或工作条件谋取个人或小团体的私利，简单地说就是以权谋私，脱离群众，违背社会主义的道德原则，损害人民的利益，影响社会安定团结。作为一名检察官，必须正确运用手中的权力去为人民服务、为群众谋利益，而绝不能滥用职权谋取私利。通过检察官职业伦理建设，帮助检察官树立正确的伦理观念，使之甘当人民的公仆，明确自己的职责是惩办贪污、受贿等犯罪活动，是国家惩治腐败的中流砥柱，坚决抵制各种不正之风的影响和腐败现象的侵蚀，同时在职业活动中大胆行使检察权，与腐败犯罪现象坚决斗争，发挥检察机关在反腐倡廉工作中的重要作用。

第四，加强检察官职业伦理建设是检察官自我完善的必要条件。良好的道德品质是人们追求自我完善的重要标准。道德品质作为道德认识、情感、意志、信念的综合表现，它的形成不是自发的，而是要经过学习和实践过程才能完成的。加强检察官职业伦理建设，对检察官进行职业伦理教育，规范检察官伦理实践活动，是提高广大检察官职业伦理水准，养成高尚道德品质的根本途径。实践证明，一个人只有对本职工作树立起荣誉感和责任感，热爱自己从事的职业，把自己所担负的职业当作神圣的事业，忠诚地为人民服务，才有可能具有崇高的思想品德。加强职业伦理修养，可以指导检察人员在工作岗位上确立崇高的生活目标，选择正确的职业伦理行为，培养良好的职业伦理习惯，增强拒腐防变的能力，正确履行法律监督职责，正气浩然，大公无私，做一名堂堂正正的检察官。

📖 拓展资料

3.1【拓展阅读资料】

专题七 检察官职业伦理的内容

📚 知识概要

为紧贴司法体制改革对检察官职业道德提出的新要求，突出检察职业特色，坚持删繁就简，《检察官职业道德基本准则》是检察机关成立以来第一部坚持正面倡导、面向全体检察官的职业道德规范。根据《检察官职业道德基本准则》，检察官职业道德的基本要求为"忠诚、为民、担当、公正、廉洁"五方面，即要求：

1. 坚持忠诚品格，永葆政治本色。要求检察官忠于党、忠于国家；忠于人民；忠于宪法和法律；忠于检察事业。

2. 坚持为民宗旨，保障人民权益。要求检察官坚持以人民利益为重的理念；坚持严格、规范、公正、文明执法；坚持融入群众、倾听群众呼声、解决群众诉求、接受群众监督。

3. 坚持担当精神，强化法律监督。要求检察官敢于担当，坚决打击发生在群众身边损害群众利益的各类犯罪；要坚守良知、公正执法、执法公开，自觉接受人民群众和社会的监督；要直面矛盾，正视问题。

4. 坚持公正理念，维护法制统一。要求检察官应当坚持法治理念，坚决维护法律的效力和权威；依法履行检察职责，不受行政机关、社会团体和个人的干涉；应当以事实为根据，以法律为准绳，不偏不倚，正确行使检察裁量权；应当自觉遵守法定回避制度；应当树立证据意识，依法客观全面地收集、审查证据；应当树立程序意识，坚持程序公正与实体公正并重；应当树立人权保护意识，尊重诉讼当事人、参与人及其他有关人员的人格；应当尊重律师的职业尊严，支持律师履行法定职责；应当严格遵守检察纪律，不违反规定过问、干预其他案件；应当努力提高案件质量和办案水平，严守法定办案时限，提高办案效率，节约司法资源。

5. 坚持廉洁操守，自觉接受监督。要求检察官坚持廉洁操守、避免不当影响、妥善处理个人事务。

经典案例

案例3.2　离任检察员违规代理诉讼案

一、基本案情

湖北省某区法院作出刑事判决，认定被告人岳某为谋取不正当利益先后5次向某公司职员高某行贿人民币共计58 000元，判决被告人岳某犯行贿罪，免予刑事处罚。市检察院向市中院提出抗诉并认为本案一审辩护人刘某曾任该检察院检察员，根据《检察官法》规定，刘某不得担任原任职检察院办理案件的辩护人，故原判程序违法。[1]

二、法律问题

本案中，市中院应当如何认定一审辩护人刘某的行为，并作出何种裁判？

三、教学安排

（一）教学内容

本案例主要要求学生掌握检察官任职回避和离任回避有关规定以及检察人员违纪违法的主要类型。

（二）课堂安排

要求学生在课前进行阅读与学习，包括：①案例3.2；②《检察官法》第25条、第37条，《检察人员纪律处分条例》。教师组织学生围绕以上法律问题进行研讨和分析。

四、重点提示

根据《检察官法》第37条规定，检察官从人民检察院离任后2年内，不得以律师身份担任诉讼代理人或者辩护人。检察官从人民检察院离任后，不得担任原任职检察院办理案件的诉讼代理人或者辩护人，但是作为当事人的监护人或者近亲属代理诉讼或者进行辩护的除外。检察官被开除后，不得担

---

〔1〕　湖北省宜昌市中级人民法院（2017）鄂05刑终367号刑事裁定书。

任诉讼代理人或者辩护人，但是作为当事人的监护人或者近亲属代理诉讼或者进行辩护的除外人。本案一审辩护人刘某系某区人民检察院检察员，其担任原任职检察院办理案件的辩护人，违背了回避制度，故一审违反法定诉讼程序。市中院应当依照《刑事诉讼法》第 238 条第 2 款的规定，裁定撤销一审判决。

案例3.3　检察官从事营利性活动案（2案）

一、基本案情

案例 3.3.1　检察官承办山林案

原告赖某以其未成年儿子的名义与朱某等 3 人和龙南县某村民委员会签订了《山林承包合同书》及《关于承包白沙坑、滩继坑山林的补充协议》各一份，并得到了乡政府和林业工作站的见证和同意，由赖某与朱某等 3 人合伙承包了白沙坑、滩继坑山场。后赖某与朱某等 3 人经协商一致，决定以拍卖的方式将其合伙承包的山场转让。后因朱某等 3 人未能按照约定将部分转让款支付给赖某，赖某将朱某等起诉至县法院。

县法院认为，《合同法》第 52 条规定，违反法律、行政法规强制性规定的合同无效，赖某作为国家公务员，其参与合伙承包山场的行为违反了《公务员法》以及《检察官法》关于公务员不得从事或者参与营利性活动的规定，故赖某与朱某等 3 人签订的《山林承包合同书》及《关于承包白沙坑、滩继坑山林的补充协议》均无效，判决驳回原告赖某的诉讼请求。

一审判决生效后，市检察院就该案判决向市中院提起抗诉，并认为根据《公务员法》《检察官法》对公务员不得从事或参与营利性活动的规定，检察官、公务员违反上述规定，将得到相应的处罚，但一般来讲，这种情形下，公务员作为民事主体，其民事行为应认定有效。同时，根据《中共中央、国务院关于加快林业发展的决定》第 15 点"放手发展非公有制林业。国家鼓励各种社会主体跨所有制、跨行业、跨地区投资发展林业。凡有能力的农户、城镇居民、科技人员、私营企业主、外国投资者、企事业单位和机关团体的干部职工等，都可单独或合伙参与林业开发，从事林业建设"的规定，本案中不能因赖某公务员身份而认定其参与合伙的民事行为无效。因此，赖某参与山林承包经营合伙是具有法律效力的，应受法律保护。[1]

案例 3.3.2　检察官从事多项营利性活动案

穆某原为山西甲县检察院副检察长，违反规定从事营利性经营活动，借操办婚丧事宜敛财，收受请托人财物，共获利 1560 余万元，另获钻戒 2 枚、轿车 1 辆。其中仅在甲县某矿业公司入股 50 万元，获利就达 770 万元；在乙县某铁矿入股 50 万元，获利 200 万元；从甲县信用社违规贷款 1000 万元转借他人，获利 200 万元；在某市矿业公司入股 100 万元，获利 68 万元；协调甲县选矿厂转让，获利 14 万元，另获 2 枚钻戒。穆某在甲县某油库、某房地产公司以及某市个体老板肖某处投资 676 余万元。此外，穆某还利用职务便利索取和收受他人贿赂折合人民币 159.7 万元。最终穆某被开出党籍和公职，并以受贿罪被判处有期徒刑 12 年。[2]

二、法律问题

1. 案例 3.3.1 中县法院一审判决的认定和市检察院的抗诉意见，哪一意见符合法律规定？

2. 导致检察官违规从事营利性活动的原因有哪些？

三、教学安排

（一）教学内容

本案例主要要求学生掌握检察官从事营利性活动的有关规定。

（二）课堂安排

要求学生在课前进行阅读与学习，包括：①案例 3.3.1 和 3.3.2；②《检察官法》第 47~52 条。授课教师组织学生研讨和分析以上法律问题。

四、重点提示

1. 本题重点围绕《合同法》和《法官法》中的有关规定来展开讨论，不设固定答案。

---

[1]　江西省赣州市中级人民法院（2014）赣中民再终字第 38 号民事判决书。

[2]　中央纪委驻最高人民检察院纪检组、最高人民检察院监察局：《警示与镜戒——检察人员违纪违法典型案例剖析》，中国检察出版社 2013 年版，第 145~146 页。

2. 建议从如下几个方面来分析检察官违规违法的原因：①个人理想信念动摇，宗旨意识丧失，个人私欲膨胀；②基层党组织软弱无力，党内政治生活制度流于形式；③权力失控，检察权被滥用于揽事谋私；④教育不力，监督不到位，制度规定得不到有效执行。

案例3.4　检察官徇私枉法案（2案）

一、基本案情

案例3.4.1　牛某徇私枉法案

牛某原系某区检察院副检察长，在办理某县公安局交警大队原大队长陈某受贿案期间，分管公诉的副检察长牛某多次接受陈某亲属吃请，并收受所送现金6万元。牛某与公诉科科长胡某（另案处理）合谋，没有将此案提交检察委员会讨论，也未按《人民检察院公诉工作操作规程》的规定报上级检察院公诉部门备案审查，而擅自决定从陈某受贿的16万元中核减7万元，并否定陈某涉嫌玩忽职守罪。后区检察院以涉嫌受贿9万元将陈某起诉至法院，陈某的量刑幅度也由10年以上有期徒刑降为5年以上10年以下有期徒刑。法院审理期间，牛某应陈某亲属的请托，亲自出面联络宴请主审法官胡某某和张某（均已判刑），还向两法官提出认定陈某自首并适用缓刑的建议，承诺检察机关对判决结果不提出抗诉。在牛某斡旋下，法院认定陈某有自首情节，判处其有期徒刑3年，缓刑5年。牛某在判决审查表上签字同意该判决结果。案发后，陈某受贿罪重审，认定陈某受贿16万元，自首不成立，依法判处陈某有期徒刑11年。牛某被开除党籍、开除公职，因犯徇私枉法罪被判处有期徒刑6年6个月。[1]

案例3.4.2　郭某甲等人徇私枉法案

郭某甲原系某县检察院公诉科科长，郭某乙原为该院公诉科检察员，乌某系该院检察长，布某为该院副检察长。

被害人刘某（女，案发时17岁）在放学途中，被吕某、孙某等4人轮

---

〔1〕 中央纪委驻最高人民检察院纪检组、最高人民检察院监察局：《警示与镜戒——检察人员违纪违法典型案例剖析》，中国检察出版社2013年版，第121～122页。

奸。在得知孙某被取保候审后，犯罪嫌疑人吕某之父等宴请负责办理该案的县检察院公诉科郭某甲、郭某乙等，请托关照，郭某甲等均允诺。在该案审查起诉过程中，该案辩护律师及犯罪嫌疑人家属积极活动，指使被害人和犯罪嫌疑人多次翻证翻供，并宴请布某、郭某甲、郭某乙等人，郭某甲、郭某乙分别收受犯罪嫌疑人家属贿赂9000元、8000元。在明知已有证据能够证明犯罪事实，也知晓被害人和犯罪嫌疑人串通后翻证、翻供的情况下，郭某甲、郭某乙向分管检察长布某汇报后，以事实不清、证据不足两次将该案退回公安机关补充侦查。县公安局补充侦查后将案件重新移送县检察院审查起诉，郭某甲、郭某乙擅自决定以案件不符合起诉条件为由，主动与县公安局办案人员及分管领导协商后，由县公安局撤销该案。1年后，市检察院在案件复查中，发现这起基本事实清楚的强奸案件被县公安局撤销案件。经立案侦查，一起涉及公安干警、检察人员、律师及犯罪嫌疑人亲属等20余人的特大徇私枉法窝案串案浮出水面。

本案发生时，该县检察院处于有制度不落实、有规定不执行、有领导不管理的无序状态。副检察长布某因面临免职，对分管的公诉工作分而不管，不尽职责；检察长乌某接管公诉工作后，对办案工作不闻不问，对下属放任自流。郭某甲等人正是利用领导疏于管理和监督之机，该汇报的不汇报，该请示的不请示，该会议讨论的事项个人做主，该领导决定的自行决定。法院以徇私枉法罪判处郭某甲有期徒刑2年、郭某乙有期徒刑1年6个月，二人先后被开除党籍和公职。乌某因失职、失教、失察、失管，负有直接领导责任，被责令引咎辞职，同时受到撤销党内职务和记大过处分；布某因失职、失管，并违反规定与下属办案人员一同接受当事人宴请，受到党内严重警告和记大过处分。[1]

二、法律问题

1. 如何规范司法人员之间的关系？

2. 如何加强对检察机关办案人员的监督？

---

〔1〕 中央纪委驻最高人民检察院纪检组、最高人民检察院监察局：《警示与镜戒——检察人员违纪违法典型案例剖析》，中国检察出版社2013年版，第126～128页。

三、教学安排

（一）教学内容

本案例主要要求学生掌握检察官涉嫌徇私枉法的有关规定。

（二）课堂安排

要求学生在课前进行阅读与学习，包括：①案例3.4.1和3.4.2；②《检察官法》第10条、第47条和《刑法》第399条；③本专题拓展资料中"我国检察官职业伦理的内容"。授课教师组织学生自由讨论以上法律问题。

授课教师播放电影《全民目击》（2013年）片段，并组织学生讨论在该案中检察官童涛、律师周莉哪些行为分别违反哪些职业伦理规范？

四、重点提示

1. 以上两个案件反映出我们必须注意司法人员的相关关系，建立法官、检察官和律师等司法人员之间的关系准则。本书第六章专门讨论法官（检察官）和律师之间的关系规范，本案重点讨论法官和检察官之间的关系规范。法官和检察官应当依法履行各自职责，恪尽职守，相互砥砺，相互监督，共同维护宪法、法律的尊严和司法权威；法官与检察官应当保持适当的距离，规范层面也应限制法官和检察官在办公场所外私下进行约见、宴请等非公务活动，确保公正廉洁的司法形象和公信力。

2. 必须坚持不懈加强监督与制约，建立健全廉政风险防控机制，确保公正廉洁执法。权力没有监督，必然滋生滥用和腐败。本案中有关检察人员违法的根本原因是其思想建设滑坡，世界观、人生观、价值观扭曲，此外对于身居要职的检察长等领导干部和身处重点岗位、重点环节的监督失位、制约失力，也是本案重要成因。例如案例3.4.2中，布某放弃职责、乌某不管不问，郭某甲、郭某乙为私受贿、瞒天过海、罔顾法纪，种种违法违纪行为"一帆风顺"，可见对领导干部和重点岗位、重点环节的监督制约近乎没有。因此各级检察机关要坚持不懈加强监督，以领导干部和重点岗位、重点环节为关键，进一步完善党内民主监督，加强领导班子内部监督，强化检察官内部监督，加大查办惩治检察人员违纪违法力度，建立健全廉政风险防控机制，惩防并举、督查结合，确保检察机关公正廉洁执法。

📚 拓展资料

3.2【拓展阅读资料】

专题八 检察官职业责任

📚 知识概要

检察官职业责任，是指检察官违反法律法规、职业伦理规范和检察工作纪律所应当承担的不利后果。《检察官法》第 47 条具体规定禁止检察官从事的行为；第 48～52 条具体规定了检察官惩戒的具体程序。

对违反检察纪律的检察人员，应当根据其违纪行为的事实、性质和情节，依照《检察人员纪律处分条例》的规定，给予纪律处分；情节轻微，经批评教育确已认识错误的，可以免予处分；情节显著轻微，不认为构成违纪的，不予处分。依照《检察人员纪律处分条例》应当给予警告或者记过处分，又有减轻处分情形的，可以免予处分。根据《检察人员纪律处分条例》，检察人员如有下列行为将被处分：16 种违反政治纪律的行为，16 种违反组织纪律的行为，24 种违反办案纪律的行为，24 种违反廉洁纪律的行为，18 种违反群众纪律的行为，5 种违反工作纪律的行为，5 种违反生活纪律的行为。根据《刑法》第四章（侵犯公民人身权利、民主权利罪）、第八章（贪污贿赂罪）和第九章（渎职罪）的有关规定，检察官执行职务行为构成犯罪的，依法追究其刑事责任。

📔 经典案例

案例3.5　检察人员严重违反办案纪律案（2案）

一、基本案情

案例3.5.1　某区检察院违规办案致使当事人死亡案

根据上级检察院指定管辖，某区检察院对魏某涉嫌受贿一案进行调查。6月25日，该检察院将魏某口头传唤至该案办案区，次日以涉嫌受贿罪对其立案侦查，同时采取监视居住强制措施。6月26日至27日，魏某两次提出身体不适，办案人员两次拨打"120"进行了急救检查，初步诊断为高血压，但并未引起办案人员及该院领导重视。7月1日19时许，魏某身体出现异常，经医院抢救无效死亡。自被传唤后，魏某一直被违法羁押在该院办案区接受询问、讯问，长时间被拘束在审讯椅上，死亡前一直被戴着手铐，过程长达18小时。在整个办案过程中，办案人员没有对魏某记过讯问笔录，也没有进行同步录音录像。

后该院依照国家赔偿相关法律法规赔付了魏某家属死亡赔偿金、丧葬费、精神抚慰金、抚养费共计102万元。案发后，该院负有领导责任的原检察长邹某、副检察长王某被免职，法院以滥用职权罪判处该院原反贪局局长徐某有期徒刑3年、原反贪局书记员摆某免于刑事处罚，其他人员被给予不同程度的纪律处分。[1]

案例3.5.2　某市检察院刑讯逼供致人死亡案

白某因涉嫌非法经营"六合彩"被县公安局立案侦查，后被取保候审。在该案提起公诉期间，某市检察院多次接到群众举报，反映白某为从轻处罚多次向司法机关有关人员行贿的问题。经该院初查发现，白某在取保候审期间，确有通过他人疏通关系、干扰案件办理的行为。某市检察院与某县检察院组成办案组办理该案，并商请某市纪委参与办理此案。经与法院协调，决定对白某采取逮捕措施。

---

〔1〕　中央纪委驻最高人民检察院纪检组、最高人民检察院监察局：《警示与镜戒——检察人员违纪违法典型案例剖析》，中国检察出版社2013年版，第170~171页。

5月26日晚，某市检察院反贪局副局长王某、某县检察院反贪局局长林某召集所有办案人员开会，要求办案人员加大力度，不要有顾虑。在以后的9天时间里，在纪委办案点，办案人员采取殴打、罚跪、罚站、戴脚镣等行为对白某长时间体罚，逼取口供，讯问过程中没有录音录像。6月3日凌晨，白某出现呼吸困难等症状，经送医院抢救无效，于凌晨3时许死亡。后有7名检察人员受到刑事追究，分别被判处有期徒刑11年、7年、2年或作不起诉处理，有13名检察人员受到不同程度的党纪检纪处分。[1]

二、法律问题

如何规范检察人员的办案行为？

三、教学安排

（一）教学内容

本案例主要要求学生掌握检察官涉嫌刑讯逼供、滥用职权及检察人员违反办案纪律行为处分的有关规定。

（二）课堂安排

要求学生在课前进行阅读与学习，包括：①案例3.5.1和3.5.2；②《检察官法》第47条，《刑法》第247条、第397条，《检察人员纪律处分条例》第二章第三节"对检察人员违反办案纪律行为的处分"的有关规定；③本专题拓展资料中"我国检察官职业伦理的养成"。教师组织学生自由讨论以上法律问题。

授课教师播放电视剧《人民的名义》（2017年）片段，并组织学生讨论在该案中检察官侯亮平坚持了哪些办案纪律要求？

四、重点提示

保障检察人员规范执法，可以从以下三个方面入手：①在任何时候、任何情况下，都必须端正执法思想。禁止刑讯逼供早已是"铁"的纪律要求，

---

〔1〕 中央纪委驻最高人民检察院纪检组、最高人民检察院监察局：《警示与镜戒——检察人员违纪违法典型案例剖析》，中国检察出版社2013年版，第176～177页。

但仍有少数办案人员对相关规定要求置若罔闻，以致办案安全事故发生。因此必须高度重视办案人员的执法思想问题，进一步加强社会主义法治理念教育，加强职业道德教育，提高执法素质和职业素养，使理性、平和、文明、规范的执法理念真正内化于心、外践于行。②在任何时候、任何情况下，都必须规范执法行为。最高检就规范执法制定了较为完善的规定、规章和制度，只要认真执行，就完全能够防止违法办案问题发生。特别是案例3.5.2中，个别领导对依法规范办案极端不重视，对下属严重违法办案行为不仅不制止，还亲自出面协调。严格、依法、规范办案是检察工作的生命线，更是对执法者的起码要求，必须把执法规范化建设摆在突出位置，真抓、实抓，把各项规章制度落实到每个干警、每个办案环节、每个执法岗位，决不能打折扣、搞变通。③在任何时候、任何情况下，都必须加强执法监督。检察机关是国家法律监督机关，在强化法律监督的同时，必须强化自身监督，带头公正执法，这既是党和国家对检察人员履行职责的基本要求，也是人民群众对法治的期待和信心所在。近年来，最高检相继出台了讯问全程同步录音录像、看审分离、检务督察、人民监督员等执法监督制约机制。要充分认识到监督的本质是关爱、是保护、是保证，要抓落实下功夫、讲求实效，促进严格、公正、文明执法。

拓展资料

3.3【拓展阅读资料】

第三编

律师职业伦理

| 第四章 |

律师职业伦理总论

专题九　律师职业伦理的特征

📚 知识概要

一、律师职业伦理的概念和特征

律师职业伦理是律师队伍建设的重大问题，关系到律师工作的质量和生命。只有进一步加强律师职业伦理建设，下大力气解决职业伦理方面存在的突出问题，才能提高律师队伍的整体素质和执业水平，为建设一支高素质的律师队伍奠定基础。

律师忠诚义务是律师职业伦理的首要义务，居于第一位，有时甚至是唯一的义务[1]，也称为真实义务,[2]这由律师与当事人之间委托关系的性质所决定，是律师义务的基石。律师忠诚义务，是指基于律师的本质属性和职责使命，广大律师在执业过程中，应当坚定中国特色社会主义理想信念，忠于案件客观事实，严格遵守法律规定，以保障委托人的合法权益；应当积极协助有关机关查明案件事实真相；应当使委托人受到应有的公正、平等的待遇。律师的忠诚义务包括律师应当履行坚定信念、执业为民、维护法治、追求正义四种义务。此外，律师还应当承担诚实守信和勤勉敬业义务。这六种义务

---

〔1〕　[美]蒙罗·H.弗里德曼、阿贝·史密斯：《律师职业道德的底线》，王卫东译，北京大学出版社2009年版，第73页。

〔2〕　参见[日]森际康友编：《司法伦理》，于晓琪、沈军译，商务印书馆2010年版，第44~51页。

的关系见表 4.1。

表 4.1　律师职业伦理的内部关系

律师义务	内容	效力		适用期限	适用对象
坚定信念	坚定中国特色社会主义理想信念	法定义务	外在规制	委托关系建立之前	任何人
执业为民	树立和自觉践行服务为民的理念			委托关系建立之后	委托人
维护法治	忠于宪法与法律				委托人、司法权威
追求正义	维护社会公平与正义				任何人
诚实守信	恪守诚实守信				委托人、同行
勤勉敬业	做到爱岗敬业	道德义务	内在规劝		委托人

二、律师职业伦理的依据

律师职业伦理的依据是《律师法》（全国人民代表大会常务委员会 1996 年 5 月 15 日通过、2001 年 12 月 29 日第一次修正、2007 年 10 月 28 日修订、2012 年 10 月 26 日第二次修正、2017 年 9 月 1 日第三次修正）、《律师执业管理办法》（司法部 2008 年 7 月 18 日发布、2016 年 9 月 18 日修订）、《律师事务所管理办法》（司法部 2008 年 7 月 18 日发布、2012 年 11 月 30 日修正、2016 年 9 月 6 日修订、2018 年 12 月 5 日修正）、《律师和律师事务所违法行为处罚办法》（司法部 2010 年 4 月 7 日通过）、《律师职业道德基本准则》（中华全国律师协会 2014 年 6 月 5 日发布）、《律师执业行为规范（试行）》（中华全国律师协会 2004 年 3 月 20 日通过试行，2009 年 12 月 27 日、2011 年 11 月 9 日修订，2017 年 1 月 8 日通过修正案）、《律师协会会员违规行为处分规则（试行）》（中华全国律师协会 2004 年 3 月 20 日通过、2017 年 1 月 8 日修订）。

此外，《关于进一步加强律师职业道德建设的意见》（司法部 2014 年 5 月 23 日发布）和《关于进一步规范司法人员与当事人、律师特殊关系人、中介组织接触交往行为的若干规定》（最高人民法院、最高人民检察院、公安部、国家安全部、司法部2015年9月6日发布）也具体规定了律师应当遵守的职业伦理规范。

📚 经典案例

案例4.1 标榜"维权"的律师

一、基本案情

近年来，在一些敏感事件发生时，往往涌现一种怪现象：部分律师在庭上、网上公开对抗法庭，职业访民在庭外、网下声援滋事，内外呼应，相互借力炒作敏感案件。例如2015年1月，在云南省大理州中级人民法院，为了给律师谢某代理案件提供便利，吴某等人驾驶贴着标语的车辆，围着法院高声叫骂，严重干扰法院正常工作秩序；2015年3月，河北省保定市满城县人民法院开庭审理北京锋锐律师事务所代理的一起敲诈勒索案。案件审理期间，周某锋数次前往当地，授意该所律师拍摄照片，丑化检察官、法官形象，编造谣言。

在2016年8月4日，天津市第二中级人民法院对周某锋颠覆国家政权案一审庭审中，公诉人指控，周某锋长期受反华势力渗透影响，2011年以来以律师事务所为平台，纠集一些律师，标榜"维权"，专门选择热点事件进行炒作，组织、指使该所人员，通过在公共场所非法聚集滋事、攻击国家法律制度、利用舆论挑起不明真相的人仇视政府等方式，实施颠覆国家政权、推翻社会主义制度的犯罪活动。公诉人指出，周某锋身为律师，不把心思放在依法履行辩护代理职责上，却把功夫用在法律和法庭之外，其以锋锐律师事务所为平台，与胡某等人相互勾连，编造谎言，聚集滋事，诽谤、污蔑国家机关及其工作人员，抹黑司法制度，在代理案件和所谓的"调查真相"过程中，煽动不明真相的一些人对国家政治制度和司法体制产生不满。这种行为不仅将当事人的权益和公平正义抛之脑后，更践踏了法律，损害了法治，危害了国家安全。天津市第二中级人民法院依法对周某锋颠覆国家政权案一审当庭公开宣判，认定被告人周某锋犯颠覆国家政权罪，判处有期徒刑7年，剥夺政治权利5年。周某锋当庭表示，判决体现了法律的公正性，服从判决，认罪悔罪，不上诉。[1]

---

〔1〕 "一个'死磕律师'的收场——聚焦北京锋锐律所主任周世锋案庭审"，载《人民日报》2016年8月5日，第10版。

二、法律问题

所有律师都应维护委托人的合法权益，为什么某些律师要单独标榜自己为"维权律师"？

三、教学安排

（一）教学内容

本案例主要要求学生掌握律师职业的基本职责以及律师的忠诚爱国义务。

（二）课堂安排

要求学生在课前进行阅读与学习，包括：①案例4.1；②《律师法》第1~3条、第49条，《律师职业道德基本准则》第1条，司法部《关于进一步加强律师职业道德建设的意见》，《律师执业行为规范（试行）》第6条和第15条；③本专题拓展资料中"法律人的法律界限"。授课教师介绍教学内容之后，组织学生围绕以上法律问题进行讨论和分析。

四、重点提示

根据《律师职业道德基本准则》第1条，忠诚爱国是指律师应当坚定中国特色社会主义理想信念，坚持中国特色社会主义律师制度的本质属性，拥护党的领导，拥护社会主义制度，自觉维护宪法和法律尊严。司法部《关于进一步加强律师职业道德建设的意见》还要求，律师应坚决抵制违反我国宪法原则、不符合我国国情的西方政治制度、法律制度和法治观念对我国律师行业的不良影响和侵蚀，自觉抵制境内外敌对势力对我国律师队伍的渗透和利用，坚持律师工作正确方向。

在案例4.1中，这种"维权律师"的含义带有明显的政治色彩，强行把政府置于法治的对立面。"维权律师"的称谓还将其置于道德高地上，仿佛他们所做的一切都是对公平正义的伸张，他们不可能违法，政府在任何情况下对他们的依法追究都是邪恶的。中国正在全面加快改革，司法建设和人权保障首当其冲。依法治国作为治国理念得到广泛传播，为了将它实施到国家的现实中，从政府到民间，无数力量一直做着前赴后继的努力，其中包括广大律师所做的默默无闻的工作。少数自我标榜为"维权律师"的律师认为只有他们才是中国法治的真正推动者，这样的看法极其幼稚，其行为恰恰违反了律师忠诚爱国的职业道德。

党的十八届四中全会《中共中央关于全面推进依法治国若干重大问题的决定》要求：加强律师队伍思想政治建设，把拥护中国共产党领导、拥护社会主义法治作为律师从业的基本要求，增强广大律师走中国特色社会主义法治道路的自觉性和坚定性。我国律师制度是中国特色社会主义司法制度的重要组成部分，律师是中国特色社会主义法律工作者，律师队伍是落实依法治国基本方略、建设社会主义法治国家的重要力量。这是由我国宪法法律和国情决定的，是我国律师事业沿着正确方向不断发展的必然要求。广大律师要在司法活动中始终忠诚于党和人民的事业，自觉坚持执业为民、服务为民的律师工作宗旨，做到与时代共呼吸，与人民共命运，在实现中华民族共同梦想的过程中，实现自己的职业价值。

案例4.2　"非法吸收公众存款罪"的辩护意见

一、基本案情

张某、周某于1994年下半年合伙承包某县建材厂，二人为厂里生产筹集周转资金，于1996年至1999年间，以高于同期银行利息为诱饵，非法向当地16户群众吸收存款人民币254 370元，至被提起公诉时仍有人民币117 870元未能归还。县法院一审判决书认为，被告人张某、周某非法吸收公众存款，扰乱金融秩序，其行为已构成非法吸收公众存款罪，且系共同犯罪。在共同犯罪中，两被告人均起主要作用，均系主犯，应当按照其所参与的全部犯罪处罚；被告人主动投案，如实供述了主要犯罪事实，系自首，可以从轻处罚。判决认定被告人张某犯非法吸收公众存款罪，判处有期徒刑1年，并处罚金人民币2万元；被告人周某犯非法吸收公众存款罪，判处有期徒刑9个月，并处罚金人民币2万元。[1]

该案代理人章律师认为，张某、周某等吸借贷的对象是特定人群，而非社会公众，按照我国法律规定，非法吸收公众存款罪成立的要件必须是向

---

〔1〕　江苏省高级人民法院（2016）苏刑再10号刑事判决书。

"社会不特定对象"吸收资金，而本案中张某、周某行为不符合定罪要件；借贷双方对权利义务有明确约定，是典型的民间借贷。办理此案的章律师坚持法律底线，竭尽全力，维护当事人的合法权益，克服种种压力和阻力，一年多出具10余万字相关法律意见书和辩护意见，最终被办案机关采纳。

二、法律问题

什么是律师执业中的"当事人原则"？

三、教学安排

（一）教学内容
本案例主要要求学生掌握律师的执业为民义务。

（二）课堂安排
要求学生在课前进行阅读与学习，包括：①案例4.2；②《律师法》第2条、第38~42条、第49条，《律师职业道德基本准则》第2条，司法部《关于进一步加强律师职业道德建设的意见》，《律师执业行为规范（试行）》第三章；③本专题拓展资料中"律师职业的公益性和商业性"。授课教师介绍教学内容之后，组织学生结合以上法律问题进行研讨与分析。

四、重点提示

律师职业道德的核心内容是为最大限度地确保当事人的合法权益而奋斗，即所谓"派性忠诚原则"（the principle of partisanship）。律师对于当事人的忠诚义务也是律师与委托人关系中的核心内容，即对于律师而言，应当信奉以委托人为中心的理念，即"当事人原则""执业为民"。根据《律师职业道德基本准则》第2条，执业为民是指律师应当始终把执业为民作为根本宗旨，全心全意为人民群众服务，通过执业活动努力维护人民群众的根本利益，维护公民、法人和其他组织的合法权益。认真履行法律援助义务，积极参加社会公益活动，自觉承担社会责任。司法部《关于进一步加强律师职业道德建设的意见》还要求广大律师把执业过程作为服务群众、做群众工作的过程，为当事人提供勤勉尽责、优质高效的法律服务。要引导律师正确处理执业经济效益与社会效益的关系，忠实履行律师辩护代理职责和法律援助义务，帮助并引导当事人依法理性表达诉求、维护权益。

"执业为民"反映了律师与委托人之间委托关系的关键所在，律师代理工作围绕着委托人及其目标的实现展开。当事人原则意味着委托人享有自治权，即由其自身决定代理的目标，而律师要向委托人提供实现上述目标的方法及建议，换言之，委托人要在决策中发挥重要作用。但是，这并不意味着律师成为委托人的枪手，对其主张不做分辨、言听计从。忠实委托人要求律师合法调查取证、禁止串通损害委托人的利益、禁止煽动唆使委托人。

维护委托人合法利益，即是要求律师对委托人忠诚，以切实维护委托人合法权益为己任。忠于当事人的委托，忠于委托人的利益，是律师代理过程中应当始终坚持的原则。实际上，对委托人忠诚，也就是对法律的忠诚，对律师职业的忠诚。毫无疑问，不惜一切地维护当事人合法权益是代理人的天职，即使是当事人的做法、想法与律师道德取向、价值取向相悖，作为当事人的代理人，律师也应当扮演当事人合法权益守望者的角色。

◈ 拓展资料

4.1【拓展阅读资料】

专题十　律师职业伦理的内容

◈ 知识概要

一、律师职业伦理的主要内容

司法部《关于进一步加强律师职业道德建设的意见》规定，当前和今后一个时期加强律师队伍建设的主要任务是，大力加强以"忠诚、为民、法治、正义、诚信、敬业"为主要内容的律师职业道德建设，教育引导广大律师切实做到坚定信念、服务为民、忠于法律、维护正义、恪守诚信、爱岗敬业。制定《律师职业道德基本准则》是全国律协以行业自律的规范性文件贯彻落实司法部意见的实际措施，为提高律师队伍整体素质和执业水平、建设高素质的律师队伍提供了重要依据。

（一）坚定信念

根据《律师职业道德基本准则》第 1 条，坚定信念是指律师应当坚定中国特色社会主义理想信念，坚持中国特色社会主义律师制度的本质属性，拥护党的领导，拥护社会主义制度，自觉维护宪法和法律尊严。司法部《关于进一步加强律师职业道德建设的意见》还要求，律师应坚决抵制违反我国宪法原则、不符合我国国情的西方政治制度、法律制度和法治观念对我国律师行业的不良影响和侵蚀，自觉抵制境内外敌对势力对我国律师队伍的渗透和利用，坚持律师工作正确方向。《律师法》第 3 条规定："律师执业必须遵守宪法和法律，恪守律师职业道德和执业纪律。律师执业必须以事实为根据，以法律为准绳。律师执业应当接受国家、社会和当事人的监督。律师依法执业受法律保护，任何组织和个人不得侵害律师的合法权益。"

（二）执业为民

根据《律师职业道德基本准则》第 2 条，执业为民是指律师应当始终把执业为民作为根本宗旨，全心全意为人民群众服务，通过执业活动努力维护人民群众的根本利益，维护公民、法人和其他组织的合法权益。认真履行法律援助义务，积极参加社会公益活动，自觉承担社会责任。司法部《关于进一步加强律师职业道德建设的意见》还要求广大律师把执业过程作为服务群众、做群众工作的过程，为当事人提供勤勉尽责、优质高效的法律服务。要引导律师正确处理执业经济效益与社会效益的关系，忠实履行律师辩护代理职责和法律援助义务，帮助并引导当事人依法理性表达诉求、维护权益。律师职业伦理核心内容是为最大限度地确保当事人的合法权益而奋斗，即所谓"当事人原则"。律师对于当事人的忠诚义务也是律师与委托人关系中的核心内容，即对于律师而言，应当信奉以委托人为中心的理念，即"当事人原则""执业为民"。

（三）维护法治

根据《律师职业道德基本准则》第 3 条，维护法治是指律师应当坚定法治信仰，牢固树立法治意识，模范遵守宪法和法律，切实维护宪法和法律尊严。在执业中坚持以事实为根据，以法律为准绳，严格依法履责，尊重司法权威，遵守诉讼规则和法庭纪律，与司法人员建立良性互动关系，维护法律正确实施，促进司法公正。司法部《关于进一步加强律师职业道德建设的意见》还要求，广大律师不得以不当、错误的方式干扰案件依法办理，不得纵容、支持当事人以非法手段扰乱司法执法秩序、不得与司法人员进行不正当交往或者向其输送利益。

（四）追求正义

根据《律师职业道德基本准则》第 4 条，追求正义是指律师应当把维护公平正义作为核心价值追求，为当事人提供勤勉尽责、优质高效的法律服务，努力维护当事人合法权益。引导当事人依法理性维权，维护社会大局稳定。依法充分履行辩护或代理职责，促进案件依法、公正解决。司法部《关于进一步加强律师职业道德建设的意见》还要求，要引导广大律师牢固树立使命意识；依法充分履行辩护代理职责，促进案件依法、公正解决，让人民群众在每一起案件和服务事项中都能感受到公平正义。促进社会公平正义是政法工作的核心价值追求。

（五）诚实守信

根据《律师职业道德基本准则》第 5 条，诚实守信是指律师应当牢固树立诚信意识，自觉遵守执业行为规范，在执业中恪尽职守、诚实守信、勤勉尽责、严格自律。积极履行合同约定义务和法定义务，维护委托人合法权益，保守在执业活动中知悉的国家机密、商业秘密和个人隐私。司法部《关于进一步加强律师职业道德建设的意见》还要求，广大律师不得违反或者懈怠履行合同约定的义务，不得违反执业利益冲突限制性规定，不得利用提供服务便利牟取当事人争议的利益，不得向委托人索取额外财物或利益，不得与他人串通侵害委托人的权益，不得泄露当事人的商业秘密和个人隐私，不得采用不当方式与同行进行竞争，要做社会诚信建设的表率。

司法部《关于加快建立律师诚信制度的通知》（司发通〔2002〕30 号）指出诚信是律师安身立命之本，拓展业务之源，是律师执业活动的生命线。2013 年 4 月全国律协发布了《关于进一步加强以诚信建设为重点的律师行风建设的意见》，之后于 2014 年 4 月发布了《关于深入推进律师队伍诚信建设的意见》，强调推进律师队伍诚信建设要着力解决律师队伍诚信建设中存在的突出问题、深入开展律师队伍诚信教育、强化律师队伍诚信信息公开制度、强化律师队伍诚信建设的制度保障等四项重点工作。

（六）勤勉敬业

根据《律师职业道德基本准则》第 6 条，勤勉敬业是指律师应当热爱律师职业，珍惜律师荣誉，树立正确的执业理念，不断提高专业素质和执业水平，注重陶冶个人品行和道德情操，忠于职守，爱岗敬业，尊重同行，维护律师的个人声誉和律师行业形象。《律师执业行为规范（试行）》第 7 条规定："律师应当诚实守信、勤勉尽责，依据事实和法律，维护当事人合法权益，维护法律正确实施，维护社会公平和正义。"司法部《关于进一步加强律师职业道德建设的意见》还要求广大律师树立正确的社会责任意识，竭诚服务，坚决抵制趋利化倾向和不讲职业操守、失德失信行为，忠实履行工作职业使命。

二、律师职业责任

律师职业责任是指律师在执业活动中因违反有关律师行为、律师管理的法律、法规和执业纪律所应承担的责任，包括行业纪律处分和行政法律责任、民事法律责任、刑事法律责任。律师行业纪律处分和律师行政法律责任为律师职业责任最主要的责任形式。

（一）律师行政法律责任

律师行政法律责任，是指律师或律师事务所对其违反有关律师行政管理的法律、法规和规章的行为所应承担的法律后果。它是由行政违法引起的法律后果。《律师和律师事务所违法行为处罚办法》对应予律师处罚的违法行为、应予律师事务所处罚的违法行为、行政处罚的实施等进行了具体规定。

《律师法》规定对律师的行政处罚分为警告、罚款、没收违法所得、停止执业、吊销律师执业证书 5 种。《律师法》第 47~49 条、第 51 条第 1 款规定了律师违法的具体情形。《律师法》规定对律师事务所的行政处罚分为警告、停业整顿、没收违法所得、罚款、吊销执业证书 5 种。《律师法》第 50 条、第 51 条第 2 款规定了律师事务所违法的具体情形。《律师服务收费管理办法》第 26 条规定了律师事务所、律师违法收费的具体情形。

律师、律师事务所执业中有违法行为的，由司法行政机关予以处罚。律师、律师事务所对司法行政机关给予的行政处罚享有陈述权、申辩权；对行政处罚决定不服的，可以自收到决定之日起 15 日内向上一级司法行政机关申请复议；对复议决定不服的，可以自收到复议决定之日起 15 日内向人民法院提起诉讼，也可以直接向人民法院提起诉讼。律师、律师事务所受到罚款处罚，不申请行政复议或者提起行政诉讼，又不履行处罚决定的，作出处罚决定的司法行政机关可以申请人民法院强制执行。

（二）律师民事法律责任

律师民事法律责任，是指律师在执业过程中，因违法执业或者因过错给当事人造成损失，所应承担的民事赔偿责任。确立律师和律师事务所执业中的民事法律责任，对律师与公众建立信任关系，提升律师服务质量和律师的社会信誉也具有重要意义。

根据《律师法》第 54 条的规定，律师违法执业或者因过错给当事人造成损失的，由其所在的律师事务所承担赔偿责任。律师事务所赔偿后，可以向有故意或者重大过失行为的律师追偿。律师事务所承担民事责任分为以下三种情况：①普通合伙律师事务所的合伙人对律师事务所的债务承担无限连带责任。特殊的普通合伙律师事务所一个合伙人或者数个合伙人在执业活动中因故意或者重大过失造成律师事务所债务的，应当承担无限责任或者无限连带责任，其他合伙人以其在律师事务所中的财产份额为限承担责任；合伙人在执业活动中非因故意或者重大过失造成的律师事务所债务，由全体合伙人承担无限连带责任。②个人律师事务所的设立人对律师事务所的债务承担无限责任。③国资律师事务所以该律师事务所的全部资产对其债务承担责任。

（三）律师刑事法律责任

律师和律师事务所在执业活动中构成犯罪的，根据我国《刑法》规定，依法追究其刑事责任。《刑法》第 306 条第 1 款规定："在刑事诉讼中，辩护人、诉讼代理人毁灭、伪造证据，帮助当事人毁灭、伪造证据，威胁、引诱证人违背事实改变证言或者作伪证的，处 3 年以下有期徒刑或者拘役；情节严重的，处 3 年以上 7 年以下有期徒刑。"除辩护人、诉讼代理人毁灭、伪造证据罪之外，根据《律师法》和《刑法》有关规定，律师执业可能会涉及的罪名有泄露国家秘密罪、行贿罪、介绍贿赂罪、妨害作证罪等。《律师事务所管理办法》第 75 条规定："人民法院、人民检察院、公安机关、国家安全机关或者其他有关部门对律师事务所的违法违规行为向司法行政机关、律师协会提出予以处罚、处分建议的，司法行政机关、律师协会应当自作出处理决定之日起 7 日内通报建议机关。"

（四）律师行业责任

为维护律师执业秩序、保障律师依法执业权利、维护律师业声誉，律师协会对作为个人会员的律师和团体会员的律师事务所违反律师执业规范的行为进行处分。这是律师协会管理职能的主要体现。《律师协会会员违规行为处分规则（试行)》规定了惩戒委员会、纪律处分的种类、适用、违规行为与处分的适用、纪律处分的违规行为、复查、调解等有关违规行为处分的实体与程序规则。2013 年 3 月 29 日中华全国律师协会印发了《关于进一步加强和改进律师行业惩戒工作的意见》，提出加强和改进律师行业惩戒工作，完善律师行业惩戒工作机制，着力完善投诉的受理、立案、调查、听证、处分等工作程序，建立投诉督办制度、惩戒通报制度、统计报告制度，依法依规严肃查处违规违纪行为。

律师执业中违纪行为的处分包括训诫、通报批评、公开谴责、取消会员资格等种类。中华全国律师协会设立纪律委员会，负责律师行业纪律处分相关规则的制定及对各级律师协会处分工作的指导与监督。各省、自治区、直辖市律师协会及设区的市律师协会设立惩戒委员会，负责对违规会员进行处分。投诉的案件涉及违反《律师法》可能构成刑事犯罪的，或有重大社会影响的，惩戒委员会应及时报告同级司法行政部门和上一级律师协会。

🔖 经典案例

案例4.3　知名律师涉嫌伪证罪

一、基本案情

律师张某原系北京某律师事务所主任，曾代理过成克杰、李纪周案，也曾代理消费者诉日本丰田轿车公司产品责任侵权一案。该案中，丰田公司生产的轿车在行车事故中因安全气囊没有打开而给消费者造成损失，被称为中国消费者维权第一案。张某 1999 年曾被评为北京市"十佳律师"。2003 年，张某在代理北京某银行某支行原行长霍某涉嫌贪污罪、挪用公款罪、非法出具金融票据罪、用账外客户资金非法发放贷款罪的案件中，为给霍某减轻罪责，在该案预审员曾某（涉嫌徇私枉法罪）的协助下，由张某提供授权委托书草稿，由霍某在空白授权委托书上签字，形成倒签日期为霍某被羁押前的时间，内容为霍某授权张某全权办理大连某国际金融中心项目转让事宜的虚假授权委托书。随后，张某使用该"授权委托书"，与李某签订"转委托书"，将霍某处理大连某国际金融中心项目的"授权"转给李某，在名义上形成霍某违法向关系人发放贷款所造成的重大损失已被挽回的事实。张某因涉嫌伪证罪而被检察机关起诉，最终被人民法院判处有期徒刑2年。[1]

二、法律问题

我们应该从张某被予以刑事处罚的案例中获取什么样的教训？

三、教学安排

（一）教学内容

本案例主要要求学生掌握律师的维护法治义务。

（二）课堂安排

要求学生在课前进行阅读与学习，包括：①案例4.3；②《律师法》第2条、第49条，《律师职业道德基本准则》第3条，司法部《关于进一步加强律师职业道德建设的意见》，《律师执业行为规范（试行）》第三章。授课教师介绍教学内容之后，组织学生围绕以上法律问题进行研讨和分析。

四、重点提示

根据《律师职业道德基本准则》第3条，维护法治是指律师应当坚定法治信仰，牢固树立法治意识，模范遵守宪法和法律，切实维护宪法和法律尊严。在执业中坚持以事实为根据，以法律为准绳，严格依法履责，尊重司法权威，遵守诉讼规则和法庭纪律，与司法人员建立良性互动关系，维护法律正确实施，促进司法公正。司法部《关于进一步加强律师职业道德建设的意见》还要求，广大律师不得以不当、错误的方式干扰案件依法办理，不得纵

---

〔1〕　王新环："京城大律师作伪证锒铛入狱"，载《检察风云》2004年第4期。

容、支持当事人以非法手段扰乱司法执法秩序、不得与司法人员进行不正当交往或者向其输送利益。在本案中，作为法律专业工作者，律师本身就懂法、执法、用法，本应当模范地适用法律，却身陷囹圄，足以引发我们思考在执业过程中如何以事实为依据、以法律为准绳，如何尊重司法权威，这都是本章的重点内容。

律师队伍能否全面、准确地贯彻执行宪法和法律，切实履行维护当事人合法权益、维护法律正确实施、维护社会公平正义的职责使命，是衡量律师队伍建设工作成效的基本标准。广大律师要忠实于宪法和法律，把宪法和社会主义法治理念作为执业理念、行为准则和工作规范，坚持以事实为根据，以法律为准绳，严格依法办事，运用宪法和法律来规范执业行为、发挥职能作用。律师执业活动必须严格依照宪法和法律规定来进行，律师执业权利也要依靠宪法和法律的实施来保障。律师在从事执业活动的过程中，要切实恪守宪法原则、弘扬宪法精神、履行宪法使命。律师要始终对宪法和法律怀有敬畏之心，牢固树立法律红线不能触碰、法律底线不能逾越的观念，以宪法为根本的活动准则，忠诚履行宪法和法律赋予的神圣职责。同时，律师还要正确处理好维护个案当事人与维护社会和谐稳定全局的关系、履行辩护代理职责与教育引导功能的关系、律师与法官等司法人员的关系，切实维护宪法和法律尊严，保证宪法和法律实施，实现社会公平正义。[1]

司法权威是司法制度良好运行的基础与前提。司法权威是国家权威的重要组成部分，是司法机关应当享有的威信和公信力，是司法机关通过公正司法活动严格执行宪法和法律，形成命令和服从关系，从而具有的使人信服的力量和威望。司法权威的内涵主要包括两个方面：一是司法应当具有至上的地位，即在法治国家，司法应对法律纠纷解决具有终局裁判权。二是司法应受到绝对的尊重，即一方面国家应受公正有效的司法保护的约束；另一方面公众对司法裁判结果的普遍遵从是司法权威的基本要义。司法权威来源于公众对司法的信任与认同，司法权威需要法律信仰的支持和维护。作为法律规则的践行者——律师，其违反法律规则所产生的危害比其他人更大。因此，

---

〔1〕 赵大程："认真学习贯彻习近平总书记重要指示精神把律师队伍建设提高到新的水平"，载司法部网站，http://www.legalinfo.gov.cn/moj/lsgzgzzds/content/2014 - 07/23/content_5682511_2.htm.

律师和法官之间的关系更需要进行规范。"律师对法官的尊重程度，表明一个国家法治的发达程度；而法官对律师的尊重程度，则表明这个社会的公正程度。"[1]

案例4.4　律师参与接待信访

一、基本案情

2016年8月29日，国家信访局联合司法部、北京市律协，由北京6家律师事务所派出优秀律师，深度参与国家信访局来访接待司的接访工作，面向来访群众提供法律咨询。国家信访局来访接待大厅设置2个律师服务室，各律所每1个月轮值排班，由律师轮流"坐诊"，人员和时间相对固定，为信访人免费提供法律咨询和建议。1年下来，42位律师先后接待了2578批次信访人。2016年12月，司法部、国家信访局印发《关于深入开展律师参与信访工作的意见》，在全国范围进一步推进这项工作。据介绍，目前全国许多地方和部门已经开始尝试引入律师参与信访工作，在化解疑难复杂信访问题、提高信访事项处理质量、引导群众理性表达诉求等方面取得了良好效果。

涉法涉诉信访事项并不由信访部门负责解决。过去，信访与其他法定途径之间的边界不清晰。2013年，中央下发《关于依法处理涉法涉诉信访问题的意见》，明确实行诉讼与信访分离制度，基本厘清了行政体系信访与司法体系信访之间的界限，涉法涉诉信访正式确定由司法机关处理。不过，据介绍，由于许多群众依然习惯到信访部门寻求解决问题，因此涉法涉诉信访人仍然常常会到信访部门提出诉求。

参与接访的甲律师认为："律师需要通过耐心讲解，帮助涉法涉诉信访人在法律轨道上解决问题。律师在参与接访时必须坚持专业素养，只针对案件提供法律咨询，围绕事实和证据说话。"在参与接访的乙律师看来，律师作为第三方参与信访接待，就需要具备两种视野：一方面是从信访人的角度出发，依法维护其合法权益，为其出谋划策；另一方面是站在社会公共利益的角度

---

[1]　任重远："邹碧华的司法遗产"，载《南方周末》2015年1月16日。

考虑，不偏不倚解释法律，并通过耐心说服力争维护社会和谐稳定。[1]

二、法律问题

律师为什么要引导当事人依法理性维护自身权益？

三、教学安排

（一）教学内容

本案例主要要求学生掌握律师的追求正义义务。

（二）课堂安排

要求学生在课前进行阅读与学习，包括：①案例4.4；②《律师法》第40条、第49条，《律师职业道德基本准则》第4条，司法部《关于进一步加强律师职业道德建设的意见》，《律师和律师事务所违法行为处罚办法》第20条。授课教师介绍教学内容之后，组织学生围绕以上法律问题进行研讨与分析。

四、重点提示

根据《律师职业道德基本准则》第4条，追求正义是指律师应当把维护公平正义作为核心价值追求，为当事人提供勤勉尽责、优质高效的法律服务，努力维护当事人合法权益，引导当事人依法理性维权，维护社会大局稳定，依法充分履行辩护或代理职责，促进案件依法、公正解决。司法部《关于进一步加强律师职业道德建设的意见》还要求，引导广大律师牢固树立使命意识；依法充分履行辩护代理职责，促进案件依法、公正解决，让人民群众在每一起案件和服务事项中都能感受到公平正义。

促进社会公平正义是政法工作的核心价值追求。司法行政机关应进一步做好律师工作，教育引导律师严格依法办好每一个案件和法律事务，维护法律正确实施；进一步做好法律援助工作，不断扩大法律援助覆盖面，健全完善法律援助便民服务长效机制，维护困难群众合法权益。党的十八大报告提出"必须坚持维护社会公平正义"。牢牢把握政法工作这一基本要求，对于彰

---

〔1〕 张璁："国家信访局邀请律师参与接访已历一年：引导理性表达 守护法治途径"，载《人民日报》2017年8月16日，第18版。

显中国特色社会主义的价值优势、道义优势、制度优势，不断增强中国特色社会主义凝聚力、向心力、感召力，具有重大意义。

律师执业活动的目标之一是依法帮助委托人正确处理纠纷，从而达到社会和谐与稳定的目的。律师是法律的拥护者和践行者，其参与处理委托人的纠纷时必须采取合法手段平息矛盾纠纷，避免激化矛盾。《律师法》第 40 条第 7 项规定，律师在执业活动中不得有"煽动、教唆当事人采取扰乱公共秩序、危害公共安全等非法手段解决争议的"行为。《律师法》第 49 条规定，律师有上述行为的，由设区的市级或者直辖市的区人民政府司法行政部门给予停止执业 6 个月以上 1 年以下的处罚，可以处 5 万元以下的罚款；有违法所得的，没收违法所得；情节严重的，由省、自治区、直辖市人民政府司法行政部门吊销其律师执业证书；构成犯罪的，依法追究刑事责任。

信访制度是具有中国特色的非诉讼纠纷解决方式，多年来在化解社会矛盾、沟通政府和人民群众等方面发挥了重要作用。在本案中，随着近年来社会经济的高速发展，社会矛盾日益凸显，信访数量一直处于攀升的趋势，北京律协组织专业律师参与北京市高院信访接待工作，运用法律服务手段预防和化解矛盾纠纷，引导当事人依法理性维护权益，维护社会大局稳定，让人民群众在个案和法律服务中都能感受到公平正义。

案例4.5　律师职务侵占获重刑

一、基本案情

1999 年至 2003 年，西北石化设备总公司原控股股东王某因经济问题被审查期间，该公司法律顾问陕西某律师事务所主任汪某、律师苏某与该公司负责人周某（同案已被判刑 10 年）利用王某被审查期间无法与外界沟通的机会，伪造"授权委托书""委托代理协议""债务提存协议"，盗用公章，用擅自增加抵押物等手段，以"疏通关系"为借口，侵吞公司资产达 495.5 万。2005 年经陕西省高级人民法院终审裁定，分别判处苏某、汪某有期徒刑 13 年和 10 年。被违法侵吞和处置的西北某公司的巨额资产部分已被追回。[1]

---

〔1〕 "首例律师职务侵占获重刑"，载《中华工商时报》2005 年 4 月 12 日，第 B4 版。

二、法律问题

为什么诚实守信是律师的基本义务？

三、教学安排

（一）教学内容

本案例主要要求学生掌握律师的诚实守信义务。

（二）课堂安排

要求学生在课前进行阅读与学习，包括：①案例 4.5；②《律师法》第 2 条、《律师职业道德基本准则》第 5 条。授课教师介绍教学内容之后，组织学生围绕以上法律问题进行研讨与分析。

四、重点提示

根据《律师职业道德基本准则》第 5 条，诚实守信是指律师应当牢固树立诚信意识，自觉遵守执业行为规范，在执业中恪尽职守、诚实守信、勤勉尽责、严格自律。积极履行合同约定义务和法定义务，维护委托人合法权益，保守在执业活动中知悉的国家机密、商业秘密和个人隐私。司法部《关于进一步加强律师职业道德建设的意见》还要求，广大律师不得违反或者懈怠履行合同约定的义务，不得违反执业利益冲突限制性规定，不得利用提供服务便利牟取当事人争议的利益，不得向委托人索取额外财物或利益，不得与他人串通侵害委托人的权益，不得泄露当事人的商业秘密和个人隐私，不得采用不当方式与同行进行竞争，要做社会诚信建设的表率。

诚信是中华民族的优良传统美德之一，是社会得以稳定和谐发展的基本保障。律师执业也必须遵循诚信的原则。律师诚信义务不仅是道德义务，更是法律义务。在本案中，律师应当维护当事人的合法权益，但有的律师禁不住利益的诱惑，利用职务之便，侵占委托人的合法利益，在法律服务中非法谋取当事人利益。因此，诚实守信对律师来说，就是基本的道德和法律要求，是律师执业活动的生命线。律师本质属性要求其应当具有重诚信、讲操守的品格，诚信执业是律师工作的生命力。律师能否诚信执业，不仅关系到律师行业的形象和声誉，也直接影响着律师工作维护当事人的合法权益、维护法律的正确实施、维护社会公平正义职能作用的发挥。面对新形势，律师执业要注重诚信为本，坚持职业操守，以对法律的诚信，对人民的诚信，对国家和社会的诚信，向全社会彰显律师行业的风采。

案例4.6　法律援助志愿律师尽责代理

一、基本案情

武某在某县某工地上作业时从脚手架上坠落，经诊断为脾破裂，当即做了脾切除手术。包工头支付2000元手术费后，便再也不管了。武某和家人多次找包工头协商，包工头都冷言相对，还矢口否认武某是在他的工地受的伤。后武某家人又分别找到上一级包工头、劳动局，但都碰壁而回。万般无奈之下，武某和家人来到某县法律援助中心，希望法律援助能给予帮助。中心指派"1+1"中国法律援助志愿者刘律师办理该案。

刘律师根据谁是用工主体，谁就有赔偿责任的办案思路很快找到了承建方。刘律师一方面和有关人员协商，另一方面又到劳动局申请劳动仲裁。经过刘律师的不懈努力，在劳动局仲裁科的主持下，双方最终达成了调解协议：由包工头一次性向武某支付各项伤残赔偿费用、医药费、后期治疗费用等共计65 000元整。此后，为使武某尽快拿到赔偿款，刘律师又多次和承建公司、县法院等多家单位沟通，终于让武某一次性拿回了全部赔偿款。为表示感谢，武某和家人给刘律师送来了一面写有"志愿律师伸援手，打工兄弟不再弱"的锦旗和一封情真意切的感谢信。[1]

二、法律问题

为什么律师执业应当做到勤勉敬业？

三、教学安排

（一）教学内容
本案例主要要求学生掌握律师的勤勉敬业义务。

---

[1]　"'1+1'项目工作简报第14期"，载 http://www.claf.com.cn/es/h-nd-293.html.

（二）课堂安排

要求学生在课前进行阅读与学习，包括：①案例4.6；②《律师职业道德基本准则》第6条；③本专题拓展资料中"我国律师职业伦理规范体系"。授课教师介绍教学内容之后，组织学生围绕以上法律问题进行研讨与分析。

四、重点提示

根据《律师职业道德基本准则》第6条的规定，勤勉敬业是指律师应当热爱律师职业，珍惜律师荣誉，树立正确的执业理念，不断提高专业素质和执业水平，注重陶冶个人品行和道德情操，忠于职守，爱岗敬业，尊重同行，维护律师的个人声誉和律师行业形象。司法部《关于进一步加强律师职业道德建设的意见》还要求广大律师树立正确的社会责任意识，竭诚服务，坚决抵制趋利化倾向和不讲职业操守、失德失信行为，忠实履行工作职业使命。

本案是一起简单的工伤案件，按照正常代理思路，需要历经工伤认定（含行政复议）、劳动争议仲裁、劳动争议诉讼（含一审、二审），可能1年甚至2年之后武某才能获得赔偿。本案代理律师，也是参加中国法律援助基金会公益项目的志愿者，通过多次走访，很快让武某获得全额赔偿。在法律框架内，代理律师为更好地维护当事人的合法权益，全力以赴、热忱勤勉为当事人提供法律服务，这就要求在律师执业过程中，应当做到勤勉尽责。

拓展资料

4.2【拓展阅读资料】

| 第五章 |

律师与委托人关系规范

◈ 本章知识概要

当事人原则，又称"以委托人为中心"原则，即律师的忠诚义务，要求律师对委托人忠诚，以切实维护委托人合法权益为己任。忠于当事人的委托，忠于委托人的利益，是律师在代理过程中应当始终坚持的原则。实际上，对委托人忠诚，也就是对法律的忠诚、对职业的忠诚。毫无疑问，不惜一切地维护当事人合法权益是代理人的天职，即使当事人的做法、想法与律师伦理取向、价值取向相悖，作为当事人的代理人，律师也应当扮演当事人合法权益守望者的角色。当事人原则意味着委托人享有自治权，即由其自身决定代理的目标，而律师要向委托人提供实现上述目标的方法及建议，换言之，委托人要在决策中发挥重要作用。但是，这并不意味着律师成为委托人的枪手，对其主张不做分辨、言听计从。忠实委托人要求律师合法调查取证、禁止串通损害委托人的利益、禁止煽动唆使委托人。

2017 年 8 月 27 日第九届全国律协常务理事会第八次会议审议通过的《律师办理刑事案件规范》（律发通〔2017〕51 号）第 5 条第 3 款特别规定："律师在辩护活动中，应当在法律和事实的基础上尊重当事人意见，按照有利于当事人的原则开展工作，不得违背当事人的意愿提出不利于当事人的辩护意见。"

维护委托人合法权益是律师执业的基石，也是律师重要的职业伦理，其具体内容详见表 5.1：

表 5.1 律师与委托人的关系

	律师义务	具体内容	相关依据
1	规范业务推广义务	律师和律师事务所推广律师业务，应当遵守平等、诚信原则，遵守律师职业道德和执业纪律，遵守律师行业公认的行业准则，公平竞争。	《律师执业行为规范（试行）》第16~34条；《律师协会会员违规行为处分规则（试行）》第29条。
2	避免利益冲突义务	律师不应违反规定接受有利益冲突的案件。	《律师法》第11、39、41条，第47条第3、4项，第50条第1款第5项；《律师执业管理办法》第26~28条；《律师事务所管理办法》第46条第2款；《律师和律师事务所违法行为处罚办法》第7~8、27条；《律师执业行为规范（试行）》第13~14、49~53、65条；《律师协会会员违规行为处分规则（试行）》第20~21条；《律师办理刑事案件规范》第13条。
3	统一收案收费义务	律师承办业务，由律师事务所统一接受委托，与委托人签订书面委托合同，按照国家规定统一收取费用并如实入账。律师事务所和律师应当依法纳税。	《律师法》第25条、第40条第1项、第48条第1项、第50条第1款第1项；《律师执业管理办法》第26、44条；《律师事务所管理办法》第46条第1款；《律师和律师事务所违法行为处罚办法》第10、23条；《律师执业行为规范（试行）》第35、89条；《律师协会会员违规行为处分规则（试行）》第27~28条。
4	亲自代理义务	律师接受委托后，应当在委托人委托的权限内开展执业活动，不得超越委托权限；律师接受委托后，无正当理由的，不得拒绝辩护或者代理。	《律师法》第32条第2款、第48条第2项；《律师执业管理办法》第33条第3款；《律师和律师事务所违法行为处罚办法》第11条；《律师执业行为规范（试行）》第36、41、42条；《律师协会会员违规行为处分规则（试行）》第22条第1、2项。

续表

	律师义务	具体内容	相关依据
5	规范转委托义务	未经委托人同意，律师事务所不得将委托人委托的法律事务转委托其他律师事务所办理。	《律师执业行为规范（试行）》第56～58条。
6	规范代理身份义务	没有取得律师执业证书的人员，不得以律师名义从事法律服务业务；除法律另有规定外，不得从事诉讼代理或者辩护业务；律师在执业期间不得以非律师身份从事法律服务；律师不得在受到停止执业处罚期间继续执业，或者在律师事务所被停业整顿期间、注销后继续以原所名义执业。	《律师法》第13条；《律师执业行为规范（试行）》第12条第1、3款；《律师协会会员违规行为处分规则（试行）》第27条第4项、第38条第2项。
7	告知义务	律师承办业务，应当告知委托人该委托事项办理可能出现的法律风险，应当及时向委托人通报委托事项办理进展情况；律师在承办受托业务时，对已经出现的和可能出现的不可克服的困难、风险，应当及时通知委托人，并向律师事务所报告。	《律师执业管理办法》第33条第1、2款；《律师执业行为规范（试行）》第43条。
8	禁止虚假承诺义务	律师不得用明示或者暗示方式对办理结果向委托人作出不当承诺。	《律师执业管理办法》第33条；《律师执业行为规范（试行）》第44、45条；《律师协会会员违规行为处分规则（试行）》第29条第1项。
9	建档保管义务	律师承办业务，应当妥善保管与承办事项有关的法律文书、证据材料、业务文件和工作记录。在法律事务办结后，按照有关规定立卷建档，上交律师事务所保管。	《律师法》第23条；《律师执业管理办法》第46条；《律师执业行为规范（试行）》第39～40、62条。
10	保管委托人财产义务	律师事务所可以与委托人签订书面保管协议，妥善保管委托人财产，严格履行保管协议。	《律师执业行为规范（试行）》第54～55条。

续表

	律师义务	具体内容	相关依据
11	尽职审查义务	律师出具法律意见，应当严格依法履行职责，保证其所出具意见的真实性、合法性。	《律师执业管理办法》第32条第1款；《律师协会会员违规行为处分规则（试行）》第22条第4项。
12	禁止侵害委托人利益义务	禁止接受对方当事人财物或者其他利益，与对方当事人或者第三人恶意串通，侵害委托人权益。	《律师法》第40条第3项、第49条第1款第5项；《律师执业管理办法》第35条；《律师和律师事务所违法行为处罚办法》第18条。
13	禁止牟取委托人权益义务	律师在执业活动中不得有利用提供法律服务的便利牟取当事人争议的权益的行为。	《律师法》第40条第2项、第48条第3项；《律师执业管理办法》第34条；《律师和律师事务所违法行为处罚办法》第12条；《律师执业行为规范（试行）》第46、47条；《律师协会会员违规行为处分规则（试行）》第23条第1项。
14	规范解除、终止委托关系义务	符合法定情形的，律师事务所应当终止委托关系，或者可以解除委托协议。	《律师执业行为规范（试行）》第59~62条。
15	保守秘密义务	律师应当保守在执业活动中知悉的国家秘密、商业秘密，不得泄露当事人的隐私。律师对在执业活动中知悉的委托人和其他人不愿泄露的有关情况和信息，应当予以保密。但是，委托人或者其他人准备或者正在实施危害国家安全、公共安全以及严重危害他人人身安全的犯罪事实和信息除外。	《律师法》第38条、第48条第4项、第49条第1款第9项；《律师执业管理办法》第43条；《律师和律师事务所违法行为处罚办法》第13、22条；《律师执业行为规范（试行）》第9条；《律师协会会员违规行为处分规则（试行）》第24~26条；《律师办理刑事案件规范》第208、224条。
16	尽责代理义务	律师出具法律意见，应当严格依法履行职责，保证其所出具意见的真实性、合法性；律师应当诚实守信、勤勉尽责，依据事实和法律，维护当事人合法权益，维护法律正确实施，维护社会公平和正义。	《律师执业管理办法》第32条第1款；《律师执业行为规范（试行）》第7条。

专题十一　律师的业务推广规范

知识概要

　　律师和律师事务所推广律师业务，应当遵守平等、诚信原则，遵守律师职业道德和执业纪律，遵守律师行业公认的行业准则，公平竞争。《律师执业行为规范（试行）》第三章规定了律师业务推广应当遵守的规则。我国律师制度恢复以来，广大律师忠于法律、恪尽职守，为社会的公平、正义做出了积极贡献。不容忽视的是，当前律师队伍中总有极个别律师缺乏诚信，滥做广告，实施虚假广告宣传等行为。对于律师的业务推广行为进行规制，有助于培育律师有序竞争的氛围。[1]

　　按照现行的律师执业行为规范，律师个人和律师事务所可以以自身名义开展业务推广活动；但没有通过年度考核的、处于停止执业或停业整顿处罚期间的、受到通报批评、公开谴责未满1年的律师和律师事务所不得发布律师广告。律师和律师事务所无论采取何种业务推广方式，其宣传内容应符合以下要求：①不得歪曲事实和法律，或使公众对律师产生不合理期望；②不得自我声明或者暗示其被公认或者证明为某一专业领域的权威或专家；③不得进行律师之间或者律师事务所之间的比较宣传；④不得对本人或者其他律师正在办理的案件进行歪曲、有误导性的宣传和评论，恶意炒作案件。

经典案例

案例5.1　律师违规业务推广案（4案）

一、基本案情

案例5.1.1　律师违规业务推广案（一）

　　某律师事务所在其网站上宣称"有多名律师具有博士、硕士、学士学

---

　　[1]　2002年2月，司法部在全国律师管理工作电视电话会上着重强调了对律师事务所和律师执业的"六条禁止"。"六条禁止"具体内容是：禁止一切形式的私自收案、收费行为；禁止以诋毁同行、支付介绍费等手段搞不正当竞争行为；禁止律师事务所聘用非律师以律师名义执业；禁止向司法人员行贿或指使、诱导当事人行贿；禁止提供虚假证据或者引诱威胁当事人提供虚假证据；禁止出具虚假的法律意见书。

历"，宣称"还有数十名任职于各级公安、检察、法院的资深专家，由他们组成的顾问团为一线律师提供强有力的专业背景知识支持……"。在周律师尚未核准到该所执业时，其网站已对外公示周某系其专职律师。[1]

案例 5.1.2　律师违规业务推广案（二）

某律师事务所实际注册律师 6 名，学历均为本科，该所在相关网页上自称有专兼职律师、律师助理及法务人员 100 多名，其中注册会计师 3 名、证券律师 8 名，具有硕士以上学历律师 52 名，具有博士学历律师 6 名，这与事实严重不符。[2]

案例 5.1.3　律师违规业务推广案（三）

杨某是某律师事务所聘用的辅助人员，协助律师办理事务性工作，不具备律师执业资格，但在某律师事务所网站上，杨某的个人介绍上方显示为"律师介绍"，其基本资料中有相关陈述"从事律师工作以后"等内容。

案例 5.1.4　律师违规业务推广案（四）

陈律师在对外宣传中自称为"高级律师""十佳律师""司法部资深律师"，并且在某法院正门对面不到 30 米设立巨幅广告牌。陈律师具有高级职称，15 年前曾被外地司法厅评为全省"最佳刑事辩护人"，其所在律师事务所执业证书在 2000 年之前由司法部签发。

二、法律问题

1. 律师、律师事务所哪些行为属于违规业务推广？

2. 律师、律师事务所哪些行为属于合法、合规的业务推广？

3. 为什么《律师法》中没有规定律师业务推广规范？

三、教学安排

（一）教学内容

本案例主要要求学生掌握律师的业务推广规范。

---

〔1〕　杭州市司法局杭司罚决〔2018〕第 12 号行政处罚决定书。

〔2〕　本书第五章至第八章中没有特别说明的案例均来自中华全国律师协会对于维护律师执业权利中心、投诉受理查处中心维权、惩戒工作有关情况所作月度通报的典型案例（2017 年 4 月～2019 年 2 月），以及北京市律师协会执业纪律与执业调处委员会编写《北京律师执业警示录》（2012 年 8 月）。

（二）课堂安排

要求学生在课前进行阅读与学习，包括：①案例 5.1.1 ~ 5.1.4；②表5.1 "规范业务推广义务"中的相关依据。教师介绍教学内容之后，组织学生围绕以上法律问题进行研讨与分析。

授课教师播放律师广告片段（可以在主流视频网站以"律师"和"广告"为关键字检索），并组织学生讨论广告中律师、律师事务所哪些行为违反职业伦理规范。

四、重点提示

1. 律师和律师事务所推广律师业务，应当遵守平等、诚信原则，遵守律师职业道德和执业纪律，遵守律师行业公认的行业准则，公平竞争。《律师执业行为规范（试行）》第三章规定了律师业务推广遵守的规则。我国律师制度恢复以来，广大律师忠于法律、恪尽职守，为社会的公平、正义做出了积极贡献。不容忽视的是，当前律师队伍中总有极个别律师缺乏诚信，表现为：对当事人委托事项敷衍塞责，甚至收了费不办事；滥做广告，进行虚假广告宣传；诱导当事人提供虚假证据；出具虚假法律意见等。在接受委托之前，律师和律师事务所的宣传要符合相关规定，本案中都是非常典型的律师违规广告行为。此类行为都是违反律师职业道德和执业行为规范的。

2. 可以参考本专题拓展资料中"《中华全国律师协会律师业务推广行为规则（试行）》"进行讨论。

3. 《律师法》规定了对律师和律师事务所行政处罚的相关内容，《律师执业行为规范（试行）》《律师协会会员违规行为处分规则（试行）》规定了对律师和律师事务所行业纪律处分的相关内容，二者主要是针对律师、律师事务所违规行为的严重程度作了区分。律师违背业务推广规范主要是扰乱律师行业之间的竞争关系，因未实际形成委托代理关系，一般不会损害当事人的合法权益，严重程度较低。

案例5.2　贝茨诉美国亚利桑那律师协会案

一、基本案情

律师广告在当今美国社会生活中，已经是很常见的社会现象。报纸、电话簿、电视、地铁车厢上都可以看到各种各样的律所广告。然而，曾经有一个时期，律师并不被允许"自我炫耀"。比如，在 1908 年制定的全美律师协会道德准则中，该协会称，通过广告来获得生意，是不够职业化的。真正有价值和有效的广告，是通过接一个个案子所建立起来的良好声望。其后，美国律师协会于 1969 年通过的《职业责任守则》第 2 条也规定，律师不应当通过报纸杂志广告、广播或者电视公告、城市展示广告、电话簿以及其他商业宣传方式来进行自我宣传和"突出自我"的形象展示。

这一禁令严格到了什么程度呢？协会甚至禁止散发印有律师姓名和擅长业务的日历、圣诞卡，禁止在事务所铭牌上使用过于大的字体，禁止在电话簿上使用黑体字等。有趣的是，一些宗教人士积极地支持这一决定。因为他们认为，美国离婚率的增长和律师广告有着密切联系——因为这些广告称，人们可以在律师的帮助下，以一种从容、秘密和体面的方式达成离婚协议。这令保守的宗教人士们十分不快。他们经常呼吁，律师行业非但应当全面禁止广告，还应当对声望保持谦逊和克制："诸位什么时候看到神职人员做广告了？"

这一切直到 1977 年的"贝茨诉亚利桑那律师协会"案才有所改变。这一经典案例的两位当事人是贝茨律师和欧斯汀律师。他们于 1972 年毕业于亚利桑那大学法学院。毕业后，他们进入的是由联邦政府出资、针对赤贫人群的法律援助机构。经过大约两年的公立律师工作，他们敏锐地注意到，有很多中低收入人群，他们难以承担高昂的律师事务所费用，又因为"不够赤贫"而达不到获得法律援助的标准。而且，他们所需要的法律服务，有时并不复杂，比如没什么财产可分割的离婚案、没什么抚养权争议的收养案、债务关系简单的个人破产、在政府机关和警方档案里变更姓名等。

贝茨律师和欧斯汀律师一拍即合，决定走"薄利多销"路线，以低廉的收费标准，吸引尽可能大的业务流量。1974 年两人当机立断，在菲尼克斯开办了这样一家律师事务所。然而，事情却并未按照他们预料的那样发展。尽管他们确实降低了收费标准，却无法通过"正常"的渠道获得足够多的案源。当时，律师事务所不能自我宣传，因而人们并不知晓这样一家"物美价廉"的律师事务所。缺乏业务流量，成为制约这家小律所生存发展的瓶颈。两位律师决定孤注一掷，他们找到了当地销量最大的日报——《亚利桑那共和报》，该报纸于 1976 年 2 月 22 日为其刊登了一则非常不起眼的、仅仅涉及两人主要服务范围和收费标准的广告。但是与此同时，欧斯汀律师又非常显眼地在头版撰文，专门向读者提示该广告的存在并且阐述了这条广告的重要意义——后来他解释道，之所以他们要刊登一条这样的广告，除了迫于业务压力之外，还想借机挑战"禁止律师做广告"的陈规。

广告的效果十分显著。这两位律师很快获得了梦寐以求的业务流量，同时也立即惊动了该州的律师协会。州律协组织了一轮听证后，作出了禁止两位律师进行广告的决定，并对他们处以暂停执业 6 个月的惩戒。两位律师提起复议听证的申请后，处罚改为了暂停执业 1 周。然而，律师协会态度的松动反而给了贝茨和欧斯汀斗争到底的信心。他们诉至亚利桑那州最高法院，并援引美国宪法第一修正案和谢尔曼法进行抗辩。第一修正案又称权利法案，着重于言论自由的保护。谢尔曼法又名反托拉斯法，其立法主旨是维护商业竞争、杜绝妨碍竞争的不合理限制。但是，亚利桑那州最高法院并没有支持这两位律师的诉讼请求。自然，他们向美国联邦最高法院提起了上诉。审理过程中，支持和反对律师广告的双方，就律师广告利害涉及的三个关键问题进行了激烈的辩论。[1]

二、法律问题

1. 律师业务推广会不会破坏律师与委托人的关系？
2. 律师业务推广会不会对裁判形成影响？
3. 律师业务推广会不会增加律师事务所、当事人的成本？

三、教学安排

（一）教学内容
本案例主要要求学生掌握规制律师的业务推广行为的原因。
（二）课堂安排
要求学生在课前阅读与学习案例 5.2，由授课教师组织学生围绕以上法律问题进行研讨与分析。

---

〔1〕　林海："贝茨案：律师能不能给自己打广告"，载《检察风云》2018 年第 9 期。

四、重点提示

1. 律师业务推广会不会影响律师的职业化，破坏律师与客户之间的信任关系？反对律师广告的一方认为，广告对律师的职业化产生了不利影响。他们认为，职业化的关键是这一行业所产生的自豪感，而价格广告将带来商业化，这将破坏律师的尊严感和体面地位。他们担心，为了争取订单，律师们将不断降价，进而降低执业质量，导致劣币驱逐良币。他们还提出，四处可见、明码标价的律师广告，会破坏委托人对律师的信任。因为委托人会意识到，律师在考虑委托人的利益时，实际也在考虑自己的利益。这一点会让委托人和律师的信任关系产生根本动摇。

对于这一点，支持律师广告的一方则指出，广告和职业化的沦丧之间并不存在必然联系。律师本来就靠执业而谋生，不是在义务劳动，不应当自欺欺人。事实上美国律师协会也建议，律师在被聘请之后，要尽快和委托人就费用问题达成明确协议。而且，"无利不起早"，正是因为有利可图，律师们才会恪守职业操守，为客户劳心劳力。他们提出，如果律师发布虚假广告，那么他曾经的当事人会第一个来戳穿他。因此，要相信市场声誉制约的力量，这样才是职业化——那种传统的、田园诗式的管家与主人之间的关系，并不是真正的职业化，而是不切实际的幻想。

2. 律师业务推广会不会对司法裁判形成不利影响？反对律师广告者认为，律师广告实际上是在鼓励人们滥诉。人们可以一个电话就找到某个领域内的律师，并在他的"唆使"下诉上公堂。然而，支持律师广告的一方对此不以为然，在他们看来，律师广告并不必然会产生滥诉，反而可能带来好处。因为，美国的司法制度本身是分层次的。复杂的案件才会诉上法庭，微小的纠纷一般可以在律师的帮助下，要么通过调解解决，要么找治安法官解决。应当把微小的法律需求处理在萌芽阶段，而不是等其在沉默中积累，直到酿成了巨大的麻烦——那时不论是社会成本还是司法成本，都将比一开始由律师"快速分类处理"高得多。

3. 律师广告会造成更大的经济成本吗？反对律师广告的一方认为，广告将增加律师事务所的宣传费用，这些费用又将以律师费的形式转嫁给委托人。此外，这些额外的费用会形成严重的准入障碍，使得年轻律师和小事务所难以进入市场，传统强所的市场垄断地位将进一步得以巩固。凭借着强大的经济实力，老律师们将发动全面广告攻势，占据各种广告版面，进一步扩大他们的竞争优势。支持律师广告的一方认为，这种反对理由是没有根据的。一律禁止广告，首先是增加了客户发现"要价最低"的称职律师的难度，因而使那些年轻律师无法进行竞争，在价格上造成了垄断。另外，律师们也难以就自己的术业专攻进行宣传，使得当事人没有办法"定向精准"地寻求法律服务，反而增加了经济费用，消耗了时间成本。

双方围绕这三个问题唇枪舌剑，辩论不休。一方坚持传统，担忧广告会从根本上动摇律师行业的根基。另一方则认为，限制律师广告的历史基础已经崩溃。随着律师服务细分化、专业化的趋势，客户更需要找到"专科医生"，而不是迷信"全科医生"。与其让公众蒙在鼓里，不如让他们充分了解情况后，作出明智的决定。随着庭审的开展，支持律师广告的一方在辩论中渐渐占了上风。他们的观点也逐渐被法庭接受。然而，最终令法官们下决心作出判决的，还不只是技术性或经济方面的判断，而是上诉方在庭审中抛出的杀手锏：保护律师广告，就是在保障言论自由——于是，另一方就此哑口无言，辩无可辩。

于是，美国联邦最高法院以 7 票对 2 票作出了有利于贝茨律师和欧斯汀律师的判决。令人惊讶的是，法庭还进一步认定全美国 50 个州禁止律师打广告的职业守则均属违宪。法官在解释判决理由时，重点强调了美国宪法第一修正案对于公众获得真实、不具有欺诈性的信息——包括法律服务方面的商业信息的权利的保护。法官提出，律师广告如果不具有欺骗性、虚假性或者误导性，那么其本质上是一种"言论"，受到美国宪法第一修正案的保护，各州行业协会组织不得禁止。法官们提出，律师广告至少有两方面的积极作用。一是有助于提供给消费者更多有关法律服务方面的信息，使得他们在聘请律师时有更多的选择。二是律师广告有利于加强法律服务市场中的竞争程度，在无损服务质量的情况下，进一步使法律服务的价格更透明、更亲民。

不过，律师们也不能想怎么做广告就怎么做广告。法官们承认，各个州有权对规范律师广告方面制定规则，对于虚假、误导广告进行限制和打击。如果律师通过夸张、煽情或贬低竞争对手的方式进行广告，那么各州自然有权进行管制。无论如何，这一经典判例为律师们争取到了"自我展示"的机会，并且直接推动了广告行业的新业务——律师们无不挖空心思，想要在各州行业协会允许的范围内，最大限度地展现自己职业、真诚和勤勉的形象。如何以让人讨喜的方式吸引客户，而不是简单粗暴地说"离婚就找某律师"，也成了广告行业一门有趣的学问。

拓展资料

5.1【拓展阅读资料】

专题十二　律师的利益冲突规范

知识概要

利益冲突是指律师与委托人存在相反的利益取向，如果继续代理会直接影响到委托人的利益。律师在维护当事人合法权益过程中也涉及其自身的利益。当律师的利益与当事人的利益相反或不一致时，就产生了利益冲突。利益冲突会造成律师与当事人之间、当事人与当事人之间、律师与第三人之间、委托人与第三人之间的利益受到损害。从代理前后顺序上，利益冲突包括共时性利益冲突和历时性的利益冲突两种。

根据《律师执业行为规范（试行）》的规定，在接受委托之前，律师及其所属律师事务所应当进行利益冲突查证。只有在委托人之间没有利益冲突的情况下才可以建立委托代理关系。律师在接受委托后知道诉讼相对方或利益冲突方已委聘同一律师事务所其他律师的，应由双方律师协商解除一方的委托关系，协商不成的，应与后签订委托合同的一方或尚没有支付律师费的一方解除委托关系。曾经在前一法律事务中代理一方法律事务的律师，即使在解除或终止代理关系后，亦不能再接受与前任委托人具有利益冲突的相对方委托，办理相同法律事务，除非前任委托人作出书面同意。曾经在前一法律事务中代理一方法律事务的律师，不得在以后相同或相似法律事务中运用来自该前一法律事务中不利前任委托人的相关信息，除非经该前任委托人许可或有足够证据证明这些信息已为人所共知。

律师利益冲突具有以下三个特征：①利益冲突并不以发生实际损害结果为条件，只要律师与当事人的关系或代理质量存在风险的时候，就可以构成利益冲突。②利益冲突并不要求律师具有损害当事人利益的主观过错。即便律师主观上并不想损害当事人的利益，但只要客观上存在这种风险，同样可能构成利益冲突，因此，这就要求律师必须在代理案件之前尽到利益冲突的注意和审查义务。利益冲突规范重于保障当事人的利益，律师并不能以自己的主观意愿为免责理由。③利益冲突并非不可避免，可以通过当事人的事先同意而取得责任豁免。正因如此，律师在与当事人签订委托代理协议的时候，应当注意事先约定利益冲突的豁免条款，以免因为利益冲突构成要件的过于严苛而承担纪律责任。律师执业中的利益冲突问题在中国律师业发展的早期似乎并不成为一个问题，但是随着近年来经济的迅速发展和法律服务市场的巨大变化，利益冲突已经日益引起整个行业的高度重视，很多省市地方律协，甚至律师事务所内部，都制定了有关利益冲突审查标准和审查机制的规范性文件。

经典案例

案例5.3　律师违反利益冲突规范案（5案）

一、基本案情

案例5.3.1　律师违反利益冲突规范案（一）

吴某为辽宁某律师事务所律师，2017年3月10日至2017年3月14日期间，吴某参与会见了自己承办案件当事人张某的同案犯罪嫌疑人施某、刘某，与张某的同案犯罪嫌疑人施某、刘某的对话涉及辩护工作内容。市司法局认为，吴某参与会见同一案件其他两名犯罪嫌疑人的行为是《律师和律师事务所违法行为处罚办法》第7条第2项规定的"同时为2名以上的犯罪嫌疑人、被告人担任辩护人"的违法行为，属于《律师法》第47条第3项规定的律师

"在同一案件中为双方当事人担任代理人，或者代理与本人及其近亲属有利益冲突的法律事务的"违法行为。市司法局决定给予吴某警告的行政处罚。[1]

案例 5.3.2　律师违反利益冲突规范案（二）

陈某犯强奸罪一案（李某另案处理），区法院 2012 年 6 月 11 日作出一审判决。陈某不服一审判决并提出上诉。2012 年 6 月 18 日，陈某之妻与浙江某律师事务所王某签订刑事辩护协议书，该律所指派王律师担任陈某二审阶段辩护人。王某到庭参加诉讼，市法院作出二审判决。陈某同案犯李某于 2016 年 12 月 23 日被抓获并羁押。2017 年 2 月 26 日李某姐姐与该律所签订刑事辩护协议书，该律所指派王某担任李某侦查阶段和一审阶段辩护人。王某接受委托后，参与了李某案件的侦查阶段和一审阶段诉讼活动。2018 年 1 月 11 日，区法院作出一审判决。2018 年 1 月 18 日，李某与该律所签订刑事辩护协议书，该律所指派王某担任李某二审阶段辩护人。王某接受委托后，向市中级人民法院出具了律师事务所公函、授权委托书等委托代理手续。2018 年 3 月 23 日，市中院作出刑事裁定书认为，被告人李某的一审辩护人曾为同案犯提供辩护，该辩护人的行为违反了一名辩护人不得为 2 名以上的同案被告人辩护的禁止性规定，严重影响了被告人辩护权的实现，可能影响案件的公正处理，并裁定撤销一审判决，发回重审。市司法局经过局长办公会会议研究，决定给予王某停止执业 2 个月，没收违法所得的行政处罚。[2]

案例 5.3.3　律师违反利益冲突规范案（三）

秦律师曾长期受聘担任甲公司常年法律顾问，参加该公司内部的董事会会议，参与公司重大决策的讨论，又直接为该公司草拟了两份协议并就此向甲公司的关联企业收取了专项服务律师费。随后，秦律师又接受该两份协议的直接利益冲突相对方乙公司的委托，以甲公司为讼争对象申请仲裁，在明知自己行为的违规性和相对方已经提出异议的情况下，仍不予纠正、一意孤行。

案例 5.3.4　律师违反利益冲突规范和虚假提供诉讼证据案

广东某律师事务所于 2004 年 8 月 2 日接受王某的委托，指派张律师作为

---

〔1〕　抚顺市司法局抚司罚字（2017）第 001 号行政处罚决定书。
〔2〕　杭州市司法局杭司罚决〔2018〕第 11 号行政处罚决定书。

王某与珠海市某置业有限公司工程款纠纷一案的代理人。2006 年 7 月 7 日，张律师在代理王某申请案件执行阶段，又作为受让人之一与王某签订债权转让协议，并继续代理王某上述债权的执行案件。2011 年 6 月 23 日，张律师伪造王某的授权委托书向中山市某法院申请恢复执行，并申请参与分配。中山市律师协会就此认定张律师违规，依据《律师协会会员违规行为处分规则（试行）》第 20 条第 1 项和第 36 条规定，给予张律师中止会员权利 8 个月的行业纪律处分。

案例 5.3.5 律师未进行利益冲突审查、违规收费案

同一案件的原告亲属与被告一同到吉林某律师事务所，为被告办理委托代理手续，并由原告亲属为被告交纳律师代理费 2000 元。周某作为该律师事务所负责人和实际办案律师，没有对该案进行利益冲突审查，且没有开具代理费发票。根据《律师协会会员违规行为处分规则（试行）》第 20 条第 11 项、第 27 条第 5 项，市律师协会给予周某中止会员权利 3 个月的行业纪律处分。

二、法律问题

1. 律师、律师事务所哪些行为属于违反律师利益冲突规范？
2. 律师、律师事务所应该如何建立利益冲突审查机制？

三、教学安排

（一）教学内容

本案例主要要求学生掌握律师的利益冲突规范。

（二）课堂安排

要求学生在课前进行阅读与学习，包括：①案例 5.3.1～5.3.5；②表 5.1 "避免利益冲突义务"中的相关依据。授课教师介绍教学内容之后，组织学生围绕以上法律问题进行研讨和分析。

授课教师播放电视剧《因法之名》（2019 年）片段，公安局痕检员陈谦和在许志逸涉嫌杀人案侦查过程中隐瞒了部分证据，最终许志逸被法院判处死刑、缓期 2 年执行。陈谦和之子陈硕为执业律师，作为许志逸代理人，代理其向提起检察院申诉。授课教师可以组织学生讨论在该案中律师陈硕是否违反利益冲突规则？

四、重点提示

1. 设立利益冲突规则就是创建一种公平、公正的市场经济的竞争机制；考察违反利益冲突规范本不以利益冲突是否实际对相关当事人产生利益损害为构成要件，利益冲突规则保护的首先是形式上的公平、公正，即只要律师在形式上或表象上构成与当事人的利益冲突而不回避或退出就是违规。可以结合本案来分析律师违反利益冲突规则的情形。例如在案例 5.2.3 中，秦律师的行为属于在非诉讼案件中结束与一方当事人的委托关系后，在同一案件后续审理或处理中又接受对方当事人的委托，显然构成直接利益冲突。秦律师凭借着律师的职业便利，了解或掌握着甲公司的商业秘密，按律师执业规范和律师职业道德的底线，起码应该为公司保守这些商业秘密，然而他既损害了公司的合法权益、律师的职业形象，也造成了不良社会影响。

2. 各地律师协会制定了律师事务所避免利益冲突的相关规范，以下所列举的广东省律师协会制定的《广东省律师防止利益冲突规则》可供讨论参考。

◈ 拓展资料

5.2【拓展阅读资料】

专题十三 律师统一收案收费规范

◈ 知识概要

律师与当事人之间的关系在本质上是一种合同关系。根据《律师法》第 25 条，统一接待案件制度是律师接受当事人的委托，同意办理某一项法律事务时应由律师事务所接受、立案的制度，其核心是禁止律师私自收案。统一收费制度是律师办理法律事务，统一由律师事务所收费的制度，其核心是禁止律师私自收费。律师事务所收费，应统一按照国家司法行政部门的收费管理办法进行，并出具收费票据。《律师服务收费管理办法》还禁止律师在刑事诉讼中实行风险代理收费。

律师与当事人之间的关系的基础是律师与当事人之间的委托关系，双方的具体权利义务关系表现在律师与当事人签订的委托合同之中。因此，规范建立委托合同就成为律师履行诚信义务的第一步。《律师执业行为规范（试行）》第35条规定："律师应当与委托人就委托事项范围、内容、权限、费用、期限等进行协商，经协商达成一致后，由律师事务所与委托人签署委托协议。"

在签订委托协议时，律师和委托人双方应就代理目标、代理范围和代理权限等问题进行仔细协商。代理目标的确定是双方协商确定的结果，一般而言，委托人对通过代理服务所要达到的目标具有最终决定权，而在代理手段上，律师则有权根据法律规定、公平正义和律师执业道德标准，自主选择实现委托人或者当事人目的的方案。

在代理权限问题上，律师事务所与委托人签订委托代理合同及委托人签署授权委托书时，应当记明具体的委托事项和权限，委托权限应注明是一般授权还是特别授权。变更、放弃、承认诉讼请求和进行和解，提起反诉和上诉，转委托，签收法律文书，应当有委托人的特别授权。接受委托后，律师只能在委托权限内开展执业活动，如发现委托人所授权限不能适应需要时，应及时告知委托人，在经委托人同意或办理有关授权委托手续之前，律师只能在授权范围内办理法律事务，而不得擅自超越委托权限。

经典案例

案例5.4 律师违规收案收费案（8案）

一、基本案情

案例5.4.1 律师违规收案收费案（一）

焦某系云南省某律师事务所执业律师。2016年9月8日和10月10日，焦某接受黄某委托，担任其两起案件的代理人并参加诉讼，均未到律师事务所办理相关委托和缴费手续。后黄某到县司法局投诉，焦某通过云南某律师事务所补开 2 张发票。

2017 年 7 月，王某委托焦某作为其代理人，就其与戴某侵权责任纠纷一案起诉至人民法院，双方商定后于 7 月 17 日约定，王某给付案件代理费 5000 元，案件结束领到赔偿款后一次性付清。同时，王某付给焦某现金 3600 元，作为本案鉴定费、诉讼费等，焦某为此向王某出具了收条。后焦某以王某代理人身份参加了村委会组织的王某与戴某纠纷调解，调解未果后，因其他原因，王某提出解除其与焦某的委托关系。因王某向县司法局反映焦某违规收费问题，焦某于 12 月 5 日退还焦某 3600 元。王某与戴某侵权责任纠纷案件起诉到县人民法院后，焦某作为戴某的代理人，于 2018 年 4 月 27 日到庭参加诉讼，履行了代为答辩、举证、质证、发表辩护意见等职责。[1]

案例 5.4.2　律师违规收案收费案（二）

2016 年 6 月 9 日，卢某因其丈夫胡某涉嫌非法侵入住宅罪，找到在浙江某律师事务所执业的叶某咨询并达成委托意向，通过支付宝、微信的方式先后向叶某个人账户支付代理费 10 万元。6 月 11 日，卢某与浙江某律师事务所签订委托合同，约定：浙江某律师事务所接受卢某委托，指派叶某作为胡某涉嫌非法侵入住宅罪辩护人，参加侦查阶段、审查起诉阶段、一审审理阶段的活动，律师费用 7 万元。6 月 23 日，叶某将 7 万元通过转账方式转入浙江某律师事务所账户，该律所于 6 月 29 日开具了金额为 7 万元的正式发票。另外 2 万元，叶某没有转入该律师事务所账户，只填写了收款收据（收款事由：办案费［预付］）。该收款收据没有该律所收费章，也没有列入该律所财务账目。叶某辩解该款项是委托代理的预付款。后胡某又因涉嫌其他犯罪，二案件合并处理，胡某另行委托其他律所的律师进行审查起诉和法庭审理阶段的辩护。因多次向叶某提出退还部分代理费无果，卢某向县司法局投诉。投诉处理期间，叶某与卢某达成协议，退还全部 10 万元代理费及预付款。叶某所在市司法局认为，叶某认错态度较好，积极配合调查，与当事人达成和解，消除不良影响，给予停止执业 3 个月的行政处罚。[2]

案例 5.4.3　律师违规收案收费案（三）

郭某担任陈某涉嫌强迫交易罪一案辩护人，除收取协议约定的 2 万元律

---

〔1〕　红河哈尼族彝族自治州司法局红司罚决字〔2018〕第 02 号行政处罚决定书。

〔2〕　金华市司法局金司律罚决字〔2017〕第 6 号行政处罚决定书。

师代理费外，另收取陈某及其朋友 4 万元（未在委托协议中约定，也未入其所在律师事务所账目）。后郭某退还了这 4 万元。郭某所在市司法局认为，郭某认错态度较好，积极配合查处，在立案前已归还私自收取的全部费用，主动消除违法行为危害后果，并取得当事人谅解，决定给予郭某警告的行政处罚。[1]

案例 5.4.4　律师违规收案收费案（四）

2016 年 5 月，黄某接受其所在律师事务所指派，担任戴某与陈某民间借贷纠纷一案中被告戴某的诉讼代理人。4 月 12 日，戴某通过手机银行将律师服务费 8000 元汇至黄某个人账户，黄某仅交给律师事务所 3000 元，私自收费 5000 元。10 月，黄某再次接受指派，担任二审上诉人戴某的诉讼代理人。10 月 25 日，戴某通过微信转账将律师服务费 5000 元汇至黄某个人账户，黄某仅交给律师事务所 2500 元，私自收取 2500 元。黄某所在市司法局决定给予黄某警告并处罚款 3000 元、没收违法所得 7500 元。[2]

案例 5.4.5　律师违规收案收费案（五）

翟律师用其所在律师事务所未加盖公章的格式合同，与熊某签订法律事务委托合同，约定为熊某涉嫌职务侵占的丈夫欧某办理取保候审手续，翟律师收取熊某风险辩护费 3.5 万元，并承诺事若不成，全额退款。之后，翟律师因无法出具会见犯罪嫌疑人的介绍信，未能到看守所会见欧某。熊某认为翟律师没有为其提供应有的法律服务将其起诉至法院，要求其返还辩护费。

案例 5.4.6　法律援助律师违规收案

安徽省某市法律援助律师郭某自 2015 年以来私自接受委托，代理了合同纠纷案、劳动争议纠纷案及交通肇事罪案等。市律师协会认为，郭某作为法律援助中心在编律师违反法律援助案件办理程序，私自接受委托，办理法援指派以外的案件，属于私自接受委托的行为。根据《律师协会会员违规行为处分规则（试行）》的规定，市律师协会给予郭某公开谴责的行业纪律处分。

案例 5.4.7　律师违规风险代理案

河南省某律师事务所律师叶某与委托人王某某签订委托协议后，又以河南某法律咨询有限公司的名义与王某某签订法律服务合同，合同内容涉嫌刑事案

---

〔1〕　舟山市司法局周司罚决字〔2018〕第 3 号行政处罚决定书。
〔2〕　泉州市司法局泉司〔2018〕罚字第 001 号行政处罚决定书。

件违规进行风险代理。经郑州市律师协会调查认定，叶某存在刑事案件违规进行风险代理的行为。根据《律师协会会员违规行为处分规则（试行）》第27条第6项的规定，郑州市律师协会给予叶某中止会员权利3个月的行业纪律处分。

案例5.4.8　律师私自修改授权委托书案

天津市某律师事务所律师穆某在代理一起民间借贷纠纷案件中，在授权委托书中自行添加"代为调解"字样，且在案件调解中未征求当事人意见。根据《律师协会会员违规行为处分规则（试行）》第27条第1、2项的规定，天津市律师协会给予穆某公开谴责的行业纪律处分。

二、法律问题

1. 律师、律师事务所哪些行为属于违规收案？
2. 律师、律师事务所为什么要依法收费？

三、教学安排

（一）教学内容

本案例主要要求学生掌握律师的统一收案、统一收费义务。

（二）课堂安排

要求学生在课前进行阅读与学习，包括：①案例5.4.1~5.4.8；②表5.1"统一收案收费义务"中的相关依据；③《律师服务收费管理办法》；④本专题拓展资料"我国律师收费制度的改革与完善"。授课教师介绍教学内容之后，组织学生围绕以上法律问题进行研讨与分析。

四、重点提示

1. 建议根据案例5.4.1~5.4.8，并结合律师业务来总结律师违规收案的情形。

2. 律师收费是律师执业活动的重要环节。律师向当事人提供法律服务，获取相应的报酬，是律师满足自身生活需求和职业发展的基础。但律师应如何收费，尤其是应在何种标准范围内收取法律服务费用却成为一个争论不休的话题。一般认为，律师收费应遵守行业主管部门和律师协会的规范要求，依法合理收费。

一方面，依法合理收费是律师职业定位的内在要求。律师和当事人已经成为法律服务市场中的平等主体，律师希望通过提供法律服务获得更高的收益，当事人则希望能够以较低的代价获得高质量的法律服务。随行就市、协商收费已经成为律师行业中较为普遍的现象。但是律师不应该是纯粹追求利润的商人，其同时还担负着维护法律正确实施、维护社会公平和正义的职责。律师收费问题不仅涉及律师和当事人间的关系，还涉及律师和司法制度间的关系。具体而言，律师收费影响当事人通过司法途径解决争议的可能性，并对司法效率以及社会关于司法制度公平性的整体观念产生影响，从而在一定程度上具有公共利益的属性。因而需要对律师收费进行一定的规制，否则要么律师漫天要价，当事人无力购买法律服务；要么律师之间过度竞争，降低律师行业服务价格和服务质量，无论哪种情形都不是健康的法律服务市场应该出现的。律师职业的公共性要求律师收费应遵守行业主管部门和律师协会的规范要求，依法合理收费。

另一方面，依法合理收费是形成良性的律师和当事人关系的重要方面。律师和当事人之间要建立良好的信赖关系，律师的价值才能够得到充分体现。这种信赖关系的建立，既是基于律师的法律职业素养，更是基于当事人对律师提供的法律服务价值的认可。但由于法律服务的专业性和律师服务本身存在的差异性，当事人较难对律师提供的法律服务价值作出准确判断，在当事人对案件处理情况的预期和其支付的法律服务费用间发生偏离时，围绕律师收费的争议就容易发生。通过政府指导价的方式划定部分法律服务的收费幅度，一定程度上有助于引导当事人正确认识律师提供的法律服务价值；律师按照规范要求依法合理收费，客观上也能起到减少律师收费争议的作用，从而减少当事人以及社会上对律师的误解和负面评价，有助于形成良性的律师和当事人间的关系。

拓展资料

5.3【拓展阅读资料】

专题十四　律师亲自代理规范

📚 知识概要

所谓亲自代理，是律师基于当事人委托而对当事人负有的义务，具体是指律师应该在法定或是委托的代理权限范围内，以委托人的名义从事法律事务行使代理权，并将处理法律事务的一切重要情况告知委托人，除非经委托人的同意或者紧急情况，不得将代理事务转委托他人代理。这是对律师勤勉的最基本的要求。就律师与委托人的关系而言，亲自代理意味着律师要严格遵守委托人的授权，承担报告和保密义务，谨慎拒绝委托等。[1]律师违反亲自代理义务、滥用代理权的情形主要有自己代理（律师同时为代理人和第三人）、双方代理（律师在同一案件中为双方当事人代理）和恶意代理（律师与第三人恶意串通损害委托人利益）。律师不得接受委托人提出的非法要求，在法定情形下可以拒绝辩护或者代理。

📚 经典案例

案例 5.5　律师违反亲自代理义务案（7 案）

一、基本案情

案例 5.5.1　无正当理由拒绝代理案（一）

张某系重庆某律师事务所执业律师，担任赖某诉何某合同纠纷案件的一审代理人，该案两次在区法院开庭审理。第一次开庭，张某按时出庭参加诉讼。第二次开庭时，因开庭时间冲突，张某未到区法院出庭参加诉讼。区司法局认为张某接受委托后，无正当理由，未出庭参加诉讼的行为，违反了《律师法》第 48 条第 2 项的规定，决定给予张某警告的行政处罚。[2]

---

〔1〕　严格来说，对委托人的及时告知义务（律师交流义务）、保密义务属于律师亲自代理义务的范畴。为突出律师交流义务、保密义务的重要性，将上述二义务单独进行论述。

〔2〕　重庆市荣昌区司法局荣司罚决字〔2017〕第 1 号行政处罚决定书。

案例 5.5.2　无正当理由拒绝代理案（二）

在原告诉被告山东某公司民间借贷纠纷案中，山东某律师事务所作为山东某公司的法律顾问单位，指派律师薛某、实习律师黄某作为被告山东某公司的诉讼代理人。区法院对该案进行法庭调解时，薛某自称体弱、家人生病等原因未到庭，也未向山东某律师事务所说明自己不到庭参加诉讼的情况，由实习律师黄某独自参加该案的法庭调解等诉讼活动，发表代理意见，在法庭调解笔录上签字并签收调解书。该案因山东某律师事务所作为山东某公司法律顾问案件而未收取费用。市司法局认为，薛某作为上述案件被告的诉讼代理律师，在法院审理调解时，未到庭参加诉讼调解，也未向山东某律师事务所说明不到庭参加诉讼的情况，决定给予薛某停止执业 3 个月的行政处罚。[1]

案例 5.5.3　无正当理由拒绝代理案（三）

浙江某律师事务所与袁某签订委托代理合同，指派该所执业律师徐某担任袁某与浙江某公司加工合同纠纷一审诉讼代理人。合同签订后，徐某查询了浙江某公司工商变更登记情况，但此后长达两年多时间一直未将案件诉至法院，期间当事人袁某多次催促徐某向法院起诉浙江某公司。后浙江某公司宣告破产，徐某向浙江某公司管理人申报了债权，浙江某律师事务所将全部代理费退还袁某。市司法局认为，徐某的行为构成无正当理由拒绝代理，且委托人多次催促仍未将案件诉至法院，属于《律师和律师事务所违法行为处罚办法》第 39 条第 1 项规定的违法情节严重情形。但鉴于徐某后续能通过向破产人申报债权、退还委托人代理费等行为积极悔改，认错态度诚恳，积极配合司法行政机关调查处理，属于《律师和律师事务所违法行为处罚办法》第 38 条第 1 款第 1 项规定的可以从轻或者减轻处罚的情形。市司法局决定给予徐某停止执业 3 个月的行政处罚。[2]

案例 5.5.4　律师擅自代签授权委托书

律师唐某为图方便，在未取得当事人书面授权的情况下擅自在《授权委托书》及《起诉状》上签署当事人的名字，并递交人民法院，事后当事人又不予追认。

---

〔1〕　青岛市司法局青司罚字〔2017〕第 3 号行政处罚决定书。
〔2〕　浙江省金华市司法局金司律罚决字〔2018〕第 5 号行政处罚决定书。

案例 5.5.5　律师擅自修改诉讼请求

周某委托胡律师等二人作为其与某房地产开发有限公司商品房预售合同纠纷一案诉讼代理人，代理权限为特别授权。在法院一审过程中，胡律师未经委托人同意，将委托人提交法庭的民事诉状的第 1 项诉求即"判令被告在 1 个月内履行合同约定的产权登记备案义务。<u>逾期备案的应支付逾期备案之日起至实际履行完该义务之日止的违约金（违约金标准以合同总价款的中国人民银行公布的同期同类贷款利率计算）。</u>"的后一段文字划掉（即划线处）。

案例 5.5.6　律师擅自代签起诉书

邓律师称在接受当事人委托后依据《协议书》向某法院提交起诉书，但该《协议书》既没有收录于律师办案卷宗，也没有提交法院。邓律师拟定的起诉书所依据的协议与当事人提供的实际证据完全不符，起诉书内容也没有征得当事人的同意，起诉书上的签字不是当事人亲笔签字，而是由邓律师代签的。起诉书缺乏证据支持致当事人撤诉。

案例 5.5.7　律师事务所超越代理权限案

天津某律师事务所确有在未取得当事人书面授权的情况下，将 30 万元执行款通过银行转账方式转至案外人账户的违规行为。根据《律师协会会员违规行为处分规则（试行）》第 22 条第 1 项规定，天津市律师协会给予天津某律师事务所公开谴责的行业纪律处分。

二、法律问题

律师、律师事务所哪些行为违反亲自代理义务？

三、教学安排

（一）教学内容

本案例主要要求学生掌握律师的亲自代理义务。

（二）课堂安排

要求学生在课前进行阅读与学习，包括：①案例 5.5.1～5.5.7；②表 5.1 "亲自代理义务"中的相关依据；③本专题拓展资料中"同一律所不同律师同时担任双方当事人代理人裁判意见"。教师介绍教学内容之后，组织学生围绕案例以上法律问题进行研讨与分析。

四、重点提示

亲自代理要求律师要严格依据律师与委托人的委托协议或者委托人出具的授权委托书中确定的授权范围从事律师代理，即便是律师从事法律援助工作也要经过委托人的同意。委托人的授权是律师的权利来源，这也要求委托人的授权范围要明确具体。律师受理案件必须由律师所在律师事务所以律师事务所的名义与当事人签订书面委托合同和授权委托书，然后律师在授权范围内进行诉讼代理活动，这是《律师法》和《律师办理民事诉讼案件规范》的要求。在案例 5.5.6 中，律师擅自代签授权委托书的行为明显干扰了人民法院的正常诉讼活动，严重影响了律师行业声誉，设区的市级或者直辖市的区人民政府司法行政部门应给予警告的行政处罚。

如律师发现委托人授权不明，或者授权与律师工作不符，律师一定要在征得委托人同意并办理变更手续之后才能继续代理。在案例 5.5.7 中，无论律师的行为基于何种考量，都应该事先征得委托人同意，在尽可能维护当事人合法权益的前提下，与当事人充分沟通取得一致意见，当意见无法一致时，应尽量尊重委托人的合法诉求。

律师违反亲自代理义务、滥用代理权的情形主要有：

（1）自己代理，即律师在代理权限内以委托人的名义同自己实施法律行为。律师同时为代理人和第三人，很难不发生牺牲委托人利益的情况。

（2）双方代理，又称同时代理，是指律师以同一法律行为的双方当事人的名义为民事行为。

以上两种情况都属于非法牟取委托人权益，违反律师的忠诚义务。不在同一案件中为双方当事人代理，是律师执业最基本的准则之一。《律师法》第39 条、《律师执业管理办法》第 28 条对此都有明确规定。《律师法》第 47条、《律师和律师事务所违法行为处罚办法》第 7 条也将此种行为列为应予行政处罚的行为。全国律师协会和地方律师协会也在行业规范中对此严加禁止。但个别律师为了延揽业务，刻意曲解条文的立法原意，甘冒风险进行双方代理，这种行为理应受到严肃处理。

（3）恶意代理，是指律师与第三人恶意串通损害委托人利益的法律行为。这种行为是违法行为，委托人由此受到的损失，要由律师和第三人连带赔偿。

拓展资料

5.4【拓展阅读资料】

专题十五　律师转委托和告知规范

知识概要

一、规范转委托义务

原则上，转委托与亲自代理义务是相悖的。所谓转委托代理（简称转委托），是指律师作为代理人接受委托后，依照法定程序又将代理事项的一部分或者全部再委托他人代理。实施转委托行为的人叫转委托人，接受转委托代理诉讼的人叫转委托诉讼代理人，也叫复代理人。转委托诉讼代理，也称为复代理。律师与委托人的委托关系建立之后，原则上未经委托人的同意，律师不得将委托人委托的法律事务转委托他人办理。只有符合法定事由，并且有委托人书面认可的情况下，才可以转委托继续办理。

二、告知义务

律师代理案件要求律师履行报告义务，即将代理法律事务的一切重要情况向委托人报告，以使委托人知道事务的进展以及自己的利益的损益情况。律师报告必须是忠实的，不能出现虚假不实等可能使得委托人陷于判断错误的情况。委托人对于委托事项、进展、情况享有知情权。在委托代理关系建立之时，律师可以采取书面风险告知的方式，详细告知当事人可能遇到的法律风险。律师代理委托人的案件，如遇应当回避情形的，律师应当告知委托人并主动提出回避，但委托人同意其代理或者继续承办的除外。

📚 经典案例

案例5.6　律师违规转委托及违反告知义务案

一、基本案情

张某与汪律师签订了《聘请律师合同》，合同约定由汪律师代理张某诉他人租赁合同纠纷一案。第一次开庭审理时，未经委托人张某同意，汪律师擅自将案件转委托给没有律师执业资格的人员以公民代理方式出席庭审，《聘请律师合同》也没有授予汪律师转委托权限。第二次开庭时，汪律师因个人事由并未按时出庭。在代理过程中，汪律师对委托人张某多次提出的了解案件进展的要求没有给予答复。鉴于汪律师不负责任的工作态度，张某解除了与汪律师之间的委托代理关系。双方委托关系解除后，汪律师并未向法院通知该情况。法院其后又向律师送达了一份开庭通知，汪律师没有向法院表明自己不再代理该案，也没有将此次开庭通知转交张某。由于此次开庭无人代表原告张某出庭，导致该案被法院裁定撤诉。

二、法律问题

1. 律师、律师事务所哪些行为属于违规转委托？
2. 律师、律师事务所哪些行为违反告知义务？

三、教学安排

（一）教学内容
本案例主要要求学生掌握律师的规范转委托义务、告知义务。

（二）课堂安排
要求学生在课前进行阅读与学习，包括：①案例5.6；②表5.1"规范转委托义务"和"告知义务"中的相关依据；③本专题拓展资料中"关于律师转委托代理的司法建议书"。授课教师介绍教学内容之后，组织学生围绕以上法律问题进行研讨与分析。

四、重点提示

1. 所谓转委托代理（简称转委托），是指律师作为代理人接受委托后，依照法定程序又将代理事项的一部分或者全部再委托他人代理。实施转委托行为的人叫转委托人，接受转委托代理诉讼的人叫转委托诉讼代理人，也叫复代理人。转委托诉讼代理，也称为复代理。实践中，个别律师对相关律师执业行为规范视而不见，任意违反。比较典型的就是律师接受委托后，擅自转委托他人代理等。律师的这些行为不但侵害了当事人的合法权益，损害了自身的形象，而且严重地阻碍了律师行业的健康发展。《律师执业行为规范（试行）》第 56 条规定："未经委托人同意，律师事务所不得将委托人委托的法律事务转委托其他律师事务所办理。但在紧急情况下，为维护委托人的利益可以转委托，但应当及时告知委托人。"第 57 条规定："受委托律师遇有突患疾病、工作调动等紧急情况不能履行委托协议时，应当及时报告律师事务所，由律师事务所另行指定其他律师继续承办，并及时告知委托人。"第 58 条规定："非经委托人的同意，不能因转委托而增加委托人的费用支出。"

律师与委托人的委托关系建立之后，原则上未经委托人的同意，律师不得将委托人委托的法律事务转委托他人办理。只有符合法定事由，并且有委托人书面认可的情况下，才可以转委托继续办理。律师事务所在转委托过程中，应当坚持如下原则：①转委托必须是为了委托人的利益。②转委托原则上应当取得委托人的同意。原则上律师转委托他人代理的，应当事先取得委托人的书面同意；事先没有取得委托人同意的，律师应当在事后及时告诉委托人，征得委托人的书面同意。③在紧急情况下，但是也仅限于受委托的律师遇有突患疾病、工作调动等紧急情况，律师事务所为了维护委托人的利益需要而转委托的，不论委托人是否同意，均依法产生转委托的法律效力。律师事务所应当及时将转委托的情况告知委托人。④律师只能在其享有的代理权限范围内，向其他律师转委托其代理权的全部或者部分，但不得超过其代理权限。并且，转委托律师不能增加委托人的经济负担；原承办律师与转委托受托律师之间要及时移交业务材料，办理好相关手续。

2. 律师代理案件要求律师履行报告义务，即将代理法律事务的一切重要情况向委托人报告，以使委托人知道事务的进展以及自己的利益的损益情况。

律师报告必须是忠实的，不能有虚假不实等可能使得委托人陷于判断错误的情况。委托人对于委托事项、进展、情况享有知情权。《律师执业管理办法》第33条第1、2款规定："律师承办业务，应当告知委托人该委托事项办理可能出现的法律风险，不得用明示或者暗示方式对办理结果向委托人作出不当承诺。律师承办业务，应当及时向委托人通报委托事项办理进展情况；需要变更委托事项、权限的，应当征得委托人的同意和授权。"《律师执业行为规范（试行）》第43条规定："律师在承办受托业务时，对已经出现的和可能出现的不可克服的困难、风险，应当及时通知委托人，并向律师事务所报告。"

律师代理委托人的案件，如遇应当回避情形的，律师应当告知委托人并主动提出回避，但委托人同意其代理或者继续承办的除外。《律师执业行为规范（试行）》第52条规定了应当回避的6种情形，包括：①接受民事诉讼、仲裁案件一方当事人的委托，而同所的其他律师是该案件中对方当事人的近亲属的；②担任刑事案件犯罪嫌疑人、被告人的辩护人，而同所的其他律师是该案件被害人的近亲属的；③同一律师事务所接受正在代理的诉讼案件或者非诉讼业务当事人的对方当事人所委托的其他法律业务的；④律师事务所与委托人存在法律服务关系，在某一诉讼或仲裁案件中该委托人未要求该律师事务所律师担任其代理人，而该律师事务所律师担任该委托人对方当事人的代理人的；⑤在委托关系终止后1年内，律师又就同一法律事务接受与原委托人有利害关系的对方当事人的委托的；⑥其他与本条第1~5项情况相似，且依据律师执业经验和行业常识能够判断的其他情形。

原则上，未经委托人同意，律师事务所不得将委托人委托的法律事务转委托其他律师事务所办理，也不得单方随意变更承办律师。《律师执业行为规范（试行）》第56条规定，在紧急情况下，为维护委托人的利益可以转委托，但应当及时告知委托人。第57条规定，受委托律师遇有突患疾病、工作调动等紧急情况不能履行委托协议时，应当及时报告律师事务所，由律师事务所另行指定其他律师继续承办，并及时告知委托人。

在委托代理关系建立之时，律师可以采取书面风险告知的方式，详细告知当事人可能遇到的法律风险，同时告知当事人在诉讼中不如实陈述事实，将会导致律师作出错误的分析、判断，对此律师不承担任何责任；无论案件结果如何，所收取的费用不予退还；不按时交纳诉讼费用，将导致不予审理或不予财产保全；因原告提供的被告地址不符或不详导致法院无法送达起诉状副本和法律文书，应当由法院公告，原告拒绝支付公告费用的，原告将承担不利、被视为撤诉甚至败诉的风险；原告起诉或被告反诉，对自己提出的诉讼请求所依据的事实或反驳对方的诉讼请求所依据的事实有责任提供证据，没有证据或证据不足的，由负有举证责任的当事人承担不利甚至败诉的后果；不能提供原始证据将会导致证据无效的后果，证人须亲自出庭作证，否则将导致证人证言不予采信的后果；必须到庭的当事人不按时参加法庭审理活动的，原告承担起诉被视为撤诉的后果，被告承担缺席审理、举证不能的后果；申请评估、鉴定的当事人不按举证通知书的要求，在规定的期限内不申请或不预交评估、鉴定费用或不提供相关材料的将承担不利或败诉的后果等。

📚 **拓展资料**

5.5【拓展阅读资料】

专题十六　律师规范代理身份规范

📚 **知识概要**

规范律师代理身份义务包括禁止律师以非律师身份从事法律服务、禁止非律师以律师名义从事法律服务业务、律师事务所不得为未取得执业证的人员提供便利。

执业律师以个人名义、以非律师身份收案办案的行为不仅违反相关规定，而且还会扰乱律师行业的执业秩序，对律师行业的声誉带来不良影响。没有取得律师执业证书的人员，不得以律师名义从事法律服务业务；除法律另有规定外，不得从事诉讼代理或者辩护业务。这里的"除法律另有规定外"主要是指《民事诉讼法》《刑事诉讼法》《行政诉讼法》的有关规定。律师事务所应当加强管理，不能为非律师以律师身份代理案件出具法律手续，不能为未取得执业证人员提供便利。律师辅助人员只能在律师的指导下从事次要和辅助性工作。

经典案例

案例 5.7　律师以非律师身份从事法律服务案（2 案）

一、基本案情

案例 5.7.1　律师以非律师身份从事法律服务案（一）

谭律师作为见证人见证了黄某与杨某之间有关股权转让承诺书的签订，在见证书上签字，并且在股权转让办理中接受了授权。该律师称见证是以朋友身份参与的，其所在律师事务所也没有就该见证业务与当事人签订委托代理协议。

案例 5.7.2　律师以非律师身份从事法律服务案（二）

林律师在宋某与他人租赁合同纠纷案件中，以公民身份担任宋某的委托代理人，一审和二审判决书均载明"委托代理人林某，男，1965 年 3 月 29 日出生，汉族，无正式职业"。林律师称代理该案没有收取任何费用。

二、法律问题

为什么律师不能以非律师身份从事法律服务？

三、教学安排

（一）教学内容

本案例主要要求学生掌握律师规范代理身份规范中禁止律师以非律师身份从事法律服务的要求。

（二）课堂安排

要求学生在课前阅读与学习案例 5.7.1 ~ 5.7.2。授课教师介绍教学内容之后，组织学生围绕以上法律问题进行研讨与分析。

四、重点提示

律师执业许可属于行政许可范畴，担任律师需要通过法律职业资格考试并且向司法行政部门提出申请，如果允许普通公民从事律师执业，就会使得律师执业许可制度形同虚设，严重妨碍律师行业发展，也不利于规范法律服务秩序。律师执业期间应当以律师身份承办法律事务。实践中，一方面，有执业律师故意以其他身份代理案件以规避统一收案制度，并私自收费，例如以顾问单位的工作人员或者公民身份出庭；另一方面，某专利事务所、商标事务所的专利代理人、商标代理人等具有律师执业证，或者执业律师在执业后考取了上述代理人资格，出于各方面的考虑，在商标或者专利代理机构办理委托代理手续，这些都是违反律师执业规范的行为。个别律师规避律师事务所的管理，以各种身份代理案件，这既不利于维护律师个人的尊严，也损害了律师队伍的整体形象。

《律师执业行为规范（试行）》第12条第1款规定："律师在执业期间不得以非律师身份从事法律服务。"在案例5.7.1中，见证业务属于律师代理业务，承办律师则应当以律师身份参与见证活动，其所在律师事务所应当与当事人签订委托代理协议，履行完整的收案手续，明确约定代理事项。案例5.7.2中，林律师认为其以非律师身份代理诉讼，没有收取任何费用，不构成执业期间以非律师身份从事有偿法律服务的违规行为，不应受到纪律处分。实践中有部分律师也有类似的想法，还有个别实习律师认为，有关规定并未明文禁止实习律师以非律师身份无偿提供法律服务，故可以为之。上述认识是对规范和法理的误读。实际上，《律师执业行为规范（试行）》有关以非律师身份从事法律服务的规定并不以有偿为条件。显然，律师在执业期间以非律师身份提供法律服务的，不论有偿还是无偿，都属于违纪行为。对于实习人员，《申请律师执业人员实习管理规则》明确规定，实习人员应当同时遵守律师职业道德和实习纪律，故《律师执业行为规范（试行）》中适用于律师的禁止性规定同样适用于实习人员。

在案例5.7.1和5.7.2中，执业律师不能以个人名义、以非律师身份收案办案，是律师行业必须遵守的禁止性的规定，该行为不仅违反相关规定，而且还会扰乱律师行业的执业秩序，给律师行业的声誉带来不良影响。《律师协会会员违规行为处分规则》第27条第4项规定律师"执业期间以非律师身份从事有偿法律服务"的，由省、自治区、直辖市及设区的市律师协会给予训诫、通报批评、公开谴责。

案例5.8　律师事务所为非律师执业提供方便案（4案）

一、基本案情

案例5.8.1　律师事务所为非律师执业提供方便案（一）

某律师事务所原办公室主任王某未取得律师执业证书，利用其保管律师服务专用文书、收费票据等材料的便利条件，私自以律师事务所及律师名义收取费用、签订委托协议、办理律师业务，并以风险代理的方式办理刑事案件。

案例5.8.2　律师事务所为非律师执业提供方便案（二）

刘某作为某律师事务所的负责人，明知范某不是本所律师，却同意以本所只能为本所执业律师所专用的事务所公函指派范某与其一同代理诉讼案件。

案例5.8.3　律师事务所为非律师执业提供方便案（三）

某律师事务所接受委托后指派非律师郑某代理诉讼，并为非律师执业提供便利。正是由于该律师事务所没有指派执业律师代理，才直接导致该案在被告选择、调解中代理权的行使以及执行过程中代理人应谨慎注意等方面存在瑕疵，从而导致了该案的执行困难。

案例5.8.4　律师事务所为非律师印制标识案

河北某律师事务所为未取得律师执业证书的人员印制标识。根据《律师协会会员违规行为处分规则（试行）》的规定，市律师协会给予该律师事务所公开谴责的行业纪律处分。

二、法律问题

为什么律师事务所不能为非律师从事法律服务提供方便？

三、教学安排

（一）教学内容

本案例主要要求学生掌握律师的规范代理身份义务中禁止律师事务所为非律师从事法律服务提供方便的要求。

（二）课堂安排

要求学生在课前进行阅读与学习，包括：①案例 5.8.1～5.8.4；②表 5.1 "规范代理身份义务" 中的相关依据。教师介绍教学内容之后，组织学生围绕以上法律问题进行研讨与分析。

四、重点提示

没有取得律师执业证书的人员，不得以律师名义从事法律服务业务；除法律另有规定外，不得从事诉讼代理或者辩护业务。这里的 "除法律另有规定外" 主要是指《民事诉讼法》《刑事诉讼法》《行政诉讼法》的有关规定。律师事务所应当加强管理，不能为非律师以律师身份代理案件出具法律手续，不能为未取得执业证的人员提供便利。律师辅助人员只能在律师的指导下从事次要和辅助性工作。《律师执业行为规范（试行）》第 95 条规定："律师事务所不得指派没有取得律师执业证书的人员或者处于停止执业处罚期间的律师以律师名义提供法律服务。"第 96 条规定："律师事务所对受其指派办理事务的律师辅助人员出现的错误，应当采取制止或者补救措施，并承担责任。"在案例 5.8.1～5.8.4 中，律师事务所为非律师（未取得律师资格和律师执业证）提供代理手续，让其作为律师参与诉讼，严重违反律师执业规范的相关规定。同时该项义务也是对于律师事务所的规范管理所提出的要求，因为律师事务所对于律师执业管理存在故意或者过失行为，才客观上导致其为非律师执业提供便利。

案例 5.9 离任法官、检察官违规执业案（2 案）

一、基本案情

案例 5.9.1 离任检察官违规执业案

江苏某律师事务所律师傅某作为离任检察官，在离任后 2 年内以律师身份担任庆某的辩护人。其辩护行为违反任职回避规定，影响了案件公正审判。另查明，傅某未经事务所许可，以个人名义与庆某签订委托协议，确有违规收案、收费行为且情节严重。根据《律师协会会员违规行为处分规则（试行）》的规定，江苏省律师协会直属分会给予傅某中止会员权利 6 个月的行业纪律处分。

案例 5.9.2　离任法官违规执业案

浙江某律师事务所律师韦某从人民法院离任后，担任原任职法院办理案件的诉讼代理人或者辩护人。2017 年 7 月 26 日，市司法局决定给予韦某停止执业 2 个月、没收违法所得 31 179.24 元的行政处罚。根据上述行政处罚决定和《律师协会会员违规行为处分规则（试行）》的规定，市律师协会给予韦某中止会员权利 2 个月的行业纪律处分。

二、法律问题

什么是法官、检察官离任回避？

三、教学安排

（一）教学内容

本案例主要要求学生掌握《法官法》《检察官法》中关于禁止离任法官、检察官以律师身份担任诉讼代理人或者辩护人的规范。

（二）课堂安排

要求学生在课前进行阅读与学习，包括：①案例 5.9.1 和 5.9.2；②表 5.1 "规范代理身份义务"中的相关依据；③《法官法》第 36 条和《检察官法》第 37 条。教师介绍教学内容之后，组织学生围绕以上法律问题进行研讨与分析。

四、重点提示

原《法官法》第 17 条（现《法官法》第 36 条）和原《检察官法》第 20 条（现《检察官法》第 37 条）规定了离任法官、检察官特殊的任职回避规范，包括：①法官、检察官从人民法院、人民检察院离任后 2 年内，不得以律师身份担任诉讼代理人或者辩护人；②法官、检察官从人民法院、人民检察院离任后，不得担任原任职法院、检察院办理案件的诉讼代理人或者辩护人，但是作为当事人的监护人或者近亲属代理诉讼或者进行辩护的除外；③法官、检察官被开除后，不得担任诉讼代理人或者辩护人，但是作为当事人的监护人或者近亲属代理诉讼或者进行辩护的除外。原《法官法》第17条和原《检察官法》第20条还规定，原法官、检察官的配偶、子女不得担任该法官、检察官所任职法院、检察院办理案件的诉讼代理人或者辩护人。这从规范内容和惩戒事实上来看，属于律师执业行为规范的范畴。修订后的《法官法》和《检察官法》将此情形具体规定为法官、检察官任职回避的内容，详见现《法官法》第24条和《检察官法》第25条。

原《法官法》第17条和原《检察官法》第20条是法院裁判中适用频率最高的《法官法》《检察官法》法条，具体适用中应当注意以下几点：①以上规定仅限制离任法官、检察官不得以律师身份担任诉讼代理人或者辩护人，但是以律师身份担任法律顾问或者提供其他非诉讼法律服务不受此限。但是，如果以签订法律顾问合同的名义，以隐名方式实际参与诉讼代理或者辩护，应属于违反以上禁止性规定。②根据现行律师职业伦理规范，律师违反以上规定，应受到律师行业的纪律处分。③离任期限的计算应当从实际办理完从法院、检察院离职手续开始计算。④以上规定中的"配偶""子女"应作扩大性解释，"配偶"应包括现配偶、前配偶以及存在同居关系的伴侣等；"子女"包括婚生子女、非婚生子女、养子女和继子女等。

法官、检察官、律师和法学专家等共同构成我国法律职业共同体，不同职业之间的正常流通是促进不同职业交流与合作的有效手段，随着我国审判制度、检察制度和律师制度等的不断完善，这项被称之为"旋转门"的制度也在日益完善。

案例 5.10　非律师伪造律师执业证案

一、基本案情

韩某，高中文化，2008 年至 2017 年期间在某法律服务所工作，分别于2008 年、2015 年两次从他人处购买伪造的律师执业证 1 本以及伪造的江苏某律师事务所函 10 余份。韩某假冒该律师事务所律师身份，持假证先后 6 次接受他人委托，并分别在苏州、无锡、青岛等地的法院 6 次使用伪造律师执业证和公函，从事诉讼代理业务，甚至还涉及刑事辩护业务，之后其也收取了当事人律师费 6000 元等相应费用。[1]

二、法律问题

对于非律师伪造律师执业证书的行为应当如何处理？

三、教学安排

（一）教学内容

本案例主要要求学生掌握规范律师代理身份义务中禁止非律师以律师名义从事法律服务业务的要求。

（二）课堂安排

要求学生在课前进行阅读与学习，包括：①案例 5.10；②表 5.1 "规范代理身份义务" 中的相关依据；③《治安管理处罚法》第 52 条、《刑法》第 280 条。授课教师介绍教学内容后，组织学生围绕以上法律问题进行研讨与分析。

四、重点提示

严格来说，该案中所涉及行为并未纳入律师职业伦理规范，但是该行为确实影响律师行业的竞争秩序，其应当受到法律规制。《治安管理处罚法》第 52 条规定："有下列行为之一的，处 10 日以上 15 日以下拘留，可以并处 1000 元以下罚款；情节较轻的，处 5 日以上 10 日以下拘留，可以并处 500 元以下罚款：①伪造、变造或者买卖国家机关、人民团体、企业、事业单位或者其他组织的公文、证件、证明文件、印章的；②买卖或者使用伪造、变造的国家机关、人民团体、企业、事业单位或者其他组织的公文、证件、证明文件的……"《刑法》第 280 条第 1 款规定："伪造、变造、买卖或者盗窃、抢夺、毁灭国家机关的公文、证件、印章的，处 3 年以下有期徒刑、拘役、管制或剥夺政治权利；情节严重的，处 3 年以上 10 年以下有期徒刑，并处罚金。"律师执业证书是由司法行政机关颁发的，用于证明律师具有从事法律服

---

〔1〕　https://new.qq.com/omn/20190327/20190327B03DN7.html.

务资格的证书,该证书中的印章属于国家机关的印章。目前司法机关处理该类案件,一般是根据 2007 年最高人民法院、最高人民检察院《关于办理与盗窃、抢劫、诈骗、抢夺机动车相关刑事案件具体应用法律若干问题的解释》第 2 条来认定的。该条规定:伪造、变造、买卖机动车行驶证、登记证书,累计 3 本以上的,依照《刑法》第 280 条第 1 款的规定,以伪造、变造、买卖国家机关证件罪定罪,处 3 年以下有期徒刑、拘役、管制或者剥夺政治权利。但是,上述司法解释应仅针对机动车行驶证、登记证书,对其他的国家机关公文、证件、印章的认定仅具有参考性,不能直接作为认定构成犯罪的根据。

在案例 5.10 中,韩某被公安机关传唤到案。归案后,韩某如实供述犯罪事实,其所持有的律师执业证被公安机关查扣。经鉴定,韩某购买的律师执业证中"江苏省司法厅""江苏省司法厅行政许可专用章""江苏省司法厅年度考核章"均系伪造。由于韩某 2 次购买律师执业证,并有伪造江苏某律师事务所函 10 余份、使用假证先后 6 次接受他人委托的行为,区法院判定韩某犯买卖国家机关证件罪,判处有期徒刑 1 年,缓刑 1 年,罚金 2 万元;被公安机关扣押其所持有的律师执业证予以没收。

◆ 拓展资料

5.6【拓展阅读资料】

专题十七　禁止律师虚假承诺规范

◆ 知识概要

原则上,虚假承诺与律师应当履行的告知义务是相悖的。《律师执业管理办法》第 33 条第 1 款规定:"律师承办业务,应当告知委托人该委托事项办理可能出现的法律风险，不得用明示或者暗示方式对办理结果向委托人作出不当承诺。"《律师执业行为规范（试行）》第 44 条规定："律师根据委托人提供的事实和证据，依据法律规定进行分析，向委托人提出分析性意见。"第 45 条规定："律师的辩护、代理意见未被采纳，不属于虚假承诺。"

经典案例

案例 5.11　律师虚假承诺案（3 案）

一、基本案情

案例 5.11.1　律师虚假承诺、私自收费案（一）

湖南某律师事务所律师黄某在办理案件过程中，多次以办案需要为由向委托人收取律师办案费用，并出具书面承诺保证当事人不受任何刑事处罚。根据《律师协会会员违规行为处分规则（试行）》第 29 条第 1 项规定，长沙市律师协会给予黄某公开谴责的行业纪律处分。

案例 5.11.2　律师虚假承诺、私自收费案（二）

甘肃某律师事务所律师罗某向委托人收取 8 万元律师费不开具正规税务发票而是出具白条；向委托人承诺保证能退回被骗全部款项；自称与办案单位人事关系好，需要打点等。根据《律师协会会员违规行为处分规则（试行）》第 29 条第 1 项、第 27 条等规定，甘肃省律师协会给予罗某公开谴责的行业纪律处分。

案例 5.11.3　律师事务所虚假承诺招揽案件案

根据哈尔滨市司法局通报，黑龙江某某律师事务所从 2015 年 3 月起完全采取社会集资手段收揽案源。2015 年中期到 2016 年被立案前，该所采取各种电视媒体宣传、繁华路口电子大屏、街头小广告发传单等方式，大力宣扬"官司不赢，分文不取""拥有广泛社会资源"口号。仅几周时间，城市的各处角落充满某某律师事务所的广告标语。但实际上该所并不是等到官司打赢之后再向当事人收费，而是以押金的形式先收取费用，同时承诺官司不赢再退费。实践中，许多律师承诺的所谓分文不收，实则存在许多变相收费的陷阱，比如让客户缴纳一定的"押金""保证金""关系走动费"等。2018 年 5 月 17 日，该案在哈尔滨市中级人民法院一审公开开庭审理，被告人宋某国、宋某辉、李某、周某贺涉嫌诈骗、寻衅滋事、妨害公务罪三个罪名。据介绍，该律师事务所共计与被害人签订合同 5607 份，涉及被害人 6664 人，涉嫌骗取代理费上亿元。

二、法律问题

律师、律师事务所哪些行为属于正当的客观承诺？

三、教学安排

（一）教学内容

本案例主要要求学生掌握律师的禁止虚假承诺义务。

（二）课堂安排

要求学生在课前进行阅读与学习，包括：①案例 5.11.1 ~ 5.11.3；②表 5.1 "禁止虚假承诺义务"中的相关依据。授课教师介绍教学内容之后，组织学生围绕以上法律问题进行研讨与分析。

四、重点提示

律师在执业推广过程中，不得提供虚假信息或者夸大自己的专业能力，不得明示或者暗示与司法、行政等关联机关的特殊关系。但在现实生活中，律师为了能够接下案源，往往会作出夸张宣传和虚假承诺。案例 5.11.1 和案例 5.11.2 中律师的做法显属不当，而案例 5.11.3 中律师事务所的做法更是错上加错。

中国律师行业的从业人员数量在近年来呈现出急剧增长的态势，很多地区的法律服务市场出现相对饱和状态，律师和律师之间、律师事务所和律师事务所之间的竞争也日趋激烈，在这种情况下，为了争夺一些有限的所谓优质案源，个别律师会不自觉地迎合委托人的心理需求，对诉讼结果和所谓人情关系进行明示、暗示或虚假承诺，以期抢夺案源。但是，这种饮鸩止渴的做法很容易在此后的执业过程中将律师置于极为被动的境地，一旦案件诉讼结果没有达到承诺的效果，就会导致委托人投诉、要求退费等极为负面的影响，还会损害整个社会对于律师行业的评价和认可。对于禁止虚假承诺这一规范，应从以下几个方面加以理解和把握：

第一，禁止虚假承诺并非禁止作出客观承诺。律师职业伦理规范禁止的是为了揽案而不顾自身专业能力和案件情况，向委托人作出不现实、不适当的过分承诺的行为，这种承诺因为不具备法律基础或专业服务能力而很难实现。如果律师不向委托人解释清楚案件的客观情况和可能走向，可能会损害委托人本来可能实现的预期利益，对其造成无可挽回的经济损失。但是，这并不表示律师不可以向委托人作出客观承诺。在法律服务市场竞争如此激烈的当下，完全不顾委托人对诉讼结果的预期而坚持不对结果作任何评估，也是不现实的。律师完全可以在充分评估现有证据条件和法律依据的情况下，就案件可能的走向和诉讼结果作出客观理性的分析，只要律师提供的分析意见是谨慎、诚实而客观的，并对可能发生的若干种法律风险和未来前景作出充分而全面的评估，就会更加赢得委托人的信赖和认可，并可有效控制代理过程中的风险。

第二，禁止虚假承诺并不等于不能为委托人预测案件最佳结局。我们不能机械地理解禁止虚假承诺的道德准则。委托人在发生纠纷或身陷囹圄后，最为关心的首先是案件最后的诉讼结局，而不可能首先关注律师的法律服务过程。完全拒绝为委托人分析案件走向是不现实的。只有在预测了案件可能的最佳结局并提供有效解决方案的情况下，律师才更有可能接下案件，因此，如何将大包大揽的虚假承诺变成预测案件结果的表达艺术就是一门值得深究的学问。这种理性客观而又全面的结果预测，依据充分，推理严密，会让委托人真切感受到律师的专业能力，因为这种预测是基于对法律和判例的研究和分析基础之上的，因此，即便最后达不到预测的效果，或者辩护意见没有被法院采纳，也不应被视为虚假承诺。

拓展资料

5.7【拓展阅读资料】

专题十八　律师建档、保管规范

知识概要

一、建档保管义务

建档保管义务要求律师承办业务应当妥善保管与承办事项有关的法律文书、证据材料、业务文件和工作记录。在法律事务办结后，按照有关规定立卷建档，上交律师事务所保管。与及时通知义务相同，建档保管义务同属于律师与当事人之间建立的委托代理合同的附随义务。建档保管义务具体要求：律师应当建立律师业务档案，保存完整的工作记录；应当谨慎保管委托人或当事人提供的证据原件、原物、音像资料底版以及其他材料；律师事务所与委托人解除委托关系后，应当退还当事人提供的资料原件、物证原物、视听资料底版等证据，但可以保留复印件存档。

二、保管委托人财产义务

在律师执业过程中，因办理法律事务的需要，律师事务所可以接受委托，负责保管委托人的财产。《律师执业行为规范（试行）》对律师事务所保管委托人财产进行了明确的规定，第 54 条规定："律师事务所可以与委托人签订书面保管协议，妥善保管委托人财产，严格履行保管协议。"第 55 条规定："律师事务所受委托保管委托人财产时，应当将委托人财产与律师事务所的财产、律师个人财产严格分离。"

经典案例

案例 5.12　律师丢失证据原件案

一、基本案情

方律师是某借贷纠纷案件的原告代理人。在案件承办过程中，方律师丢失了当事人交付的欠条原件。开庭时方律师向法庭提供了自己依据欠条复印件的临摹件作为原件。对方律师对此份证据提出质疑，要求进行笔迹鉴定。在此情形下，方律师承认了其所提供的欠条系复印件的临摹件的事实，其所代理的案件经当事人同意向法院申请撤诉。方律师丢失证据原件的行为直接导致当事人失去了通过法律手段追讨欠款的权利，给当事人造成了重大的损失。市律师协会依照规定对其作出了公开谴责的行业纪律处分。

二、法律问题

1. 律师、律师事务所应当如何履行建档保管义务？
2. 律师、律师事务所在保管委托人财产时应当注意哪些问题？

三、教学安排

（一）教学内容

本案例主要要求学生掌握律师的建档保管义务、保管委托人财产义务。

（二）课堂安排

要求学生在课前进行阅读与学习，包括：①案例 5.12；②表 5.1 "建档保管义务"和"保管委托人财产义务"中的相关依据；③本专题拓展资料中《律师业务档案管理办法》。授课教师介绍教学内容之后，组织学生围绕以上法律问题进行研讨与分析。

四、重点提示

1. 根据《律师执业行为规范（试行）》第 39 条的规定，建档保管义务要求律师承办业务应当妥善保管与承办事项有关的法律文书、证据材料、业务文件和工作记录。在法律事务办结后，按照有关规定立卷建档，上交律师事务所保管。与及时通知义务相同，建档保管义务同属于律师与当事人之间建立的委托代理合同的附随义务。建档保管义务具体要求：

（1）律师应当建立律师业务档案，保存完整的工作记录。这不仅是对专业律师工作的基本要求，更是律师维护自身权益的重要证据支持。

（2）律师应当谨慎保管委托人或当事人提供的证据原件、原物、音像资料底版以及其他材料。正是因为证据原件、原物等在诉讼中的重要性，一般律师不为当事人保管，仅在开庭前后进行证据交接，并且保留必要的交接记录。在诉讼中，当事人提供的证据原件是能否打赢官司的关键所在，律师若为当事人保管证据原件，就应尽到"谨慎保管，保证其不遭灭失"的责任。

（3）律师事务所与委托人解除委托关系后，应当退还当事人提供的资料原件、物证原物、视听资料底版等证据，但可以保留复印件存档。同时律师需要妥善办理有关手续，应当谨慎保管、归类文件，所有文件应当制作清单、目录，防止文件资料的遗失和遗漏。

2. 在律师执业过程中，因办理法律事务的需要，律师事务所可以接受委托，负责保管委托人的财产。《律师执业行为规范（试行）》第54、55条对律师事务所保管委托人财产进行了明确的规定。律师事务所在保管委托人财产时，应当坚持如下原则：

（1）不挪用、不侵占。律师应当妥善保管与委托事项有关的财物，不得挪用或者侵占。

（2）严格分离。律师事务所应坚持委托人财产与律师事务所的财产严格分离。

（3）妥善保管。委托人的资金应保存在律师事务所所在地信用良好的金融机构的独立账号内，或保存在委托人指定的独立开设的银行账号内。委托人其他财物的保管方法应当经其书面认可。委托人要求律师事务所交还受委托保管的委托人财物时，律师事务所应向委托人索取书面的接收财物的证明，并将委托保管协议及委托人提交的接收财物证明一同存档。律师事务所受委托保管委托人或第三人不断交付的资金或者其他财物时，律师应当及时书面告知委托人，即使委托人出具书面声明免除律师的及时告知义务，律师仍然应当定期向委托人发送保管财物清单。

📖 **拓展资料**

5.8【拓展阅读资料】

专题十九　律师尽职审查规范

知识概要

尽职审查义务是指律师需要具备作为法律人士的专业判断，出具法律意见时应当严格依法履行职责，保证其所出具意见的真实性、准确性、完整性。在申请公开发行股票、国有股权转让等法律业务中，律师出具的法律意见书是必备文件之一。因此，如果律师出具的法律意见不真实、不准确、不完整，可能会面临刑事处罚、行政责任和民事赔偿。

经典案例

案例 5.13　律师未履行尽职审查义务案（4 案）

一、基本案情

案例 5.13.1　律师事务所未尽职审查签约主体资质案

某律师事务所与某公司签订《委托代理协议》，委托事项为某公司委托某律师事务所与卖方进行柴油购销谈判。委托权限为合同的谈判、起草和签订及接受提单。后因卖方不具备销售柴油的主体资格，某公司遭受重大损失。某公司向某区人民法院起诉某律师事务所，要求其赔偿损失，一审和二审法院均支持了某公司的诉讼请求。

案例 5.13.2　律师未尽职审查贷款申请人资质案

柯律师原所在律师事务所和某银行签订《委托协议书》，柯律师作为银行的律师承担审查贷款申请人的各类证明的真实性、合法性、合规性等责任。某房地产开发有限公司法定代表人指使公司职员伪造收入证明、首付款证明，虚构商品房销售的事实，签订虚假买卖合同，骗取银行个人按揭贷款，造成银行贷款重大损失。

案例 5.13.3　律师未尽职审查基金从业人员资格案

2016 年 8 月 24 日及 9 月 7 日，投诉人以法律意见书严重失实、误导了投诉人等为由向北京市某区律师协会投诉北京市某律师事务所及该所负责人律师张某。区律协于 2017 年 2 月 22 日将案件初步审查意见报送至北京市律师协会。北京市律师协会认为，被投诉人张某在出具法律意见书时，对基金管理人的资格审查没有依行业规范尽到勤勉尽责的义务；对基金从业人员的资格审查没有依行业规范尽到审慎严谨的核查义务；对基金公司是否建立风控制度，没有依行业规范尽到审慎的核查和验证义务。被投诉人张某将未参与业务经办的律师列为经办律师并代其在法律意见书上签字。依据《律师执业行为规范（试行）》及《律师从事证券法律业务规范（试行）》第 5、17、30、46 条，《律师事务所从事证券法律业务管理办法》第 12、41 条，《北京市律师协会会员纪律处分规则》第 3、4、12 条的相关规定，北京市律师协会执业纪律与执业调处委员会给予该律师事务所、张某公开谴责的行业纪律处分。

案例 5.13.4　律师未尽职审查投资项目相关信息案

某省证监局经调查发现，某律师事务所在对某投资项目审查过程中，对其所依据的文件资料内容的真实性、准确性、完整性未审慎履行核查和验证义务；未将实地调查情况制作成笔录；存在内部风险控制机制执行不到位等问题。该局认为某律师事务所上述行为不符合《律师事务所证券法律业务执业规则（试行）》第 4、11、13、14、15、16、19、37 和 40 条的规定，违反了《律师事务所从事证券法律业务管理办法》第 12、13、14、15 和 17 条的规定。根据《律师事务所从事证券法律业务管理办法》第 31 条的规定，该局对某律师事务所采取出具警示函的监管措施，并建议某律师事务所应加强内部管理，建立健全质量控制制度，确保执业质量。

二、法律问题

律师、律师事务所未能履行尽职审查义务应当承担何种责任？

三、教学安排

（一）教学内容

本案例主要要求学生掌握律师的尽职审查义务。

（二）课堂安排

要求学生在课前进行阅读与学习，包括：①案例 5.13.1～5.13.4；②表

5.1"尽职审查义务"中的相关依据。授课教师介绍教学内容之后，组织学生围绕以上法律问题进行研讨与分析。

四、重点提示

根据《律师法》第 29 条的规定，律师担任法律顾问的，应当按照约定为委托人就有关法律问题提供意见，草拟、审查法律文书，代理参加诉讼、调解或者仲裁活动，办理委托的其他法律事务，维护委托人的合法权益。尽职审查义务是指律师需要具备作为法律人士的专业判断，出具法律意见时应当严格依法履行职责，保证其所出具意见的真实性、准确性、完整性。

在案例 5.13.1 中，某公司委托某律师事务所代理买卖合同的谈判、起草和签订等法律事务，委托合同中未写明对合同的相对方进行主体资格审查，并不要求律师对相对方的履约能力进行实体审查或者提供担保，但是要求律师履行作为法律专业人士应尽的基本职责。该律师事务所未尽职审查签约主体的资质属于未尽到委托代理人应尽的注意义务的行为，应当受到相应的行业纪律处分。在案例 5.13.2 中，律师没有尽到审慎的审查义务，出具虚假的法律意见，是银行遭受重大损失的原因之一。法院认定：律师在为银行个人住房贷款业务提供法律服务的过程中，在没有尽职调查某房地产项目个人住房贷款申请人资信的情况下，向银行出示法律意见书，证明贷款申请人具备偿还贷款的能力，符合申请贷款的条件。该律师对法律服务工作严重不负责任，造成了严重后果，其行为已构成出具证明文件重大失实罪。承办该案的律师也付出了巨大代价，不仅承担了刑事责任，而且也被吊销了律师执业证书。在案例 5.13.3 和案例5.13.4 中，律师如果出具的法律意见不真实、不准确、不完整，应当承担相应的法律责任，例如《律师协会会员违规行为处分规则（试行）》第 22 条第 4 项规定，律师因过错导致出具的法律意见书存在重大遗漏或者错误，给当事人或者第三人造成重大损失的，或者对社会公共利益造成危害的，应受到训诫、警告或者通报批评、公开谴责、中止会员权利 3 个月以上 1 年以下或取消会员资格的行业纪律处分。《律师事务所从事证券法律业务管理办法》第 12 条明确规定："律师事务所及其指派的律师从事证券法律业务，应当按照依法制定的业务规则，勤勉尽责，审慎履行核查和验证义务。律师进行核查和验证，可以采用面谈、书面审查、实地调查、查询和函证、计算、复核等方法。"第 31、37 条还规定了律师事务所不能履行勤勉义务的罚则。在中国证监会会同司法部公布的《律师事务所证券法律业务执业规则（试行）》和《律师事务所证券投资基金法律业务执业细则（试行）》中，一是明确规定工作底稿是判断律师工作是否已经勤勉尽责的重要证据，中国证监会及其派出机构可根据工作需要调阅、检查工作底稿；二是要求工作底稿应当全面记录律师承担项目的基本情况；三是规定工作底稿内容应当真实、完整、记录清晰，标明目录索引和页码，由律师签名，并加盖律师事务所公章。

◈ 拓展资料

5.9【拓展阅读资料】

专题二十　禁止律师牟取当事人争议权益规范

◈ 知识概要

一、禁止侵害委托人利益义务

《律师法》第 40 条第 3 项规定，律师在执业活动中不得有"接受对方当事人的财物或者其他利益，与对方当事人或者第三人恶意串通，侵害委托人的权益"的行为。《律师和律师事务所违法行为处罚办法》第 18 条将律师"接受对方当事人财物或者其他利益，与对方当事人或者第三人恶意串通，侵害委托人权益的"违法行为具体界定为：①向对方当事人或者第三人提供不利于委托人的信息或者证据材料的；②与对方当事人或者第三人恶意串通、暗中配合，妨碍委托人合法行使权利的；③接受对方当事人财物或者其他利益，故意延误、懈怠或者不依法履行代理、辩护职责，给委托人及委托事项的办理造成不利影响和损失的。律师违反上述规定的，依据《律师法》第 49

条给予行政处罚。

二、禁止牟取委托人权益义务

律师执业的首要职责是维护当事人的合法权益，律师在法律服务中非法牟取当事人利益的行为会损害律师职业的专业性、正当性，侵害当事人的权益，失去当事人的信任，贬低律师品格。《律师法》第40条第2项规定：律师在执业活动中不得有利用提供法律服务的便利牟取当事人争议的权益的行为。《律师和律师事务所违法行为处罚办法》第12条规定，"利用提供法律服务的便利牟取当事人争议的权益"的违法行为具体包括：①采用诱导、欺骗、胁迫、敲诈等手段获取当事人与他人争议的财物、权益的；②指使、诱导当事人将争议的财物、权益转让、出售、租赁给他人，并从中获取利益的。律师有上述行为的，由省、自治区、直辖市及设区的市律师协会给予训诫、通报批评、公开谴责。律师违反上述规定的，依据《律师法》第48条给予行政处罚。《律师执业行为规范（试行）》第46条和第47条就禁止律师牟取当事人权益作了具体规定。

📚 经典案例

案例5.14 律师利用提供法律服务的便利牟取
当事人争议的权益案（3案）

一、基本案情

案例5.14.1 律师利用提供法律服务的便利牟取当事人争议的权益案（一）

王某在福建某律师事务所执业期间，当事人黄某（债权人）因与秦某（债务人）不当得利纠纷一案，找到王某进行法律咨询。王某未经律师事务所统一办理委托手续，而是以其妻（协议乙方）的名义与黄某（协议甲方）签订债权转让协议，约定："甲方自愿将条款中的债权即要求债务人返还甲方400万元及债务人占用该款期间的利息之不当得利，全部转让给乙方；应返还给甲方的不当得利即为本协议债权（以下简称'债权'）"；"债权转让价为乙方对债权实现收款额的70%，在乙方实现债权收款后的5日内支付，分批收款时分批支付转让价"。王某之妻向区法院起诉他人不当得利，王某以公民身份担任其委托诉讼代理人参加诉讼。在秦某投诉后，王某主动与黄某协商解除债权转让协议，并将债权转让通知书邮寄给投诉人秦某（债务人）。

市司法局认为，王某的行为属于利用提供法律服务的便利牟取当事人争议的权益，且涉案金额为 400 万元，达到了争议标的的 30%，属于《律师和律师事务所违法行为处罚办法》第 39 条第 3 项规定的"违法涉案金额巨大"的情形，应当在法定的行政处罚种类及幅度的范围内对其从重处罚。但王某的违法行为尚未造成实际危害结果，且其被投诉后能主动协调解除债权转让协议，属于《行政处罚法》第 27 条第 1 项规定的"主动消除或者减轻违法行为危害后果"的情形，应当依法从轻或者减轻行政处罚。最终，市司法局决定给予王某停止执业 3 个月的行政处罚。[1]

案例 5.14.2　律师利用提供法律服务的便利牟取当事人争议的权益案（二）

李某系浙江某律师事务所律师，在王某诉吴某等人道路交通事故人身损害赔偿纠纷一案中担任原告王某的诉讼代理人。该案经区法院调解结案，被告方向原告王某支付赔偿款 107 754.4 元，区法院退还多余诉讼费 3338.5 元。前述两笔款项均由李某代收代管。但李某未及时向王某移交，而是私自挪用。后经过王某催讨，李某出具承诺还款及利息欠条 1 份并分 2 次归还部分款项，余款 10 593 元（包括李某在欠条中承诺的利息）仍未归还。在王某向区司法局投诉后，经区司法局责令，王某将余款退还完毕。

区司法局认为，李某的行为属于利用提供法律服务的便利牟取当事人争议的权益，并且经过当事人多次催讨仅偿还部分款项，直至当事人向区司法局投诉后，并在区司法局责令其归还挪用款项的情形下，李某才最终向当事人全额归还全部挪用款。鉴于挪用款为未成年人交通事故赔偿金，李某挪用款项的行为损害了弱势群体权益，性质较为恶劣。另外，李某作为该律所的负责人对律所人员、收费管理混乱负有不可推卸的管理责任。另李某积极配合司法行政机关的调查处理工作，认错态度较好，市司法局经局长办公会研究，决定给予李某停止执业 3 个月的行政处罚。[2]

案例 5.14.3　律师利用提供法律服务的便利牟取当事人争议的权益案（三）

某公司（甲方）与某律所（乙方）签订《维权打假协议》，该协议约定：

---

〔1〕　泉州市司法局泉司罚书字〔2017〕第 1 号行政处罚决定书。
〔2〕　温州市司法局温司罚决字〔2018〕第 1 号行政处罚决定书。

甲方就其著作权或相关权利的维权事宜，委托乙方律师担任代理人进行维权打假。乙方从事维权打假业务，采取风险代理形式，打假案件的所有费用由乙方自行承担，打假收益将按甲方占30%、乙方（含出资方）共占70%的比例每笔分配计取。就某公司与某律所之间的委托合同纠纷，审理本案的法院认为："维权打假"的诉讼是当事人因其合法权益受到侵害而依照我国法律法规提起，法律支持的是其因侵害行为而遭受的损失，而非"维权打假"而产生的收益；再者，我国《律师法》亦明确规定：律师事务所不得从事法律服务以外的经营活动。某律所作为委托代理关系的受托人，应当运用本身的法律专业知识维护委托人的合法权益，并基于双方的委托代理关系取得收益，该收益亦应符合有关法律法规，而非从"打假收益"中获得收益。另外，某律所一直强调其"全风险代理"，打假费用由律所承担，亦有违律师在执业活动中不得有利用提供法律服务的便利牟取当事人争议的权益行为的规定。综上，合同中"打假收益"按某律所占70%、某公司占30%的比例每笔分配计取的约定有悖于法律规定，该条款依法无效。[1]

二、法律问题

1. 为什么禁止律师利用提供法律服务的便利牟取当事人争议的权益？
2. 如何处理律师风险代理收费与禁止牟取委托人权益之间的关系？

三、教学安排

（一）教学内容
本案例主要要求学生掌握律师的禁止牟取委托人权益义务。
（二）课堂安排
要求学生在课前进行阅读与学习，包括：①案例5.14.1～5.14.3；②表5.1"禁止牟取委托人权益义务"中的相关依据。授课教师介绍教学内容之后，组织学生围绕以上法律问题进行研讨与分析。

四、重点提示

1. 律师执业的首要职责是维护当事人的合法权益，如果律师利用该便利

---

〔1〕 广东省广州市中级人民法院〔2009〕穗中法民二终字第401号民事判决书。

为自己牟利，必然会侵害当事人的权益，必将失去当事人对于律师以及律师行业的信任。在法律服务实践中，不少律师禁不住利益的诱惑，利用职务之便，侵害委托人的合法利益。律师不能收买他人贷款、交易，从而成为当事人。"律师当事人化"会损害律师职业的专业性、正当性，侵害当事人的权益，使律师失去当事人的信任，贬低律师品格。

2. 律师可以以"风险代理"的方式收取律师费。但是，律师"风险代理"应严格遵守《律师服务收费管理办法》的规定：办理涉及财产关系的民事案件时，委托人被告知政府指导价后仍要求实行风险代理的，律师事务所可以实行风险代理收费，但下列情形除外：婚姻、继承案件；请求给予社会保险待遇或者最低生活保障待遇的；请求给付赡养费、抚养费、扶养费、抚恤金、救济金、工伤赔偿的；请求支付劳动报酬的等。禁止刑事诉讼案件、行政诉讼案件、国家赔偿案件以及群体性诉讼案件实行风险代理收费。实行风险代理收费，律师事务所应当与委托人签订风险代理收费合同，约定双方应承担的风险责任、收费方式、收费数额或比例。实行风险代理收费，最高收费金额不得高于收费合同约定标的额的30%。

拓展资料

5.10【拓展阅读资料】

专题二十一　律师解除、终止委托代理规范

知识概要

律师在接受委托人的委托后，出现法定事项或者委托合同约定的事项，律师可以终止与委托人的关系。实践中，律师与委托人关系的终止主要有四种情形：①委托合同因办理终结而自然终止，即委托事项办理完毕，双方委

托代理关系即自然终止。②委托人解除委托关系。根据《合同法》《律师法》的规定，在委托人与律师委托关系中，委托人可以随时行使合同解除权来解除委托代理关系。但是，如委托人单方解除委托关系，并且律师已经提供了相应法律服务的，委托人应该向律师支付相应的报酬。这既保护了律师的执业权利，也防止委托人滥用解除权。③法定终止委托关系，即在法律规定的情形下，律师与委托人的关系终止，包括律师受到吊销执业证书或者停止执业处罚的，经过协商，委托人不同意更换律师的；当发现有《律师执业行为规范（试行）》第51条规定的利益冲突情形的；受委托律师因健康状况不适合继续履行委托协议的，经过协商，委托人不同意更换律师的；继续履行委托协议违反法律、法规、规章或者《律师执业行为规范（试行）》的。④法定解除委托关系。有下列情形之一，经提示委托人仍不纠正的，律师事务所可以解除委托协议：委托人利用律师提供的法律服务从事违法犯罪活动的；委托人要求律师完成无法实现或者不合理的目标的；委托人没有履行委托合同义务的；在事先无法预见的前提下，律师向委托人提供法律服务将会给律师带来不合理的费用负担，或给律师造成难以承受的、不合理的困难的；其他合法的理由的。

律师事务所依照上述法定情形终止代理或者解除委托的、委托人与律师事务所协商解除协议的、委托人单方终止委托代理协议的，律师事务所有权收取已提供服务部分的费用。此外，律师事务所与委托人解除委托关系后，应当退还当事人提供的资料原件、物证原物、视听资料底版等证据，但可以保留复印件存档。此外，律师不能为阻挠当事人解除委托关系，威胁、恐吓当事人或者扣留当事人提供的材料。

◈ 经典案例

案例5.15　解除委托代理关系案（3案）

一、基本案情

案例5.15.1　因承办律师离世引发解除委托代理关系纠纷

原告北京某公司与被告某律师事务所签订委托代理合同，被告指派唐律师代理原告与北京某公司就承揽合同纠纷案进行诉讼，原告支付全部代理费。

诉讼期间，唐律师不幸去世，但被告未能及时与原告沟通，原告多次要求被告就代理事项进行协商，就代理费有一个合理的解决方法，但被告始终没有明确答复。原告认为被告在接受委托后严重不负责任，已构成根本违约，故起诉要求解除双方的委托代理关系，判令被告返还代理费并承担本案诉讼费。审理本案的法院认为，原、被告之间形成了委托合同关系，双方均应严格按合同约定履行各自的义务。原告在合同签订后依约向被告支付了全部代理费，被告亦指派该所的唐律师参加案件庭审，后唐律师去世。庭审中，原告承认拒绝被告更换代理律师，并提出解除代理关系。鉴于被告同意解除委托代理关系，法院对此予以准许。[1]

案例 5.15.2　因承办律师转所引发解除委托代理关系纠纷

张某因与浙江某公司发生借款纠纷，与某律师事务所签订《聘请律师合同》，某律所指派两名律师全权代理诉讼事宜。在诉讼期间，两位律师转所导致张某和某律所产生矛盾，张某致函某律所通知解除合同。某律所将张某告上法庭追讨违约金。

法院对此作出判决，驳回了律师事务所的诉讼请求。法院认为，首先，原告在两名律师至新所工作后，向被告进行了告知，并提议由新所取代原告继续提供法律服务，原合同条款不变，但被告未予同意。这说明原、被告双方并未就合同主体变更事项达成一致意见，被告也未同意由新所提供后续法律服务。其次，在一审诉讼中，原告向法院提交的委托书中并未有"转委托"的特别授权，在案件审理过程中，原告始终也没有向法院提交过转委托的材料。这说明原告没有得到过转委托的代理权限；在被告向原告提出解除本案系争合同前，原告也从未行使过转委托的权利，所以原告转委托新所为被告提供法律服务的主张不能成立。综上，法院认为，原告的指派律师至新所工作后，原告未继续为被告提供法律服务，原告也没有证据证明被告同意由新所代原告履行双方之间的合同义务。在原告不再继续为被告提供法律服务的情况下，被告有权解除合同，提前终止双方的合同关系，对此被告不构成违约，无须承担合同约定的违约责任。

案例 5.15.3　因委托事项违法引发解除委托代理关系纠纷

某律师事务所与肖某签订《委托代理合同》，双方约定："第二条（1）以

---

〔1〕　北京市东城区人民法院〔2009〕东民初字第 2450 号民事判决书。

发内参等方式向各级领导反映情况过程中的法律事务；（2）以甲方代理人身份协调公安部办理此案过程中的法律事务。""第五条在第一项事务见效后开始代理业务并付代理费余款 20 万元，在该案得到国家领导人（常委一级）有效批示后开展第二项事务时支付 300 万元综合费用，该费用的结算方式届时另议。""第六条有关办案费用由甲方另行承担，在办理委托手续时预交 3 万元，按包干使用，不退不补。"同时注明："系发机要内参的有关费用，因属转交，不开发票。"

二、法律问题

律师、律师事务所在什么情况下可以解除委托代理关系？

三、教学安排

（一）教学内容

本案例主要要求学生掌握律师规范解除、终止委托关系义务。

（二）课堂安排

要求学生在课前进行阅读与学习，包括：①案例 5.15.1～5.15.3；②表 5.1 "规范解除、终止委托关系义务"中的相关依据。授课教师介绍教学内容之后，组织学生围绕以上法律问题进行研讨与分析。

四、重点提示

律师不得接受委托人提出的非法要求，在法定情形下可以拒绝辩护或者代理。《律师法》第 32 条第 2 款规定："律师接受委托后，无正当理由的，不得拒绝辩护或代理。但是委托事项违法、委托人利用律师提供的服务从事违法活动或者委托人故意隐瞒与案件有关的重要事实的，律师有权拒绝辩护或者代理。"律师不得在明知委托人的要求和行为是非法的、不道德的或具有欺诈性的情况下，仍然为其提供帮助。有些律师认为，律师收人钱财就得为当事人办事，对当事人不合法的要求也予以满足。无原则迁就委托人的个人利益，或者为迎合委托人的不正当要求曲解法律，或者授意委托人规避法律，这都是违反职业道德的。律师提供有偿的法律服务，但不意味着律师对当事人要唯命是从，甚至答应当事人非法的要求。委托人拟委托事项或者要求属于法律或者律师执业规范所禁止时，律师应当告知委托人，并提出修改建议或者予以拒绝。在案例5.15.3中，某律师事务所及律师应当严格依据《律师法》的规定从事律师业务，律师可以代书或者代理当事人向有关部门反映问题或者配合有关部门查明事实，但《委托代理合同》的约定事项明显与律师执业范畴相悖，并且还严重违反律师事务所统一收案、统一收费的规定。最终，某律师协会对该律师事务所及律师作出了给予公开谴责的行业纪律处分，并建议移送司法行政机关予以相应的行政处罚。

◈ 拓展资料

5.11【拓展阅读资料】

专题二十二　律师保密义务规范

◈ 知识概要

　　律师履行诚信义务也需要保守职业的秘密。当事人与律师商谈时，律师往往要求委托人说出与案件有关的全部真实情况，无论该真实情况多么无耻或者涉及刑事犯罪，都应当陈述清楚，以便律师在获取真实可靠情况的基础上进行正确的法律分析和判断。如果律师不能保守当事人的秘密，当事人就可能向律师隐瞒情况，律师与当事人之间的信任关系就无法建立，律师就无法发挥作用。律师泄露当事人的个人隐私或商业秘密的行为既损害当事人的合法利益，违背了律师的职责，也是对整个社会诚信的挑战与破坏。因此，《律师法》第38条规定："律师应当保守在执业活动中知悉的国家秘密、商业秘密，不得泄露当事人的隐私。律师对在执业活动中知悉的委托人和其他人不愿泄露的有关情况和信息，应当予以保密。但是，委托人或者其他人准备或者正在实施危害国家安全、公共安全以及严重危害他人人身安全的犯罪事实和信息除外。"

📚 经典案例

案例5.16　律师涉嫌不当披露案情案

一、基本案情

李某某等5人涉嫌强奸案，其中，4人为未成年犯罪，该案属于不公开审理案件范畴。[1]2013年9月5日起，王某的辩护人律师周某在其微博、博客上发布当事人的通讯内容、会见笔录、侦查卷中警方拍摄的现场图片、律师现场勘验报告，用文字形式披露有关辩护人的辩护内容、鉴定结论等信息。

2013年12月2日，北京市律师协会执业纪律与执业调处委员会正式立案调查李某某等人强奸案中，周某等6名律师涉嫌违反律师执业规范的行为。北京律师协会执业纪律与执业调处委员会认为，对于不公开审理的案件，律师不得向出庭人员以外的人员公开庭审情况。周某作为辩护人，将庭审情况以微博、博客和向媒体披露的方式公之于众，属于不当披露案情的行为。周某公开发布的有关妇科检查的材料，泄露了当事人隐私，也不当披露了案情，其公开发布的鉴定结论、监控视频、警方照片等，均属于案件证据。周某将案件证据公开发布，并且对案件证据、其他辩护人的意见进行分析、评价等行为，违反了《刑事诉讼法》不公开审理的诉讼制度，且构成了《律师协会会员违规行为处分规则（试行）》中"泄露当事人个人隐私"的违规行为。北京市律师协会执业纪律与执业调处委员会决定，给予周某公开谴责的行业纪律处分，并建议司法行政机关给予相应的行政处罚。2014年1月27日，周某就该行业纪律处分提交复查申请书。2014年4月14日，北京市律师协会律师处分复查委员会经复查认为，对周某所作的处分决定并无不当，维持原处分。[2]

二、法律问题

律师、律师事务所为何应当承担保密义务？

---

〔1〕　"律协立案查李某某律师'大嘴'"，载《新京报》2013年12月3日，第A15版。
〔2〕　"李某某案—律师被公开谴责"，载《新京报》2014年4月18日，第A15版。

三、教学安排

（一）教学内容

本案例主要要求学生掌握律师的保守秘密义务。

（二）课堂安排

要求学生在课前进行阅读与学习，包括：①案例 5.16；②表 5.1 "保守秘密义务"中的相关依据。授课教师介绍教学内容之后，组织学生围绕以上法律问题进行研讨与分析。

四、重点提示

保守职业秘密是对律师的重要规范要求，也是律师职业伦理规范的重要组成部分。当事人与律师商谈时，律师往往要求委托人说出与案件有关的全部真实情况，无论该真实情况多么无耻或者涉及刑事犯罪，都应当陈述清楚，以便律师在获取真实可靠情况的基础上进行正确的法律分析和判断。如果律师不能保守当事人的秘密，当事人就可能向律师隐瞒情况，律师与当事人之间的信任关系就无法建立，律师就无法发挥作用。在律师泄露当事人个人隐私或商业秘密的实践中，有些律师为获取非法利益，将当事人或委托人的商业秘密和个人隐私与第三方进行交易，甚至与对方当事人进行勾结串通。这种行为既损害了当事人的合法利益，违背了律师的职责，也是对整个社会诚信的挑战与破坏。

案例 5.17　快乐湖尸案

一、基本案情

1973 年夏天，美国两名律师法兰西斯·贝尔格（Francis Belge）和富兰克·阿玛尼（Frank Armani）共同为谋杀嫌疑犯罗伯特·格鲁（Robert Garrow）辩护。罗伯特·格鲁被指控在露营中谋杀了菲力普·敦布普斯基（Philip Domblewski）并埋尸于树下。罗伯特·格鲁向律师承认他除了杀害菲力普·敦布普斯基之外，还杀害了另外两名女性并抛尸。两名律师在罗伯特·格鲁指认的地点找到了相关证据，确认了这两起谋杀案。两位律师对此情况只字未予透露。即使当两名受害女性之一的父亲请求两位律师告知其女儿失踪情况时，两名律师仍未予透露。罗伯特·格鲁最终在法庭上证实了这两件未提起指控的谋杀后，这两名律师才公开承认他们早已知道该情况并知道抛尸地点。这就是美国律师界著名的"快乐湖尸案"。

罗伯特·格鲁 1978 年越狱时被警察击毙，媒体对他没有表示任何怜悯。同样，两位律师在媒体界获得的评价也不比他们的当事人好，法律界之外的公众则唾骂他们这种隐瞒真相的行为。他们甚至因收到过死亡威胁信，而不得不搬家。法兰西斯·贝尔格最后完全放弃了从事法律职业，富兰克·阿玛尼则慢慢地重新振作。

大陪审团对他们二人展开了调查，并最终对法兰西斯·贝尔格提出指控。因为他独自发现其中一具尸体，并移动了其位置，以获得更好的照片拍摄位置，他被指控发现尸体未报告及未体面地埋葬尸体。但两位律师赢得了律师界的广泛支持。两位律师坚持认为，保守当事人秘密的职责要求他们保持沉默。初审法院法官于 1975 年撤销了对法兰西斯·贝尔格的指控，他对法兰西斯·贝尔格热忱维护委托人权利的行为大加称赞。其中一位遇害女性的家属向州律协惩戒官员提出了对两名律师的申诉，经过四年的审理，该申请最终被驳回。纽约州律协职业道德委员会在裁决中表示，保守当事人秘密有助于律师更好地代理委托事项，因为这种代理需要全面了解委托人的相关事实，即使该事实涉及之前的犯罪行为。[1]

二、法律问题

律师保守职业秘密需不需要承担法律责任？

三、教学安排

（一）教学内容

本案例主要要求学生掌握律师的保守秘密义务。

（二）课堂安排

要求学生在课前进行阅读与学习，包括：①案例 5.17；②表 5.1 "保守

---

〔1〕　邹淑环："中国律师应如何应对'快乐湖尸案'"，载《法制与经济（下旬）》2011 年第 5 期。关于本案详情可以参见张勇：《律师职业道德》，法律出版社 2015 年版，第 88~105 页。

秘密义务"中的相关依据。授课教师介绍教学内容之后，组织学生围绕以上法律问题进行研讨与分析。

四、重点提示

该案被法律职业伦理学者称为"美国律师职业伦理第一案"。两位律师坚持认为，保守当事人秘密的职责要求他们保持沉默。而另一方面，公众则唾骂他们这种隐瞒真相的行为，谴责不良律师包庇杀人犯，要求取消他们的律师资格。他们甚至因死亡威胁信和恐吓电话不断，而不得不搬家。亲朋好友疏远了他们，律师业务一降到底。阿玛尼母亲责备阿玛尼："为何要为连环杀手保密，你是不是疯了？"他解释道："律师同神父类似，神父能泄露信徒的忏悔吗？"母亲驳斥："你可不是神父！"

法律职业伦理专家门罗则主张："如果律师被要求泄露严重罪行，那么保守秘密的义务就会被毁灭，一同被毁灭的，还有对抗制本身。"在法庭上，贝尔格直言不讳："我认为律师的职业责任是——在立场上与当事人的利益保持一致。我很自豪，我对格鲁保持了忠诚。"如果说士兵临阵脱逃是耻辱的话，辩护律师出卖当事人则更令人不齿。根据《美国宪法（第五修正案）》，公民有免于自证其罪的权利。如果允许律师泄露当事人的秘密，无异于公民以放弃免于自证其罪的权利，来换取获得律师辩护的权利。而律师的职业道德必须同当事人的道德区分开来，要不然外科医生只有在拿到病人品德良好的官方证明后，才能为他接上断肢。

1978 年，格鲁越狱时被警察击毙，媒体对他没有表示任何怜悯。贝尔格后来完全放弃法律职业，并于 1989 年去世。重回老本行的阿玛尼，只拿到纽约州给本案公共辩护人的微薄报酬。2007 年，美国律师全国职业责任会议召开"快乐湖尸案"30 周年纪念会，美国律师界的英雄阿玛尼现身会场，全体律师起立鼓掌。"快乐湖尸案"是律师面对道德困境的最佳例证。无数的美国法学评论文章、书籍及法院意见对此加以讨论。阿玛尼后来与他人合著《特权信息》，1987 年他和贝尔格的故事被改编为电影《发誓沉默》。雷曼教授将阿玛尼比作《杀死一只知更鸟》中的小镇律师芬奇，"不同的是，阿玛尼是一个真实的人，芬奇则是虚构的"。法律职业伦理专家摩根认为，阿玛尼在某种程度上是一个英雄人物，因为他面临着各种艰难的抉择，并最终作出了正确的决定，"该案并不是给历史做的一个有趣脚注，而是在发展和理解何为律师命题中的核心案例"。

1983 年，美国律师协会制定职业伦理规则：允许律师披露委托人的秘密，"以阻止委托人实施律师认为有可能导致迫在眉睫的死亡或重大伤害的犯罪行为"。2002 年修订版则改为：允许律师披露委托人的秘密信息，"以阻止合理的死亡和重大伤害"。

拓展资料

5.12【拓展阅读资料】

专题二十三　律师尽责代理规范

知识概要

与律师的忠实义务、诚实义务密切相关的是尽责代理义务。尽责代理义务要求律师在与委托人建立委托关系之后，有义务称职地代表委托人完成法律服务，尽职地、勤勉地、有效率地为委托人提供有质量的服务，服务的质量应与律师所预期的一个称职律师在类似情形下提供法律服务的质量相当。这项义务就是律师的勤勉义务，又称热忱义务。

勤勉义务表现为律师为当事人利益的付出、贡献。勤勉的伦理规范反映在律师执业中，反映了律师负有"为当事人利益而全力以赴"的责任。必须指出的是，律师要热忱、勤勉地为当事人服务，必须是在法律框架内，采用法律和纪律规定所允许的方式进行代理。根据《律师执业管理办法》第 32 条第 1 款和《律师执业行为规范（试行）》第 7 条的规定，律师应当自觉按照职业伦理的要求，充分运用自己的法律专业知识和技能，处理好受委托的法律事务。律师应忠诚于委托人，热情提供服务；勤奋工作，恪尽职守，及时地、准确地、保证质量地完成工作。

经典案例

案例5.18　律师未尽责代理案（3案）

一、基本案情

案例5.18.1　律师未提供完善法律服务案

瞿甲于2017年3月3日死亡，生前未婚，无子女。2017年2月28日，瞿甲委托上海某律师事务所订立代书遗嘱，言明："在我百年后，将我拥有的上海市某房屋产权，给我的弟弟瞿乙和妹妹瞿丙两个人继承，每人各继承一半。""立遗嘱人"处由某律师代瞿甲签字，注明"某律师（代签）"，并由瞿甲捺印。代书人为该所某律师，见证人为该所其他两位律师。同日，该律师事务所对该份遗嘱出具律师见证书。瞿甲支付律师见证费6000元。

2017年5月，瞿乙、瞿丙以遗嘱继承纠纷为由起诉案外人，要求按照遗嘱由瞿乙、瞿丙各半继承瞿甲名下的房屋产权。法院审理认为，系争遗嘱并非代书人在遗嘱人口述遗嘱内容时的当场记录，而是代书人根据自己的记忆在事后整理的版本，整理过程中也没有遗嘱人口述时的谈话笔录、录音录像等资料可供参考，并不符合时空一致性的要求，无法证明遗嘱系遗嘱人的真实意思表示，且遗嘱应由遗嘱人签名确认，原告瞿乙、瞿丙均未提供遗嘱人立遗嘱时无法握笔的证据，故遗嘱人仅在遗嘱上捺印并不符合代书遗嘱的形式要求，最终法院认定，2017年2月28日瞿甲的遗嘱无效，涉案房屋产权由瞿乙、瞿丙等5人按份共有，各占20%产权份额。

后瞿乙、瞿丙向法院起诉，要求判令上海某律师事务所赔偿经济损失1 200 000元。法院审理认为，律师是依法取得律师执业证书，接受委托或者指定，为当事人提供法律服务的执业人员。律师事务所是律师的执业机构。律师担任诉讼法律事务代理人或者非诉讼法律事务代理人的，应当在受委托的权限内，维护委托人的合法权益。瞿乙、瞿丙之兄瞿甲生前委托上海某律师事务所代书并见证遗嘱，目的是通过熟悉法律事务的专业人员提供法律服务，使其所立遗嘱具有法律效力。作为专门从事法律服务的机构，上海某律师事务所应当明知瞿甲的这一签约目的，在收取对价后，有义务为瞿甲提供完善的法律服务，以维护委托人的合法权益。但在代书遗嘱过程中，遗嘱人口述遗嘱内容时，上海某律师事务所指派的两位律师既没有做谈话笔录，也没有录音录像，而是回到律师事务所后仅凭自己的记忆整理出遗嘱版本，致使代书遗嘱因不符合时空一致性的要求，无法证明遗嘱系遗嘱人的真实意思表示，而被人民法院生效判决确认为无效，瞿甲名下的房屋按法定继承处理。《律师法》第 54 条规定，律师违法执业或者因过错给当事人造成损失的，由其所在的律师事务所承担赔偿责任。律师事务所赔偿后，可以向有故意或者重大过失行为的律师追偿。瞿甲立遗嘱行为的本意，是要将遗嘱中所指的财产交由瞿乙、瞿丙继承。现瞿乙、瞿丙不能按遗嘱继承瞿甲遗产的根本原因，是上海某律师事务所没有给瞿甲提供完善的法律服务，以致瞿甲立下了无效遗嘱。上海某律师事务所律师在履行自己职责中的过错，侵害了瞿乙、瞿丙依遗嘱继承瞿甲遗产的权利，由此给瞿乙、瞿丙造成损失，应当承担赔偿责任。至于赔偿范围，应以瞿乙、瞿丙因遗嘱被生效判决确认为无效而被减少的继承份额为限。因此，法院判决：上海某律师事务所应于判决生效之日起 10 日内赔偿瞿乙、瞿丙经济损失 1 188 000 元。案件受理费 15 600 元、评估费 6638 元，由上海某律师事务所负担。[1]

案例 5.18.2　律师未审慎审阅合同、擅自修改委托事项案

广东某律师事务所律师陈某在代理当事人与市政府违法征地拆迁纠纷一案中，耽误了当事人 3 年的时间，使案件超过了诉讼时效。当事人要求陈某返还律师费并赔偿其损失。珠海市律师协会立案后展开调查，委派专人查阅了案卷材料，并向投诉人和被投诉人了解情况，认定陈某在签署提供的格式《委托代理合同》时未谨慎审核，导致约定不明；在签订《授权委托书》后，又擅自修改委托事项。这些行为违反了《律师执业行为规范（试行）》第 6 条"恪守律师执业道德"及第 7 条"律师应当诚实守信、勤勉尽责，依据事实和法律，维护当事人合法权益，维护法律正确实施，维护社会公平和正义"的基本行为规范，珠海市律师协会决定给予陈某公开谴责的处分。

案例 5.18.3　律师擅自决定不申请鉴定、未告知当事人案

河北某律师事务所律师王某未经委托人同意，擅自决定不申请医疗事故

---

〔1〕　上海市第二中级人民法院（2018）沪 02 民终第 10369 号民事判决书。

鉴定导致败诉,其收到一审判决后未及时通知委托人导致委托人丧失上诉机会。市律师协会根据《律师协会会员违规行为处分规则(试行)》第22条第2项的规定,给予王某中止会员权利3个月的行业纪律处分。

二、法律问题

律师、律师事务所应当如何承担尽责代理义务?

三、教学安排

(一)教学内容

本案例主要要求学生掌握律师的尽责代理义务。

(二)课堂安排

要求学生在课前进行阅读与学习,包括:①案例5.18.1～5.18.3;②表5.1"尽责代理义务"中的相关依据。授课教师介绍教学内容之后,组织学生围绕以上法律问题进行研讨与分析。

四、重点提示

与律师的真实义务、诚实义务密切相关,律师需要"为其当事人利益而全力以赴、保持热忱以维护当事人的权利并最大限度发挥律师的能力和学识"。[1]这项义务就是律师的勤勉义务,又称热忱义务。《律师执业行为规范(试行)》第37条规定:"律师与所任职律师事务所有权根据法律规定、公平正义及律师执业道德标准,选择实现委托人或者当事人目的的方案。"勤勉尽责,要求律师在代表委托人的利益处理法律事务时,必须采取一切合法的、合乎道德的方法维护委托人的合法权益,必须尽最大的努力、以最高的效率、最谨慎、最认真的态度为当事人的利益工作,使得每一项法律事务都能得到完美的处理,当事人的利益得到全面维护。

勤勉义务表现为律师为当事人利益的付出、贡献。勤勉尽责就是律师要积极、认真、一丝不苟地对待自己所从事的工作。勤勉的伦理规范反映在律师执业活动中,是律师负有"为当事人利益而全力以赴"的责任。必须指出

---

〔1〕 ABA Canons of Professional Ethics 15 (1908).

的是，律师要热忱、勤勉地为当事人服务，必须是在法律框架内，采用法律和纪律规定所允许的方式进行代理。律师勤勉义务的实质是律师在执业活动中的注意义务。但是不同于一般人的注意义务，律师勤勉义务是一种职业责任，也是一种专家责任，该行业普通专业人员通常能够达到的水平，是律师中一般成员通常的注意程度，即"中等标准"。判断是否违反勤勉义务，可以参考英国判例中关于专业注意标准的"Bolam 原则"：一个专业人员负有以合理的谨慎和技巧从业的义务，他的注意和技巧应该达到同一领域的普通专业人员能达到的标准。[1]

《律师执业行为规范（试行）》第 7 条规定："律师应当诚实守信、勤勉尽责，依据事实和法律，维护当事人合法权益，维护法律正确实施，维护社会公平和正义。"勤勉义务要求律师时时自觉按照职业道德的要求，充分运用自己的法律专业知识和技能，处理好受委托的法律事务。律师应忠诚于委托人，热情提供服务；勤奋工作，恪尽职守，及时地、准确地、保证质量地完成工作。目前我国主要是在部门规章和行业组织规定中对于勤勉尽责作出了一般性的规定。在部分专业领域中，司法部联合有关部门专门作出规定。例如中国证券监督管理委员会、司法部 2007 年发布了《律师事务所从事证券法律业务管理办法》。

拓展资料

5.13【拓展阅读资料】

---

〔1〕　John L. Pwell & Q. C. Professional and Client, The Duty of Care, *Wrongs and Remedies in the Twenty-first Century*, edited by Peter Birks, Clarendon Press, Oxford, 1996, p. 47. 转引自蒋信伟：《律师职业操守和执业行为规范》，法律出版社 2014 年版，第 53 页。

| 第六章 |

律师与裁判机关关系规范

📖 本章知识概要

一、律师参与诉讼、仲裁规范的基本原则

司法权威是司法制度良好运行的基础与前提。司法权威是国家权威的重要组成部分，是司法机关应当享有的威信和公信力，是司法机关通过公正司法活动严格执行宪法和法律，形成命令和服从关系，具有的使人信服的力量和威望。司法权威的内涵主要包括两个方面：一是司法应当具有至上的地位，即在法治国家，司法应对法律纠纷解决具有终局裁判权。二是司法应受到绝对尊重，即一方面国家应受公正有效的司法保护的约束；另一方面公众对司法裁判结果的普遍遵从是司法权威的基本要义。司法权威来源于公众对司法的信任与认同，司法权威需要法律信仰的支持和维护。律师对法官的尊重程度，表明一个国家法治的发达程度；而法官对律师的尊重程度，则表明这个社会的公正程度。[1]

诉讼业务作为律师的主要业务，决定了律师在执业过程中，必然与法官等进行法律上必要的交流与沟通。处理好律师与法官之间的关系，一方面能够保证律师、法官工作的独立性和公正性，另一方面能够切实保障律师与法官交流的正当性和合法性。现实中，个别律师与法官相互交往过密，法官与律师之间的关系非正常化，主要表现为：法官私下接触、会见律师，为律师介绍代理、辩护等法律业务，向律师泄露案情或为律师打听案情，向律

---

〔1〕 任重远："邹碧华的司法遗产"，载《南方周末》2015 年 1 月 15 日，第 A7 版。

"借用"交通工具，接受律师的吃请或由其支付的高档娱乐消费，到律师处报销应当由自己支付的各种费用等。这种法官与律师之间不正常的关系现象，也就是通常所折射出的"三同"（同吃、同住、同行）和"三案"（关系案、人情案、金钱案）现象。[1]因此，"律师必须陈述事实，必须在法律界限内执业，并且对法庭诚实和尊重"。[2]

二、律师参与诉讼、仲裁规范的主要依据

在我国，关于律师与法官之间关系的行为规范，集中于《律师法》《法官法》，最高人民法院发布的《法官职业道德基本准则》《法官行为规范》《人民法院工作人员处分条例》，最高人民检察院发布的《检察官职业道德基本准则》《检察官职业行为基本规范（试行）》《检察人员纪律处分条例》，以及全国律协发布的《律师执业行为规范（试行）》第五章"律师参与诉讼与仲裁规范"的专门规定中。

为了加强对法官和律师在诉讼活动中的职业纪律约束，规范法官和律师的相互关系，维护司法公正，2004年3月19日，最高人民法院、司法部发布了《关于规范法官和律师相互关系维护司法公正的若干规定》（法发〔2004〕9号）。2009年，最高人民法院印发了《关于"五个严禁"的规定》和《关于违反"五个严禁"规定的处理办法》（法发〔2009〕2号），严禁法官与律师进行不正当交往。为了规范司法人员与当事人、律师、特殊关系人、中介组织的接触、交往行为，2015年9月6日，最高人民法院、最高人民检察院、公安部、国家安全部、司法部发布了《关于进一步规范司法人员与当事人、律师特殊关系人、中介组织接触交往行为的若干规定》。

三、律师参与诉讼、仲裁规范的具体内容

律师与司法人员之间，特别是律师与法官之间应当建立良性互动关系。律师处理好职业关系，应当尊重法庭、服从管理。律师尊重法庭应当依法调查取

---

〔1〕 张媛媛："浅谈法官与律师的关系及其规范"，载中国法院网，http://www.chinacourt.org/article/detail/2007/05/id/246181.shtml.

〔2〕 ［美］迪特里希·鲁施迈耶：《律师与社会：美德两国法律职业比较研究》，于霄译，上海三联书店2014年版，第140页。

证、遵守有关会见的规定，不得从事行贿、提供虚假证据、发表危害言论和扰乱秩序的行为。律师参与诉讼、仲裁规范的具体内容和相关依据详见表6.1。

表6.1 律师与裁判机关的关系

	律师义务	具体内容	相关依据
1	禁止违规会见法官等	禁止违反规定会见法官、检察官、仲裁员以及其他有关工作人员，或者以其他不正当方式影响依法办理案件。	《律师法》第40条第4项、第49条第1款第1项；《律师执业管理办法》第36、38条；《律师事务所管理办法》第50条；《律师和律师事务所违法行为处罚办法》第14条；《律师执业行为规范（试行）》第67、68、69条；《律师协会会员违规行为处分规则（试行）》第31、32、34条。
2	禁止行贿或诱导行贿法官等	禁止向法官、检察官、仲裁员以及其他有关工作人员行贿，介绍贿赂或者指使、诱导当事人行贿。	《律师法》第40条第5项、第49条第1款第2项；《律师执业管理办法》第36条；《律师和律师事务所违法行为处罚办法》第15条；《律师执业行为规范（试行）》第70条；《律师协会会员违规行为处分规则（试行）》第33条。
3	禁止提供虚假证据	禁止故意提供虚假证据或者威胁、利诱他人提供虚假证据，妨碍对方当事人合法取得证据。	《律师法》第40条第6项、第49条第1款第4项；《律师执业管理办法》第39条第4项；《律师和律师事务所违法行为处罚办法》第17条；《律师执业行为规范（试行）》第6条第2款、第64条；《律师协会会员违规行为处分规则（试行）》第36条。
4	禁止发表不当言论	禁止发表危害国家安全、恶意诽谤他人、严重扰乱法庭秩序的言论。	《律师法》第37条第2款、第49条第1款第8项；《律师执业管理办法》第40条；《律师和律师事务所违法行为处罚办法》第21条；《律师办理刑事案件规范》第257条。
5	禁止扰乱法庭等	禁止扰乱法庭、仲裁庭秩序，干扰诉讼、仲裁活动的正常进行。	《律师法》第40条第8项、第49条第1款第6项；《律师执业管理办法》第39条；《律师和律师事务所违法行为处罚办法》第19条。

专题二十四　禁止律师违规会见司法人员规范

📖 知识概要

　　律师执业行为规范客观上要禁止律师影响案件的公正处理，禁止律师与法官建立非法、不正当的关系。律师与法官同属法律职业共同体，各自承担着实现社会公平正义的职责，这也决定了律师与法官在司法工作中需要相互配合、相互尊重，保持正常的工作关系。《律师执业行为规范（试行）》第五章第二节专门规定了"尊重法庭与规范接触司法人员"，第三节专门规定了"庭审仪表和语态"。律师在处理与法官的关系过程中，必须合规会见法官，以正当方式参与案件依法办理。

一、律师应当严格遵守规定，不得违反规定单方面会见法官等

　　《律师法》第 40 条规定，律师在执业过程中，不得违反规定会见法官、检察官、仲裁员以及其他有关工作人员。律师不得违反规定私下会见承办法官，或者私下接触；律师应当与法官保持适当距离。如执业需要与承办法官接触和交换意见的，应当在司法机关内指定的场所进行。《律师执业行为规范（试行）》第 68 条规定：律师在执业过程中，因对事实真假、证据真伪及法律适用是否正确而与诉讼相对方意见不一致的，或者为了向案件承办人提交新证据的，与案件承办人接触和交换意见应当在司法机关内指定的场所。

二、律师不得以其他不正当方式影响依法办理案件

　　《律师执业管理办法》第 38 条规定，律师应当依照法定程序履行职责，不得以下列不正当方式影响依法办理案件：①未经当事人委托或者法律援助机构指派，以律师名义为当事人提供法律服务、介入案件，干扰依法办理案件；②对本人或者其他律师正在办理的案件进行歪曲、有误导性的宣传和评论，恶意炒作案件；③以串联组团、联署签名、发表公开信、组织网上聚集、声援等方式或者借个案研讨之名，制造舆论压力，攻击、诋毁司法机关和司法制度；④违反规定披露、散布不公开审理案件的信息、材料，或者本人、

其他律师在办案过程中获悉的有关案件重要信息、证据材料。

此外，《律师和律师事务所违法行为处罚办法》第 14 条将律师"违反规定会见法官、检察官、仲裁员以及其他有关工作人员，或者以其他不正当方式影响依法办理案件"的违法行为界定为以下三种情形：

1. 在承办代理、辩护业务期间，以影响案件办理结果为目的，在非工作时间、非工作场所会见法官、检察官、仲裁员或者其他有关工作人员的。这要求律师不得以各种非法手段打听案情，不得违法误导当事人的诉讼行为，应当依据公开审判制度，依法获知案件审判的相关情况，不得故意获知审判秘密。

2. 利用与法官、检察官、仲裁员或者其他有关工作人员的特殊关系，影响依法办理案件的。这要求律师在代理案件之前及其代理过程中，不得向当事人宣称自己与受理案件法院的法官具有亲朋、同学、师生、曾经同事等关系，并且避免明示或者暗示表达自身具有非专业能力的特殊关系和身份，以免不恰当地影响司法公正。如律师因法定事由或者根据相关规定不得担任诉讼代理人或者辩护人的，应当谢绝当事人的委托，或者解除委托代理合同。《律师法》第 11 条第 2 款规定："律师担任各级人民代表大会常务委员会组成人员的，任职期间不得从事诉讼代理或者辩护业务。"《律师法》第 41 条规定："曾经担任法官、检察官的律师，从人民法院、人民检察院离任后 2 年内，不得担任诉讼代理人或者辩护人。"《法官法》第 36 条进一步扩大了上述规定："法官从人民法院离任后 2 年内，不得以律师身份担任诉讼代理人或者辩护人。法官从人民法院离任后，不得担任原任职法院办理案件的诉讼代理人或者辩护人……"《律师执业行为规范（试行）》第 65 条规定："律师作为证人出庭作证的，不得再接受委托担任该案的辩护人或者代理人出庭。"律师有上述情形应当拒绝委托或者解除委托合同。

3. 以对案件进行歪曲、不实、有误导性的宣传或者诋毁有关办案机关和工作人员以及对方当事人声誉等方式，影响依法办理案件的。这要求律师通过法定程序提交代理、辩护意见，也要求律师应当严格遵守法律规定的提交诉讼文书的期限及其他相关程序性规定，遵守开庭时间。律师不得借故延迟开庭。律师确有正当理由不能按期出庭的，人民法院应当在不影响案件审理期限的情况下，另行安排开庭时间，并及时通知当事人及其委托的律师。律师应当自觉遵守法庭规则，尊重法官权威，依法履行辩护、代理职责。《律师法》第 40 条第 8 项规定，律师在执业过程中，不得扰乱法庭、仲裁庭秩序，干扰诉讼、仲裁活动的正常进行。《律师执业管理办法》第 39 条第 2 项规定："无正当理由，拒不按照人民法院通知出庭参与诉讼，或者违反法庭规则，擅自退庭。"《律师执业行为规范（试行）》第 67 条规定，在开庭审理过程中，律师应当尊重法庭、仲裁庭。

　　法官、检察官、仲裁员等对于律师违反上述规定的，可以直接或者通过人民法院向有关司法行政部门、律师协会反映情况，或者提出给予行业纪律处分、行政处罚直至追究法律责任的司法建议。当事人、案外人发现律师违反上述规定的，可以向有关人民法院、司法行政部门、纪检监察部门、律师协会反映情况或者署名举报。司法行政部门、律师协会对于律师违反上述规定的，应当视其情节，按照有关法律、法规或者规定给予处理；构成犯罪的，依法追究刑事责任。

经典案例

案例 6.1　律师违规会见司法人员案（2 案）

一、基本案情

案例 6.1.1　律师违规会见检察官案

2017 年 11 月 13 日，宁夏某律师事务所与司某之妻签订刑事辩护委托协议，指派该所陈某担任犯罪嫌疑人涉嫌受贿的辩护律师。11 月 21 日，陈某在看守所会见在押犯罪嫌疑人司某时，将其家属的信件提供给司某，信件内容涉及司某案件情况，有希望司某翻供等明显影响正常诉讼活动的内容。该信件被看守所工作人员当场发现、没收。该工作人员暂时扣留了陈某的律师执业证。11 月 22 日，陈某邀请市检察院分管职务犯罪侦查工作的副检察长白某等聚餐，所有餐费由陈某承担。市司法局经集体讨论决定对陈某上述两项违法行为分别给予停止执业 6 个月的行政处罚，并决定对陈某合并执行停止执业 12 个月的行政处罚。[1]

---

　　〔1〕　银川市司法局银司罚决字〔2018〕2 号文件。

案例 6.1.2　律师违规会见看守所民警案

浙江某律师事务所律师郑某接受犯罪嫌疑人李某姐姐的委托担任李某涉嫌诈骗一案公安侦查阶段的辩护人。2017 年 3 月 24 日晚，郑某电话联系李某的管教民警杨某，相约在城北广场公交车站旁见面，双方见面后，郑某交给杨某一个信封，内有人民币 2000 元，杨某当场予以收受。根据《律师法》第 49 条第 1 款第 1、2 项，《律师执业管理办法》第 53 条第 2 款和《律师行业违法行为行政处罚裁量基准（试行）》（浙司〔2016〕19 号）第 10、11 项等的规定，市司法局经研究决定：给予郑某停止执业 6 个月的行政处罚。停止执业期限从本决定书送达之日起计算。[1]

二、法律问题

律师在执业期间如何行使调查取证权？

三、教学安排

（一）教学内容

本案例主要要求学生掌握律师的依法调查取证规范和禁止违规会见法官、检察官、仲裁员等规范。

（二）课堂安排

要求学生在课前进行阅读与学习，包括：①案例 6.1.1 和 6.1.2；②表 6.1 "禁止违规会见法官等""禁止行贿或诱导行贿法官等""禁止提供虚假证据"中的相关依据；③本专题拓展资料中"律师调查权"。授课教师介绍教学内容之后，组织学生围绕以上法律问题进行研讨与分析。

四、重点提示

律师违规会见法官、检察官和其他办案人员会直接影响司法过程的公平与公正。尽管拓展资料"律师调查权"中列明了律师在行使调查权中存在不少阻碍，无论是立法、执法还是司法均应当充分保证律师调查权的行使，但是这不意味着律师可以肆意，甚至违反法律规定行使调查权。案例 6.1.1 中，

---

〔1〕　衢州市司法局衢司罚决字〔2018〕1 号行政处罚决定书。

律师陈某不仅违规会见当事人，而且也以宴请的方式在错误的地点和时间会见了检察官；案例 6.1.2 中律师郑某违规会见民警是为了调查取证的方便，均属于违反律师职业伦理规范的行为。律师行使调查权时，必须牢记不能触碰违法、违规会见的底线。

拓展资料

6.1【拓展阅读资料】

专题二十五　禁止律师向司法人员行贿规范

知识概要

在现代法治国家，律师对法官、检察官等司法人员的行贿行为，指使、诱导当事人行贿法官、检察官等司法人员的行为是对司法公正的最大破坏，是危及法律职业共同体的顽疾。一方面，《律师法》《律师和律师事务所违法行为处罚办法》《律师执业行为规范（试行）》禁止律师从事上述行为并对于违法违规者给予行政处罚、行业纪律处分等；另一方面，上述行为也是违反《刑法》等规定的违法行为。

经典案例

案例6.2　律师行贿法官案（3案）

一、基本案情

案例 6.2.1　律师行贿法官案（一）

胡某原系浙江某律师事务所兼职律师。2013 年，胡某与甘肃省高级人民法院原法官刘某达成口头协议，约定两人合作办案，由刘某给胡某提供案源，胡某负责代理案件。2013年6月，胡某代理了刘某介绍的某拉铆钉合同纠纷案件，收取了100万元代理费。胡某将其中50万元通过建设银行账户转给刘某，作为"合作"办案刘某应得的份额。2013年7月，刘某又将在甘肃省高级人民法院多次开庭审理的某股权转让纠纷案介绍给胡某，胡某分两笔收取了210万元代理费，胡某在收到第一笔80万元代理费后将其中32万元现金给了刘某作为该次"合作"应得的份额。

浙江省司法厅认为，胡某在律师执业过程中，向法官行贿，违反了《律师法》的规定，而且行贿数额巨大，情节严重，损害了律师行业的形象，应当在法定的行政处罚种类及幅度范围内对其从重处罚。根据行政处罚程序，浙江省司法厅于2017年12月18日作出《行政处罚事先告知书》，并于12月22日送达胡某。胡某书面要求听证，浙江省司法厅于2018年1月25日依法组织了听证会，听取胡某的陈述和申辩意见，对事实、证据、适用法律等进行了质证和辩论。浙江省司法厅根据《律师法》第49条第1款第2项以及《律师和律师事务所违法行为处罚办法》第37条、第39条第2、3项和浙江省司法厅《律师行业违法行为行政处罚裁量基准（试行）》等规定，决定对胡某作出吊销律师执业证书的行政处罚。[1]

案例6.2.2　律师行贿法官案（二）

律师于某为感谢某中级人民法院审判员吴某（已判刑）在其代理案件中的关照，先后三次送给吴某人民币共计2万元及五粮液酒2瓶。另外，于某为获取某中级人民法院审判员李某（已判刑）在其代理的上诉案件的关照，先后两次送给李某现金共计4万元。李某因购房向于某借款7万元，仅归还5万元，剩余2万元据为己有。于某作为一名执业律师，其在进行案件代理时，视法律于不顾，采取违法的手段和方法，投法官所好，对法官行贿，其行为不仅违反了法律规定，同时也违反了律师的职业道德和执业纪律，严重败坏了律师的声誉和形象。某市司法局对于某作出停止执业1年、罚款5万元的行政处罚。

案例6.2.3　律师行贿法官案（三）

江苏省无锡市律师协会在无锡市中级人民法院纪检部门提供的材料中发

---

[1]　浙江省司法厅浙司罚决字〔2018〕1号行政处罚决定书。

现，江苏某律师事务所律师田某存在与法院工作人员一起多次赴境外旅游，并为法官支付部分费用的违规行为。经无锡市律师协会调查认定，律师田某与法官李某相识后，确有送给李某香烟及请吃等非正常往来，后三次与李某一同出境旅游，其中赴泰国旅游为李某支付了部分费用（机票及餐费），田某的行为构成向法官行贿。另查明，田某曾于 2014 年受到过通报批评的行业纪律处分。2019 年 1 月 11 日，无锡市律师协会给予田某中止会员权利 1 年的行业纪律处分。

二、法律问题

律师行贿，诱导行贿法官、检察官、仲裁员，以及其他影响有关工作人员依法办理案件的情形有哪些？

三、教学安排

（一）教学内容

本案例主要要求学生掌握律师的禁止行贿和诱导行贿法官、检察官和仲裁员等义务。

（二）课堂安排

要求学生在课前进行阅读与学习，包括：①案例 6.2.1 ~ 6.2.3；②表 6.1 "禁止行贿或诱导行贿法官等"中的相关依据。授课教师介绍教学内容之后，组织学生围绕以上法律问题进行研讨与分析。

四、重点提示

在法官、检察官、仲裁员等和律师的关系之中，对于司法公正最具破坏力的就是律师行贿或者指使、诱导当事人行贿法官的行为。这种行为是以不正当的方式影响法官、检察官、仲裁员以及其他有关工作人员依法办理案件，其本身就是违法行为。因此《律师法》第 40 条第 5 项严格禁止该行为。《律师和律师事务所违法行为处罚办法》第 15 条将律师"向法官、检察官、仲裁员以及其他有关工作人员行贿，介绍贿赂或者指使、诱导当事人行贿"的违法行为界定为：①利用承办案件的法官、检察官、仲裁员以及其他工作人员或者其近亲属举办婚丧喜庆事宜等时机，以向其馈赠礼品、金钱、有价证券等方式行贿的；②以装修住宅、报销个人费用、资助旅游娱乐等方式向法官、检察官、仲裁员以及其他工作人员行贿的；③以提供交通工具、通信工具、住房或者其他物品等方式向法官、检察官、仲裁员以及其他工作人员行贿的；④以影响案件办理结果为目的，直接向法官、检察官、仲裁员以及其他工作人员行贿、介绍贿赂或者指使、诱导当事人行贿的。

律师在承办案件时，应严把事实和法律关，积极履行各项职责，充分发挥律师的职能作用，尽最大努力维护当事人的合法权益。在此过程中，律师当然免不了要与承办的法官、检察官、仲裁员以及其他有关工作人员进行接触、交流和沟通，但这些活动都必须严格限定在合法的范围内。

《律师执业行为规范（试行）》第70条规定，律师不得贿赂司法机关和仲裁机构人员，不得以许诺回报或者提供其他利益（包括物质利益和非物质形态的利益）等方式，与承办案件的司法、仲裁人员进行交易。律师不得介绍贿赂或者指使、诱导当事人行贿。以其他不正当的方式影响法官、检察官、仲裁员以及其他有关工作人员依法办理案件的情形有：

（1）律师不得明示或者暗示法官为其介绍代理、辩护等法律服务业务。

（2）当事人委托的律师不得借法官或者其近亲属婚丧喜庆事宜馈赠礼品、金钱、有价证券等；不得向法官请客送礼、行贿或者指使、诱导当事人送礼、行贿；不得为法官装修住宅、购买商品或者出资邀请法官进行娱乐、旅游活动；不得为法官报销任何费用；不得向法官出借交通工具、通信工具或者其他物品。

（3）当事人委托的律师不得假借法官的名义或者以联络、酬谢法官为由，向当事人索取财物或者其他利益。

拓展资料

6.2【拓展阅读资料】

专题二十六 禁止律师故意提供虚假证据规范

知识概要

证据是诉讼活动的事实根据，是正确进行诉讼的基础。调查取证、举证质证和运用证据进行辩论，也是律师办理诉讼业务的重要内容。证据在本质上必须具备客观性和合法性，诉讼中证据还必须具备充分性，能形成严密的证据链条。如果律师故意提供虚假证据，势必影响法官、仲裁员等对于案件事实的正确判断，影响案件的正确处理。

正是由于证据在诉讼中的重要作用，《律师法》第40条第6项禁止律师"故意提供虚假证据或者威胁、利诱他人提供虚假证据，妨碍对方当事人合法取得证据"。《律师和律师事务所违法行为处罚办法》第17条将律师"故意提供虚假证据或者威胁、利诱他人提供虚假证据，妨碍对方当事人合法取得证据"的违法行为界定为：①故意向司法机关、行政机关或者仲裁机构提交虚假证据，或者指使、威胁、利诱他人提供虚假证据的；②指示或者帮助委托人或者他人伪造、隐匿、毁灭证据，指使或帮助犯罪嫌疑人、被告人串供，威胁、利诱证人不作证或者作伪证的；③妨碍对方当事人及其代理人、辩护人合法取证的，或者阻止他人向案件承办机关或者对方当事人提供证据的。律师违反上述规定的，依据《律师法》第49条给予行政处罚。

经典案例

案例6.3 律师故意提供虚假证据案（6案）

一、基本案情

案例6.3.1 律师伪造诉讼证据案

王某原系某省某律师事务所律师。王某未经公民肖某授权，在《民事起诉状》《授权委托书》等法律文书上冒充肖某签名、按手印及伪造相关诉讼证据材料向区人民法院诉讼。区法院在审理案件中查明情况，认为王某冒用他人名义并伪造相关诉讼证据材料提起诉讼的行为属于妨害民事诉讼的行为，且情节严重，依法对王某罚款 2 万元。省律师协会对王某的违规行为作出取消律师会员资格的处分决定，省司法厅依法吊销了王某的律师执业证书。[1]

案例 6.3.2　律师篡改诉讼证据案

市中级人民法院就其受理的撤销某仲裁裁决一案作出《民事裁定书》，认定申请人的代理律师吴某立案时提交的"收件人存联"中的邮件签收时间 2017 年 4 月 16 日 10 时明显系将真实的签收时间 2017 年 4 月 10 日 10 时篡改、伪造所得，并认定吴某伪造证据，妨害民事诉讼，决定对吴某罚款 5 万元。市司法局决定给予吴某停止执业的行政处罚。[2]

案例 6.3.3　律师伪造劳动合同案

某村村民孙某委托某律师事务所律师刘某为其代理交通事故损害赔偿纠纷案。孙某属于农村户口，在家中开店，属于个体工商户，但没有确定其实际收入的证据。刘某经不住孙某再三请求，出于同情，在朋友的帮助下，伪造了孙某与某公司的劳动合同，制作了工资表，形成了伪证事实。庭审过程中，对方当事人对孙某与某公司的劳动关系提出质疑，法庭调查认为，孙某与某公司不存在劳动关系，随即驳回了孙某误工费的请求。某市律师协会调查认为，被投诉的律师刘某帮助当事人伪造劳动合同、伪造工资表的行为严重违背了律师的职业道德和执业纪律，影响了司法公正，应对刘某予以处理。

案例 6.3.4　律师伪造当事人城镇身份案

河南某律师事务所律师张某为了使己方当事人达到按照城镇标准赔偿的目的，伪造证据以证明其当事人具有城镇身份，导致人民法院依照虚假的证据材料作出了错误的判决。根据《律师协会会员违规行为处分规则（试行）》第 36 条的规定，信阳市律师协会给予张某中止会员权利 6 个月的行业纪律处分。

案例 6.3.5　律师修改上诉日期案

福建某律师事务所律师李某在代理一起租赁合同纠纷时，在明知上诉期限届满的情况下，于 2018 年 4 月 3 日通过邮政速递向法院递交上诉状，却要求邮政快递员加盖 2018 年 4 月 2 日的邮戳，其行为妨碍了民事诉讼的正常进行。鉴于李某能对自己的错误行为进行检讨和悔过，且未造成严重后果，根

---

[1]　云南省司法厅云司罚决字〔2017〕4 号行政处罚决定书。
[2]　广州市司法局穗司罚决字〔2018〕3 号行政处罚决定书。

据《律师协会会员违规行为处分规则（试行）》第36条、第18条第2项的规定，市律师协会给予李某公开谴责的行业纪律处分。

案例6.3.6　律师教唆当事人虚假陈述案

市律师协会接到区法院的投诉，江苏某律师事务所律师郭某涉嫌教唆当事人虚假陈述、记载不实谈话笔录。经苏州市律师协会调查认定，郭某确有教唆当事人向司法机关作虚假陈述的违规行为。根据《律师协会会员违规行为处分规则（试行）》第36条的规定，市律师协会给予郭某中止会员权利6个月的行业纪律处分。

二、法律问题

1. 为什么禁止律师提供虚假证据？
2. 常见的律师提供虚假证据的情形有哪些？

三、教学安排

（一）教学内容

本案例主要要求学生掌握律师的禁止提供虚假证据义务。

（二）课堂安排

要求学生在课前进行阅读与学习，包括：①案例6.3.1～6.3.6；②表6.1"禁止提供虚假证据"中的相关依据。授课教师介绍教学内容之后，组织学生围绕以上法律问题进行研讨与分析。

四、重点提示

1. 证据是诉讼活动的事实根据，是正确进行诉讼的基础。调查取证、举证质证和运用证据进行辩论，也是律师办理诉讼业务的重要内容。证据在本质上必须具备客观性和合法性，诉讼中的证据还必须具备充分性，能形成严密的证据链条。如果律师故意提供虚假证据，势必影响法官、仲裁员等对于案件事实的正确判断，影响案件的正确处理。正是由于证据在诉讼中的重要作用，《律师法》第40条第6项禁止律师"故意提供虚假证据或者威胁、利诱他人提供虚假证据，妨碍对方当事人合法取得证据"。律师有上述行为的，由设区的市级或者直辖市的区人民政府司法行政部门给予停止执业6个月以上 1 年以下的处罚，可以处 5 万元以下的罚款；有违法所得的，没收违法所得；情节严重的，由省、自治区、直辖市人民政府司法行政部门吊销其律师执业证书；构成犯罪的，依法追究刑事责任。

2. 《律师和律师事务所违法行为处罚办法》第 17 条将律师"故意提供虚假证据或者威胁、利诱他人提供虚假证据，妨碍对方当事人合法取得证据"的违法行为界定为：①故意向司法机关、行政机关或者仲裁机构提交虚假证据，或者指使、威胁、利诱他人提供虚假证据的；②指示或者帮助委托人或者他人伪造、隐匿、毁灭证据，指使或者帮助犯罪嫌疑人、被告人串供，威胁、利诱证人不作证或者作伪证的；③妨碍对方当事人及其代理人、辩护人合法取证的，或者阻止他人向案件承办机关或者对方当事人提供证据的。

◎ 拓展资料

6.3【拓展阅读资料】

专题二十七　禁止律师干扰诉讼、仲裁规范

◎ 知识概要

一、禁止发表不当言论

为维护当事人的合法权益，在法庭发表辩论意见是律师诉讼代理的基本职责，并且律师的上述权利也受到法律的保护。《律师法》赋予律师诉讼中言论责任豁免权，可以保障律师充分履行诉讼代理人、辩护人的职责，从而维护当事人的合法权益，维护法律的正确实施。但是言论的发表不是任意的，律师庭审言论责任豁免权是有一定限制的。《律师法》第 37 条第 2 款规定：

"律师在法庭上发表的代理、辩护意见不受法律追究。但是，发表危害国家安全、恶意诽谤他人、严重扰乱法庭秩序的言论除外。"

《律师和律师事务所违法行为处罚办法》第21条将"发表危害国家安全、恶意诽谤他人、严重扰乱法庭秩序的言论"的违法行为界定为：①在承办代理、辩护业务期间，发表、散布危害国家安全，恶意诽谤法官、检察官、仲裁员及对方当事人、第三人，严重扰乱法庭秩序的言论的；②在执业期间，发表、制作、传播危害国家安全的言论、信息、音像制品或者支持、参与、实施以危害国家安全为目的的活动的。律师违反上述规定的，依据《律师法》第49条给予行政处罚。

律师在法庭上的发言，事实陈述要准确，遣词造句要平和，观点论证要简要，辩论发言要得体。律师在法庭或仲裁庭发言时应当举止庄重、大方，用词文明、得体，在法庭内外都应当自觉树立法庭审判的权威。特别是在执业过程中，律师应当审慎评论司法，不宜直接或者间接发表有损司法公正的言论。

二、禁止扰乱法庭、仲裁庭秩序

律师要尊重法庭，崇尚法庭审判的威严，不得有损害审判威严的行为。审判威严是民主法治国家的基本标志之一，公民不相信审判制度时，民主秩序就会混乱。律师执业的重要场所是在威严的审判法庭，没有对法庭审判威严的崇尚，则没有对法律权威的信仰，没有法律的威严就等于没有法律。《律师法》第40条第8项规定，律师不得有扰乱法庭、仲裁庭秩序，干扰诉讼、仲裁活动正常进行的行为。

《律师和律师事务所违法行为处罚办法》第19条将"扰乱法庭、仲裁庭秩序，干扰诉讼、仲裁活动的正常进行"的违法行为界定为：①在法庭、仲裁庭上发表或者指使、诱导委托人发表扰乱诉讼、仲裁活动正常进行的言论的；②阻止委托人或者其他诉讼参与人出庭，致使诉讼、仲裁活动不能正常进行的；③煽动、教唆他人扰乱法庭、仲裁庭秩序的；④无正当理由，当庭拒绝辩护、代理，拒绝签收司法文书或者拒绝在有关诉讼文书上签署意见的。律师违反上述规定的，依据《律师法》第49条给予行政处罚。

💮 **经典案例**

案例6.4　律师发表不当言论案（4案）

一、基本案情

案例6.4.1　律师发表不当言论、扰乱法庭、看守所案

隋某原系广东某律师事务所律师。2014年4月8日，在北京市海淀区人民法院审理被告人丁某、李某聚众扰乱公共场所秩序一案过程中，隋某作为丁某的辩护人，不服法庭指挥；不遵守法庭礼仪，使用不文明、攻击性语言10余次，打断发言、插话100余次，拍打桌子2次；不遵守出庭时间，不按时出庭；未经法庭许可，随意走动共计10次；无正当理由执意离庭拒绝辩护。虽经法庭多次提醒和警告、2次正式训诫，当事人仍继续实施扰乱法庭秩序的行为。北京市海淀区人民法院根据《刑事诉讼法》《最高人民法院关于适用〈中华人民共和国刑事诉讼法〉的解释》决定对隋某罚款1000元，并建议司法行政机关进行查收。

另，2017年1月13日，隋某在四川省某县看守所会见在押的犯罪嫌疑人陈某时，无视监所规定，在会见结束后试图将拍摄的照片和陈某传递的材料带出看守所，被监管值班民警发现并要求其将拍摄的照片删除、交出材料。隋某以法律未作规定为由，采取无理吵闹、纠缠等方式，拒绝配合监管值班民警执行职务。某县公安局某派出所根据《治安管理处罚法》的规定，决定对隋某处以警告的行政处罚。广东省司法厅经机关负责人集体讨论，作出了吊销隋某律师执业证书的行政处罚。[1]

案例6.4.2　律师在法庭发表不当言论案

律师方某在代理潘某诉王某租赁合同纠纷案二审开庭审理过程中，在上诉代理词中使用"糊涂断案""害群之马"等不当言辞指责法官。

案例6.4.3　律师辱骂对方当事人案

吉林某律师事务所律师张某在一起民间借贷纠纷案庭审过程中辱骂被告人，扰乱法庭秩序。根据《律师协会会员违规行为处分规则（试行）》第35

---

〔1〕　广东省司法厅粤司罚决字〔2018〕第1号行政处罚决定书。

条第 3 项的规定，市律师协会给予张某中止会员权利 6 个月的行业纪律处分。

案例 6.4.4 律师在互联网发表不当言论案

浙江省某律师事务所律师吴某利用互联网传递信息快、传播范围广、社会影响大、公众关注度高的特点，长期在微博、博客和微信公众号等网络平台上以律师身份发表恶意诽谤他人、误导公众、严重损害律师职业公众形象的言论与文章。根据《律师协会会员违规行为处分规则（试行)》第 3 条、第 34 条第 3、4、6 项的规定，市律师协会给予吴某中止会员权利 9 个月的行业纪律处分。

二、法律问题

律师如何规范地在法庭内外发表言论？

三、教学安排

（一）教学内容

本案例主要要求学生掌握律师禁止发表不当言论等义务。

（二）课堂安排

要求学生在课前进行阅读与学习，包括：①阅读案例 6.4.1～6.4.4；②表6.1 "禁止发表不当言论" 中的相关依据；③本专题拓展资料中 "律师庭审言论责任豁免权"。授课教师介绍教学内容之后，组织学生围绕以上法律问题进行研讨与分析。

四、重点提示

为维护当事人的合法权益，在法庭发表辩论意见是律师诉讼代理的基本职责，并且律师的上述权利也受到法律的保护。《律师法》赋予律师诉讼中言论责任豁免权，可以保障律师充分履行诉讼代理人、辩护人的职责，从而维护当事人的合法权益，维护法律的正确实施。但是言论的发表不是任意的，律师庭审言论责任豁免权是有一定限制的。《律师法》第 37 条第 2 款规定："律师在法庭上发表的代理、辩护意见不受法律追究。但是，发表危害国家安全、恶意诽谤他人、严重扰乱法庭秩序的言论除外。" 在案例 6.4.3 中，律师应当秉持良好的职业道德和执业纪律，依法开展法律服务，应当注重职业修养，珍视和维护律师职业声誉，以法律法规以及社会和行业公认的道德规范约束自己的业内外言行，以促进公众对于法律权威的信服与遵守。律师用词应当文明、得体，表达意见应当选用规范的语言。

《律师法》第 49 条第 1 款第 8 项规定，律师发表危害国家安全、恶意诽谤他人、严重扰乱法庭秩序的言论的，由设区的市级或者直辖市的区人民政府司法行政部门给予停止执业 6 个月以上 1 年以下的处罚，可以处 5 万元以下的罚款；有违法所得的，没收违法所得；情节严重的，由省、自治区、直辖市人民政府司法行政部门吊销其律师执业证书；构成犯罪的，依法追究刑事责任。《律师和律师事务所违法行为处罚办法》第 21 条将"发表危害国家安全、恶意诽谤他人、严重扰乱法庭秩序的言论"的违法行为界定为：①在承办代理、辩护业务期间，发表、散布危害国家安全，恶意诽谤法官、检察官、仲裁员及对方当事人、第三人，严重扰乱法庭秩序的言论的；②在执业期间，发表、制作、传播危害国家安全的言论、信息、音像制品或者支持、参与、实施以危害国家安全为目的的活动的。

法官和律师在诉讼活动中应当严格遵守司法礼仪，保持良好的仪表，举止文明。律师出庭要注重诉讼程序规则，注重庭审中的权利与义务，注重合法、适当地维护当事人的权益。律师在法庭上的发言，事实陈述要准确，遣词造句要平和，观点论证要简洁，辩论发言要得体，避免强烈、夸张的肢体动作，避免使用煽动性的言语。律师在法庭或仲裁庭发言时应当举止庄重、大方，用词文明、得体。律师在法庭内外都应当自觉树立法庭审判的权威，蔑视、诽谤、嘲弄法庭的言行是应当被禁止的。特别是在执业过程中，律师应当审慎评论司法，不宜直接或者间接发表有损司法公正的言论。

案例6.5　律师扰乱法庭秩序案（7案）

一、基本案情

案例 6.5.1　律师扰乱法庭秩序案

李某系山东某律师事务所执业律师。2014 年 11 月 28 日、2015 年 11 月 27 日某区法院依法审理被告人杨某、孙某涉嫌聚众扰乱公共场所秩序罪一案，李某作为该案被告人杨某的辩护人，在审理过程中，存在以下行为：未经审判长许可多次擅自发言；多次被审判长警告和训诫后仍不听从审判长指挥；

不服从法庭决定，对法庭已经释明、决定或作出答复的事项仍反复纠缠；多次言辞攻击法官和合议庭；宣判时大声喧哗、吵闹。2016年12月2日，市司法局向李某送达了《行政处罚（听证）告知书》；12月21日，市司法局应李某申请依法举行了公开听证会，充分听取了李某及其委托代理人的陈述和申辩。市司法局认为：李某的行为违反了《律师法》第40条第8项的规定，属于《律师和律师事务所违法行为处罚办法》第19条第1项规定的违法行为，扰乱了法庭秩序、干扰了诉讼活动的正常进行。经2016年12月26日局长办公会集体研究，依据《律师法》第49条第1款第6项的规定，给予李某停止执业1年的行政处罚。[1]

案例6.5.2 律师在法庭扭打、扰乱法庭秩序案

律师史某作为原告代理人参加了某区法院的庭审活动。在签阅法庭开庭笔录时，史某与被告代理人发生对骂、扭打。某区法院以违反法庭纪律、扰乱法庭秩序为由对史某作出司法拘留15天及罚款的处罚决定。

案例6.5.3 律师无正当理由拒绝签收判决案

福建某律师事务所律师周某作为诉讼代理人参与开庭，在法庭宣布不同意当事人的回避申请后，周某作为当事人的特别授权代理人，确无正当理由，拒绝签收法院向其依法送达的相关判决书。根据《律师协会会员违规行为处分规则（试行）》第35条第3项的规定，福州市律师协会给予周某中止会员权利7个月的行业纪律处分。

案例6.5.4 律师中途退庭案

河北某律师事务所律师赵某存在中途退庭、扰乱庭审秩序的违规行为。依据《律师协会会员违规行为处分规则（试行）》第35条的规定，唐山市律师协会给予赵某中止会员权利6个月的行业纪律处分。

案例6.5.5 律师协助销毁证据案

福建某律师事务所律师王某在民事诉讼过程中，隐匿对方当事人的重要证据原件，最终导致该证据原件被销毁，其行为严重扰乱了法庭秩序，造成了不良的社会影响。但鉴于王某在案发后认错态度诚恳，主动交出了借条及收条的原件，劝说和督促被告如数返还借款，取得对方谅解并由对方出具了

---

〔1〕 济南市司法局济司罚决字〔2016〕第1号行政处罚决定书。

谅解书。依据《律师协会会员违规行为处分规则（试行）》第18条、第35条的规定，福州市律师协会给予王某中止会员权利1年的行业纪律处分。

案例6.5.6 律师虚假诉讼案（一）

市司法局因福建某律师事务所律师曾某帮助委托人恶意串通他人，进行虚假诉讼，给予其停止执业9个月的行政处罚。依据上述行政处罚决定和《律师协会会员违规行为处分规则（试行）》第17条第2项的规定，市律师协会给予曾某中止会员权利9个月的行业纪律处分。

案例6.5.7 律师虚假诉讼案（二）

房产中介人员周某找到市房地产权登记中心工作人员任某，让其帮忙将本应通过拍卖方式处置的厂房从某公司名下直接过户到尤某个人名下。任某找到其老朋友律师于某，于某提供了如下"服务"：根据买卖双方资料草拟了虚假的借款合同和起诉状，交由买卖双方签字，然后将整套虚假材料交给某基层法院的法官，该法官做好《调解书》《执行裁定书》等材料，将材料带到市房地产权登记中心，买卖双方现场签字，向法官支付了"诉讼费"并办理了厂房过户登记手续。通过以上虚假诉讼，于某不仅将房产违规直接过户到尤某个人名下，还给国家造成了至少540余万元的税收损失。[1]

二、法律问题

律师为什么要尊重法庭、仲裁庭？

三、教学安排

（一）教学内容

本案例主要要求学生掌握律师禁止扰乱法庭等义务。

（二）课堂安排

要求学生在课前进行阅读与学习，包括：①阅读案例6.5.1～6.5.7；②表6.1"禁止扰乱法庭等"中的相关依据。授课教师介绍教学内容之后，组织学生围绕以上法律问题进行研讨与分析。

---

〔1〕 张勇：《律师职业道德》，法律出版社2015年版，第167～169页。

四、重点提示

律师要尊重法庭，崇尚法庭审判的威严，不得有损害审判威严的行为。审判威严是民主法治国家的基本标志之一，公民不相信审判制度时，民主秩序就会混乱。律师执业的重要场所是在威严的审判法庭，没有对法庭审判威严的崇尚，则没有对法律权威的信仰，没有法律的威严就等于没有法律。《律师法》第40条第8项规定，律师不得扰乱法庭、仲裁庭秩序，不得干扰诉讼、仲裁活动的正常进行。在案例6.5.2中，作为法律工作者，在执业过程中律师应当保持良好的职业形象，在本案中发生的当庭殴斗实属不当，涉案律师应受到行业纪律处分。

《律师法》第49条第1款第6项规定，律师有"扰乱法庭、仲裁庭秩序，干扰诉讼、仲裁活动的正常进行"行为的，由设区的市级或者直辖市的区人民政府司法行政部门给予停止执业6个月以上1年以下的处罚，可以处5万元以下的罚款；有违法所得的，没收违法所得；情节严重的，由省、自治区、直辖市人民政府司法行政部门吊销其律师执业证书；构成犯罪的，依法追究刑事责任。《律师和律师事务所违法行为处罚办法》第19条将"扰乱法庭、仲裁庭秩序，干扰诉讼、仲裁活动的正常进行"的违法行为界定为：①在法庭、仲裁庭上发表或者指使、诱导委托人发表扰乱诉讼、仲裁活动正常进行的言论的；②阻止委托人或者其他诉讼参与人出庭，致使诉讼、仲裁活动不能正常进行的；③煽动、教唆他人扰乱法庭、仲裁庭秩序的；④无正当理由，当庭拒绝辩护、代理，拒绝签收司法文书或者拒绝在有关诉讼文书上签署意见的。

📖 拓展资料

6.4【拓展阅读资料】

| 第七章 |

律师与同行关系规范

🔖 本章知识概要

一、律师与同行关系规范的基本原则

尊重同行、公平竞争、同业互助是律师处理同行之间关系的基本职业伦理规范，它要求律师应以谦恭、友爱和公平为准则，强调尊重、互助和公平竞争。律师及其任职的律师事务所应遵循这一共同的准则并使这一职业伦理规范充分体现在其职业活动中，体现在处理与其他成员的关系之中。因为，所有律师都是为社会提供法律服务的人员，肩负着同样的职责和使命，他们活动的最终目标是一致的，即维护当事人的合法权益，维护法律的正确实施，维护社会的公平正义。

律师同行关系主要涉及律师与律师之间、律师与律师事务所之间、律师事务所与律师事务所之间的三对关系。其中律师与律师之间、律师事务所与律师事务所之间主要是就法律服务业务与法律服务人员存在竞争关系，因此要规范好律师与律师之间、律师事务所与律师事务所之间的正当业务竞争关系以及律师的流动关系。律师与律师事务所之间存在管理关系，因此一方面律师事务所不能对本所律师"疏于管理"，另一方面律师事务所也要健全管理制度、依法变更重大事项、不得从事法律服务以外的其他经营活动，以确保对于本所律师进行尽职管理。

二、律师与同行关系规范的具体内容

律师职业伦理要求律师、律师事务所在执业过程中，必须处理好与同行

的关系。律师与同行关系规范的具体要求和依据详见表7.1。

表7.1　律师与同行的关系

	律师义务	义务主体	具体内容	相关依据
1	禁止不正当竞争义务	律师、律师事务所	律师事务所和律师不得以诋毁其他律师事务所、律师或者支付介绍费等不正当手段承揽业务。	《律师法》第26条、第47条第2项、第50条第1款第4项；《律师执业管理办法》第41、42条；《律师事务所管理办法》第45条；《律师和律师事务所违法行为处罚办法》第6、26条；《律师执业行为规范（试行）》第10、78~85条。
2	规范律师流动义务	律师、律师事务所	律师变更执业机构时应当维护委托人及原律师事务所的利益；律师事务所在接受转入律师时，不得损害原律师事务所的利益。	《律师执业管理办法》第20条；《律师执业行为规范（试行）》第76条。
3	禁止跨所执业义务	律师、律师事务所	律师只能在一个律师事务所执业。	《律师法》第10条、第47条第1项；《律师执业管理办法》第47条；《律师和律师事务所违法行为处罚办法》第5条；《律师执业行为规范（试行）》第12条第2款；《律师协会会员违规行为处分规则（试行）》第37条。
4	管理本所律师义务	律师事务所	律师事务所对本所律师严格管理。	《律师法》第50条第1款第8项；《律师事务所管理办法》第41、42、50和55条；《律师和律师事务所违法行为处罚办法》第30条；《律师执业行为规范（试行）》第97条。
5	健全律所管理制度义务	律师事务所	健全律师事务所管理制度，律师事务所对本所执业律师负有教育、管理和监督的职责。	《律师法》第23、24条；《律师事务所管理办法》第40、41、42、43、47、49、51、52、56、57、58、61、62条；《律师执业行为规范（试行）》第86~88条；《律师协会会员违规行为处分规则（试行）》第39条第1~3项。

	律师义务	义务主体	具体内容	相关依据
6	依法变更律所重大事项义务	律师事务所	依法变更名称、负责人、章程、合伙协议、住所、合伙人等重大事项。	《律师法》第 50 条第 1 款第 2 项；《律师和律师事务所违法行为处罚办法》第 24 条；《律师协会会员违规行为处分规则（试行）》第 40 条第 2 项。
7	禁止从事法律服务以外的经营义务	律师事务所	禁止从事律师事务所法律服务以外的经营。	《律师法》第 50 条第 1 款第 3 项；《律师事务所管理办法》第 44 条；《律师和律师事务所违法行为处罚办法》第 25 条；《律师执业行为规范（试行）》第 93 条。

专题二十八　禁止律师、律师事务所不正当竞争规范

📚 知识概要

《律师法》第 26 条明确规定："律师事务所和律师不得以诋毁其他律师事务所、律师或者支付介绍费等不正当手段承揽业务。"律师之间客观上存在同业竞争，律师的竞争应当通过提高自身综合素质、提高服务质量、加强自身业务竞争力等正当手段来实现，而不能通过诋毁其他律师、支付介绍费等不正当手段来实现，否则会影响整个律师行业的形象，也可能损害委托人的利益。律师、律师事务所以不正当手段承揽业务的表现方式不同，所承担的行政责任也不同。

《律师执业管理办法》第 41 条和第 42 条、《律师事务所管理办法》第 45 条对律师不正当竞争进行了一般性规定。《律师执业行为规范（试行）》第六章第二节专门规定了律师不正当竞争的情形，具体包括利用其他身份、利用特定范围法律服务、排挤竞争对手、混淆误导委托人、冒用法律服务荣誉称号等。《律师和律师事务所违法行为处罚办法》第 6 条将律师"以不正当手段承揽业务"的违法行为具体规定为：①以误导、利诱、威胁或者作虚假承诺等方式承揽业务的；②以支付介绍费、给予回扣、许诺提供利益等方式承揽

业务的；③以对本人及所在律师事务所进行不真实、不适当宣传或者诋毁其他律师、律师事务所声誉等方式承揽业务的；④在律师事务所住所以外设立办公室、接待室承揽业务的。《律师和律师事务所违法行为处罚办法》第26条将律师事务所"以不正当手段承揽业务"的违法行为具体规定为：律师事务所从事或者纵容、放任本所律师"以不正当手段承揽业务"。《律师协会会员违规行为处分规则（试行）》第39条第6项将"未经批准，擅自在住所以外的地方设立办公点、接待室，或者擅自设立分支机构"规定为以不正当手段承揽业务行为。

📑 经典案例

案件7.1 律师、律师事务所不正当竞争案（7案）

一、基本案情

案例7.1.1 律师违规设立办公场所（一）

王某，浙江某律师事务所兼职律师。2013年5月，王某以本人办理案件不多，来所里办公的次数较少为由，退租了所里的办公室。为了办公方便，王某私自将自购的位于某大饭店的房间作为办公室、接待室，并在门口悬挂标识牌，标识牌上载有"浙江某律师事务所王某律师"以及专业特长、联系电话等内容。在市司法局对王某立案调查后，王某才对该办公室门口的标识牌进行了拆除。市司法局决定对王某给予警告的行政处罚。[1]

案例7.1.2 律师违规设立办公场所（二）

某律师事务所未经批准在住所以外设立办公地点（法律顾问室、便民服务站）；某律师事务所合伙人张某在其住所窗户上张贴"某律师事务所，律师张某及电话号码"。

案例7.1.3 律师违规设立办公场所（三）

经某律师协会查证：某律师事务所除在注册地点办公外，还在某区范围内设立了3个接待室，其中在某建筑公司设有1个接待室，有4个人在；在某镇设有1个接待室，有3~4个人在；在某乡设有1个接待室，一般有7~8人在。

---

〔1〕 金华市司法局金司罚决字〔2017〕第3号行政处罚决定书。

案例 7.1.4　律师支付案件介绍费案（一）

薛某为福建某律师事务所律师。2015 年间，薛某为获取案源，请托看守所民警任某向被羁押人员介绍、推荐其作为代理律师。通过任某的介绍，薛某先后代理了 3 起由任某管教的在押人员案件。为感谢任某的帮助，薛某在收取 3 起案件的代理费后，分 3 次分别向任某银行卡账户转账介绍费共计 7500 元。市司法局决定给予薛某警告的行政处罚。[1]

案例 7.1.5　律师支付案件介绍费案（二）

邝某在为银行个人住房贷款业务提供法律服务的过程中，负责调查个人住房贷款申请人的资信，向银行出示法律意见书，证明贷款申请人具备偿还贷款能力，符合申请贷款的条件。根据《委托代理协议》，律师按照贷款交易额千分之三的标准收取服务费用。邝某称："我们要把所得服务费用的 15% 交给银行信贷部门，业内都是这么做的，这叫中间费，作银行请客吃饭之用。"并且，交给银行的 15% 的服务费用并没有办理正常的手续，也没有留存单据。

案例 7.1.6　律师支付案件介绍费、虚假承诺、违规收费案

2017 年 4 月 6 日，重庆律师协会接到陈某投诉，陈某因其儿子小陈涉嫌诈骗罪被重庆某公安机关抓获，遂通过重庆某律师事务所工作人员薛某与该律师事务所签署《委托代理合同》及《补充协议》，两次支付律师服务费人民币 15 万元。法院一审判决小陈构成诈骗罪，判处有期徒刑 3 年，二审维持了原判，判决结果与薛某承诺的结果相去甚远。陈某实名投诉并要求该律师事务所退还 8.1 万元，对该所不诚信的行为给予相应处分，对该所乱收费、未开发票等问题进行处理。重庆律师协会经调查认定，该律师事务所利用法院退休人员薛某介绍业务并给予其提成的行为，属于以不正当手段争揽业务的行为；该律所与当事人签署的《委托代理合同补充协议》违反了刑事案件禁止风险代理的收费规定，且涉嫌对案件结果作出不当承诺。该律师事务所在收取当事人服务费后，至投诉发生，均未开具律师服务费发票，存在违规收费行为。根据《律师协会会员违规行为处分规则（试行）》第 27 条第 2、5、6 项、第 29 条第 1 项等规定，重庆律师协会给予该律师事务所公开谴责处分。

---

〔1〕　厦门市司法局厦司罚决字〔2018〕第 1 号行政处罚决定书。

案例 7.1.7 律师实习人员设摊招揽诉讼案

经天津市律师协会调查认定，天津某律师事务所实习人员李某某冒充执业律师，与几名未取得律师执业证的人员在某置业有限公司的商品房交付现场设置摊位，鼓动业主起诉开发商，为天津某律师事务所带来业主起诉该置业有限公司案件 500 余件。2019 年 1 月 23 日，天津市律师协会给予天津某律师事务所公开谴责的行业纪律处分，并责令其限期整改。

二、法律问题

1. 为什么要禁止律师、律师事务所不正当竞争？

2. 上述律师和律师事务所的做法是否违反了律师执业行为规则？应该由哪一级机关或者部门给予何种惩戒？

三、教学安排

（一）教学内容

本案例主要要求学生掌握律师、律师事务所禁止不正当竞争义务。

（二）课堂安排

要求学生在课前进行阅读与学习，包括：①案例 7.1.1～7.1.7；②表 7.1 "禁止不正当竞争义务"中的相关依据。授课教师介绍教学内容之后，组织学生围绕以上法律问题进行研讨与分析。

四、重点提示

1. 《律师法》第 26 条明确规定："律师事务所和律师不得以诋毁其他律师事务所、律师或者支付介绍费等不正当手段承揽业务。"律师有其独特的职业特点，即利用自己所掌握的法律专业知识，为当事人提供法律服务。也就是说，律师执业质量的高低同律师本人的知识结构、思维方式和对案件的负责程度是分不开的。律师之间客观上存在同业竞争，律师的竞争应当通过提高自身综合素质、提高服务质量、加强自身业务竞争力等正当手段来实现，而不能通过诋毁其他律师、支付介绍费等不正当手段来实现，否则会影响整个律师行业的形象，也可能损害委托人的利益。律师、律师事务所以不正当手段承揽业务的表现方式不同，所承担的行政责任也不同。

根据《律师法》第 47 条，律师有以不正当手段承揽业务行为的，由设区的市级或者直辖市的区人民政府司法行政部门给予警告，可以处 5000 元以下的罚款；有违法所得的，没收违法所得；情节严重的，给予停止执业 3 个月以下的处罚。《律师和律师事务所违法行为处罚办法》第 6 条将律师"以不正当手段承揽业务"的违法行为具体规定为：①以误导、利诱、威胁或者作虚假承诺等方式承揽业务的。在案例 7.1.2 中，某律师事务所及张某的行为误导了当事人，使当事人认为法律顾问室和张某的住所为某律师事务所的办公地点，其行为违反了有关规定，应予相应的行业纪律处分。②以支付介绍费、给予回扣、许诺提供利益等方式承揽业务的。在案例 7.1.4 和 7.1.5 中，律师以中间费、好处费的名义，以不正常的手续或者留存单据的方式向委托单位具体负责的部门或者人员支付费用，并称之为"行规"。这是典型的以不正当手段承揽业务，是《律师法》所禁止的行为。③以对本人及所在律师事务所进行不真实、不适当宣传或者诋毁其他律师、律师事务所声誉等方式承揽业务的。④在律师事务所住所以外设立办公室、接待室承揽业务的。在案例 7.1.3 中，律师事务所应在其登记注册并经司法行政机关许可的地点从事法律业务，某律师事务所在注册地点以外另设办公场所并派驻接待人员提供法律服务的行为，严重违反了律师执业规范，理应被取缔，并由司法行政机关给予行政处罚。

2. 《律师执业行为规范（试行）》第六章第二节专门规定了律师不正当竞争的情形，具体包括：

（1）利用其他身份：律师和律师事务所在与司法机关及司法人员接触过程中，不得采用利用律师兼有的其他身份影响所承办业务正常处理和审理的手段进行业务竞争。

（2）利用特定范围法律服务：依照有关规定取得从事特定范围法律服务的律师或律师事务所不得采取下列不正当竞争的行为：①限制委托人接受经过法定机构认可的其他律师或律师事务所提供法律服务；②强制委托人接受其提供的或者由其指定的律师提供的法律服务；③对抵制上述行为的委托人拒绝、中断、拖延、削减必要的法律服务或者滥收费用。

（3）排挤竞争对手：律师或律师事务所相互之间不得采用下列手段排挤竞争对手：①串通抬高或者压低收费；②为争揽业务，不正当获取其他律师和律师事务所收费报价或者其他提供法律服务的条件；③泄露收费报价或者其他提供法律服务的条件等暂未公开的信息，损害相关律师事务所的合法权益。

（4）误导委托人：律师和律师事务所不得擅自或者非法使用社会专有名称或者知名度较高的名称以及代表其名称的标志、图形文字、代号以误导委托人。社会特有名称和知名度较高的名称是指：①有关政党、司法机关、行政机关、行业协会名称；②具有较高社会知名度的高等法学院校或者科研机构的名称；③为社会公众共知、具有较高知名度的非律师公众人物的名称；④知名律师以及律师事务所名称。

（5）冒用法律服务荣誉称号：律师和律师事务所不得伪造或者冒用法律服务荣誉称号。使用已获得的律师或者律师事务所法律服务荣誉称号的，应当注明获得时间和期限。律师和律师事务所不得变造已获得的荣誉称号用于广告宣传。律师事务所已撤销的，其原取得的荣誉称号不得继续使用。

◈ 拓展资料

7.1【拓展阅读资料】

专题二十九　律师流动规范

◈ 知识概要

一、规范律师流动义务

律师与委托人之间的关系是律师执业行为规范中最为重要的关系。律师流动不仅是律师和律师事务所的事情，更关涉委托人的直接利益。律师流动必须要保证委托人对法律服务的选择权，要保证律师事务所的有效管理。律师在转出原律师事务所期间，应当将没有办结的案件与原律师事务所交接，原律师事务所和流动的律师都有责任把转所的实情告知委托人。委托的法律关系是发生在委托人和律师事务所之间的。律师和律师事务所应当认识并重视律师转所应办理的业务交接手续。[1]

《律师执业管理办法》第 20 条规定了律师变更执业机构的程序。《律师执业行为规范（试行）》第 76 条规定，律师变更执业机构时应当维护委托人及原律师事务所的利益；律师事务所在接受转入律师时，不得损害原律师事务所的利益。无论调离原律师事务所的律师是合伙人还是普通律师，无论其是主动离职还是被迫离开，基于律师事务所与委托人之间的委托代理合同关系，律师事务所有义务向委托人告知律师调离的情形。律师转所往往还会带来利益分配、案件档案归属、委托人信息占有、不正当竞争、利益冲突等诸多问题。

二、禁止跨所执业义务

律师只能在一个律师事务所执业。律师变更执业机构的，应当申请换发律师执业证书。规定律师只能在一个律师事务所执业，有利于明确律师事务所的责任，防止出现在两个以上律师事务所执业造成的管理上的漏洞；更有利于保护委托人的合法权益，防止出现因律师违法执业或者因过错给当事人造成损失时，两个以上律师事务所之间相互推诿。禁止律师跨所执业义务与规范律师流动义务实质上是一项义务从禁止性和规范性两个角度提出的不同要求。

《律师和律师事务所违法行为处罚办法》第 5 条将"同时在两个以上律师事务所执业"的行为界定为：①在律师事务所执业的同时又在其他律师事务所或者社会法律服务机构执业的；②在获准变更执业机构前以拟变更律师事务所律师的名义承办业务，或者在获准变更后仍以原所在律师事务所律师的名义承办业务的。律师违反上述规定的，依据《律师法》第 47 条给予行政处罚。

---

[1] 关于规范律师流动可参考阅读王进喜主编：《律师流动法律问题与对策》，知识产权出版社 2013 年版。

经典案例

案件7.2　律师违规流动案（4案）

一、基本案情

案例7.2.1　律师跨所执业案（一）

甲律师事务所接受吴某委托后，指派本所律师刘某代理吴某与某医院纠纷的一审、二审案件。在该案的一审阶段，刘某一直在甲所执业并代理案件，在该案的二审阶段，刘某转入乙律师事务所执业，但是刘某在甲所与吴某签订的《委托代理协议》没有解除的情况下，就以乙所的名义接受吴某的授权委托，代理该案的二审。刘某在其调转执业律师事务所后没有及时告知吴某其转所的情况；乙所在没有和吴某签订《委托代理协议》的情况下，就为刘某出具了担任吴某诉讼代理人的律师事务所函件。

案例7.2.2　律师跨所执业案（二）

2015年5月26日，万某在未与广东甲律师事务所解除聘用关系，且未办理转所手续的情况下，万某（乙方）与广东乙律师事务所（甲方）签订了《聘用律师合同书》。合同约定：甲方聘用乙方为专职律师，合同期限为3年，从2015年5月1日起至2018年4月30日止，甲方为乙方提供办公室、配备办公设备，乙方向甲方支付固定管理费。随后，万某在广东乙律师事务所承办业务。[1]因万某去向不明，市司法局向其公告《行政处罚告知书》，其在法定期限内，未向市司法局提出陈述和申辩，亦未要求举行听证。根据《律师法》第47条、《律师和律师事务所违法行为处罚办法》第5条第1项等规定，市司法局决定给予万某警告的行政处罚。

案例7.2.3　律师跨所执业案（三）

黄律师在尚未与甲律师事务所解除聘用关系的情况下，以乙律师事务所律师的名义多次接受当事人的委托提供法律服务，收取律师代理费（由乙律师事务所出正式发票）。后因当事人向司法行政部门投诉，乙律师事务所解除了与当事人的委托合同，并退还了律师代理费。

---

〔1〕　东莞市司法局东司罚决字〔2017〕第1号行政处罚决定书。

案例 7.2.4 律师跨所执业案（四）

经齐齐哈尔市律师协会调查认定，内蒙古某律师事务所周某甲律师确有以黑龙江某事务所周某乙律师名义办理大量案件的违规行为，且黑龙江某律师事务所为其跨所执业提供了律所公函等便利。2019 年 2 月 7 日，齐齐哈尔市律师协会给予黑龙江某律师事务所中止会员权利 3 个月的行业纪律处分。

二、法律问题

律师应当如何规范变更执业机构？

三、教学安排

（一）教学内容

本案例主要要求学生掌握律师、律师事务所规范律师流动义务，以及禁止跨所执业义务。

（二）课堂安排

要求学生在课前进行阅读与学习，包括：①案例 7.2.1～7.2.4；②表 7.1 "规范律师流动义务"和"禁止跨所执业义务"中的相关依据。授课教师介绍教学内容之后，组织学生围绕以上法律问题进行研讨与分析。

四、重点提示

《律师执业管理办法》第 20 条规定了律师变更执业机构的程序：律师变更执业机构，应当向拟变更的执业机构所在地设区的市级或者直辖市的区（县）司法行政机关提出申请，并提交下列材料：①原执业机构所在地县级司法行政机关出具的申请人不具有《律师执业管理办法》第 21 条规定情形的证明；②与原执业机构解除聘用关系或者合伙关系以及办结业务、档案、财务等交接手续的证明；③拟变更的执业机构同意接收申请人的证明；④申请人的执业经历证明材料。受理机关应当对变更申请及提交的材料出具审查意见，并连同全部申请材料报送省、自治区、直辖市司法行政机关审核。对准予变更的，由审核机关为申请人换发律师执业证书；对不准予变更的，应当向申请人书面说明理由。准予变更的，申请人在领取新的执业证书前，应当将原执业证书上交原审核颁证机关。律师跨设区的市或者省、自治区、直辖市变更执业机构的，原执业机构所在地和变更的执业机构所在地的司法行政机关之间应当交接该律师的执业档案。

◈ 拓展资料

7.2【拓展阅读资料】

专题三十　律师事务所管理规范

◈ 知识概要

一、管理本所律师义务

从规范律师执业行为、提高法律服务质量的角度出发，律师事务所必须加大对于本所律师的管理，避免疏于管理。《律师事务所管理办法》明确了律师事务所与本所律师和辅助人员的权利义务。第41条规定："律师事务所应当保障本所律师和辅助人员享有下列权利：①获得本所提供的必要工作条件和劳动保障；②获得劳动报酬及享受有关福利待遇；③向本所提出意见和建议；④法律、法规、规章及行业规范规定的其他权利。"第42条规定："律师事务所应当监督本所律师和辅助人员履行下列义务：①遵守宪法和法律，遵守职业道德和执业纪律；②依法、诚信、规范执业；③接受本所监督管理，遵守本所章程和规章制度，维护本所的形象和声誉；④法律、法规、规章及行业规范规定的其他义务。"

《律师事务所管理办法》第50条规定："律师事务所应当依法履行管理职责，教育管理本所律师依法、规范承办业务，加强对本所律师执业活动的监督管理，不得放任、纵容本所律师有下列行为：①采取煽动、教唆和组织当事人或者其他人员到司法机关或者其他国家机关静坐、举牌、打横幅、喊口号、声援、围观等扰乱公共秩序、危害公共安全的非法手段，聚众滋事，制造影响，向有关部门施加压力；②对本人或者其他律师正在办理的案件进行歪曲、有误导性的宣传和评论，恶意炒作案件；③以串联组团、联署签名、发表公开信、组织网上聚集、声援等方式或者借个案研讨之名，制造舆论压力，攻击、诋毁司法机关和司法制度；④无正当理由，拒不按照人民法院通知出庭参与诉讼，或者违反法庭规则，擅自退庭；⑤聚众哄闹、冲击法庭，侮辱、诽谤、威胁、殴打司法工作人员或者诉讼参与人，否定国家认定的邪教组织的性质，或者有其他严重扰乱法庭秩序的行为；⑥发表、散布否定宪法确立的根本政治制度、基本原则和危害国家安全的言论，利用网络、媒体挑动对党和政府的不满，发起、参与危害国家安全的组织或者支持、参与、实施危害国家安全的活动；以歪曲事实真相、明显违背社会公序良俗等方式，发表恶意诽谤他人的言论，或者发表严重扰乱法庭秩序的言论。"

《律师和律师事务所违法行为处罚办法》第 30 条将"对本所律师疏于管理，造成严重后果"的违法行为界定为：①不按规定建立健全内部管理制度，日常管理松懈、混乱，造成律师事务所无法正常运转的；②不按规定对律师执业活动实行有效监督，或者纵容、袒护、包庇本所律师从事违法违纪活动，造成严重后果的；③纵容或者放任律师在本所被处以停业整顿期间或者律师被处以停止执业期间继续执业的；④不按规定接受年度检查考核，或者经年度检查考核被评定为"不合格"的；⑤不按规定建立劳动合同制度，不依法为聘用律师和辅助人员办理失业、养老、医疗等社会保险的；⑥有其他违法违规行为，造成严重后果的。律师事务所违反上述规定的，依据《律师法》第 50 条给予行政处罚。

二、健全管理制度义务

律师事务所是律师的执业机构，律师事务所对本所执业律师负有教育、管理和监督的职责。因此，《律师法》第 23 条要求："律师事务所应当建立健全执业管理、利益冲突审查、收费与财务管理、投诉查处、年度考核、档案管理等制度，对律师在执业活动中遵守职业道德、执业纪律的情况进行监督。"第 24 条要求："律师事务所应当于每年的年度考核后，向设区的市级或者直辖市的区人民政府司法行政部门提交本所的年度执业情况报告和律师执业考核结果。"与之相对应,《律师执业管理办法》第47条第3款规定:"律师执业,应当遵守所在律师事务所的执业管理制度,接受律师事务所的指导和监督,参加律师执业年度考核。"

《律师事务所管理办法》明确了律师事务所的监督管理职责:①明确律师事务所建立违规律师辞退和除名制度(第43条)。②律师事务所要建立重大疑难案件的请示报告和集体研究制度(第49条)。③律师事务所统一收费,如实入账,严格依规收费的责任(第47条)。此外,律师事务所应当建立劳动合同管理制度(《律师协会会员违规行为处分规则(试行)》第39条第1项)。

三、依法变更律所重大事项义务

律师只能在一个律师事务所执业,律师事务所的重大事项与律师的执业利益休戚相关。律师事务所名称、负责人、住所、合伙人对外具有公信力,律师事务所的章程、合伙协议等对内具有约束力,其变更必须严格按照法定程序办理。《律师和律师事务所违法行为处罚办法》第24条将"违反法定程序办理变更名称、负责人、章程、合伙协议、住所、合伙人等重大事项"的违法行为界定为:①不按规定程序办理律师事务所名称、负责人、章程、合伙协议、住所、合伙人、组织形式等事项变更报批或者备案的;②不按规定的条件和程序发展合伙人,办理合伙人退伙、除名或者推选律师事务所负责人的;③不按规定程序办理律师事务所分立、合并,设立分所,或者终止、清算、注销事宜的。律师事务所违反上述规定的,依据《律师法》第50条给予行政处罚。以上三项义务的主体均为律师事务所,可以合称"律师事务所尽职管理义务"。

四、禁止从事法律服务以外的经营义务

作为一种职业活动,律师提供法律服务其本身就与商业性相悖。律师事务所是为当事人提供法律服务的执业机构。因此,《律师法》第27条明确规定:"律师事务所不得从事法律服务以外的经营活动。"《律师事务所管理办法》第44条规定:"律师事务所应当在法定业务范围内开展业务活动,不得以独资、与他人合资或者委托持股方式兴办企业,并委派律师担任企业法定代表人、总经理职务,不得从事与法律服务无关的其他经营性活动。"《律师和律师事务所违法行为处罚办法》第 25 条将律师事务所"从事法律服务以外的经营活动"的违法行为界定为：①以独资、与他人合资或者委托持股方式兴办企业，并委派律师担任企业法定代表人或者总经理职务的；②从事与法律服务无关的中介服务或者其他经营性活动的。律师事务所违反上述规定的，依据《律师法》第 50条给予行政处罚。需要注意的是，在《律师执业管理办法》取代了《合伙律师事务所管理办法》以及《律师法》2007 年修订之后，相关法律仅仅规定了律师事务所不得从事法律服务以外的经营活动，而未对律师个人进行约束。

📚 经典案例

案例7.3 律师事务所未尽管理义务案（4 案）

一、基本案情

案例 7.3.1 律师事务所未妥善保管公章案

委托人持有一份盖有某律师事务所公章的《委托代理协议》，该合同为打印件，委托事项、收费金额等条款需手动填写。但签订合同的唐某非某律师事务所人员，签订合同的地点也非某律师事务所办公地点。唐某以个人名义收取费用并出庭代理，某律师事务所并未收取委托费，也未指派人员代理该案件。该合同是社会人员利用某律师事务所流失的合同文本制作而成。这说明该律师事务所存在管理漏洞，因为合同文本管理和公章使用管理是律师事务所的基本内部管理制度，上述内部管理制度的实施将保证律师正当执业、限制非律师人员以律师名义从事活动，从而可以维护律师事务所的声誉，避免律师事务所受到损失。

案例 7.3.2 律师事务所管理混乱案（一）

北京某律师事务所存在未办理住所变更登记、未及时开具发票、指派非律师工作人员从事应由律师从事的业务以及管理混乱等情况。根据《律师协会会员违规行为处分规则（试行）》第 39 条第 1 项、第 40 条的规定，北京市律师协会给予该律师事务所公开谴责的行业纪律处分。

案例 7.3.3 律师事务所管理混乱案（二）

广东某律师事务所存在未建立印章使用审批制度，不按规定健全执业管理和其他各项内部管理制度，缺乏对所内律师执业行为的统一管理与监督等违规行为；该所律师张某存在在执业机构法定住所以外的地方设立办公室、以个人账户收取律师服务费用等私自收案收费的违规行为；该所还存在为非律师人员以律师身份从事法律服务提供便利、指派实习律师独自出庭应诉等违规行为。依据《律师协会会员违规行为处分规则（试行）》第27条第2、3项、第39条第1项等规定，市律师协会分别给予张某中止会员权利6个月的行业纪律处分，给予该律师事务所公开谴责的行业纪律处分。

案例7.3.4　律师事务所放任律师违规收案收费案

广东省佛山市司法局因广东某律师事务所疏于管理，放任所内律师连续多次不以律所名义统一接受委托、统一收取律师服务费，给予其停业整顿2个月，并罚款3万元人民币的行政处罚。依据上述行政处罚决定和《律师协会会员违规行为处分规则（试行）》第27条第2项的规定，佛山市律师协会给予该律师事务所中止会员权利2个月的行业纪律处分。

二、法律问题

律师事务所应当如何规范、科学地进行管理？

三、教学安排

（一）教学内容

本案例主要要求学生掌握律师事务所管理本所律师义务、健全律所管理制度义务、依法变更律所重大事项义务。

（二）课堂安排

要求学生在课前进行阅读与学习，包括：①案例7.3.1～7.3.4；②表7.1"管理本所律师义务""健全律所管理制度义务"和"依法变更律所重大事项义务"中的相关依据。授课教师介绍教学内容之后，组织学生围绕以上法律问题进行研讨与分析。

四、重点提示

《律师法》第27条明确规定："律师事务所不得从事法律服务以外的经营活动。"第50条规定，律师事务所"从事法律服务以外的经营活动的"，由设区的市级或者直辖市的区人民政府司法行政部门视其情节给予警告、停业整顿1个月以上 6 个月以下的处罚，可以处 10 万元以下的罚款；有违法所得的，没收违法所得；情节特别严重的，由省、自治区、直辖市人民政府司法行政部门吊销律师事务所执业证书。《律师和律师事务所违法行为处罚办法》第 25 条将律师事务所"从事法律服务以外的经营活动"的违法行为界定为：①以独资、与他人合资或者委托持股方式兴办企业，并委派律师担任企业法定代表人或者总经理职务的；②从事与法律服务无关的中介服务或者其他经营性活动的。

案例 7.4 律师事务所申请工商登记案

一、基本案情

冉某为四川某律师事务所（个人律师事务所）的设立投资人，向区工商局提交了企业名称预先核准申请，要求为律师事务所办理工商登记，以取得市场主体资格的证明文件营业执照，享受国家工商登记制度改革的红利。区工商局以律师事务所不属于企业登记范畴为由，拒绝为冉某办理工商登记。冉某向区政府申请行政复议后，区工商局辩称，其不履行法定职责为冉某办理工商登记的行为合法适当，主要理由是：①司法部 1990 年 3 月 6 日颁发的《关于律师事务所不应进行工商登记的通知》（司发〔1990〕第 56 号）中作出了律师事务所是事业单位，不进行工商登记的禁止性规定。②司法部颁发的规章《律师事务所管理办法》已经确认律师事务所执业许可证就是主体资格证明文件，区工商局无需再为冉某办理工商登记颁发执照。③司法部颁发的《关于律师事务所不应进行工商登记的通知》是特别法，按照特别法优先的原则，区工商局不能为冉某办理工商登记颁发执照。区政府作出行政复议决定，维持了区工商局的行为。[1]

二、法律问题

律师事务所为什么不能登记为企业？

三、教学安排

（一）教学内容

本案例主要要求学生掌握律师事务所禁止从事法律服务以外的经营义务。

---

〔1〕 成都市金牛区人民法院〔2015〕金牛行初字第 28 号行政起诉状、行政答辩状。

（二）课堂安排

要求学生在课前进行阅读与学习，包括：①案例7.4；②表7.1"禁止从事法律服务以外的经营义务"中的相关依据。授课教师介绍教学内容之后，组织学生围绕以上法律问题进行研讨与分析。

四、重点提示

律师事务所是律师的执业机构。《律师法》第18条规定："设立律师事务所，应当向设区的市级或者直辖市的区人民政府司法行政部门提出申请，受理申请的部门应当自受理之日起20日内予以审查，并将审查意见和全部申请材料报送省、自治区、直辖市人民政府司法行政部门。省、自治区、直辖市人民政府司法行政部门应当自收到报送材料之日起10日内予以审核，作出是否准予设立的决定。准予设立的，向申请人颁发律师事务所执业证书；不准予设立的，向申请人书面说明理由。"律师事务所持有的是司法行政机关颁发的执业许可证。1990年3月6日，司法部《关于律师事务所不应进行工商登记的通知》规定，律师事务所（法律顾问处）……不是经营性组织，除专业性律师事务所经司法地部批准外，律师事务所经省、自治区、直辖市司法厅（局）批准，即可开展律师业务，维护法律的正确实施，维护国家、集体的利益和公民的合法权益。因此，律师事务所（法律顾问处）不应进行工商登记。2000年6月7日，司法部《关于律师事务所不进行民政登记的批复》中规定，经研究认为，律师事务所是依据《律师法》及《律师事务所登记管理办法》设立的律师执业机构，律师事务所经司法行政机关审核登记后依法成立，不应再进行民政、工商等形式的登记。

拓展资料

7.3【拓展阅读资料】

| 第八章 |

律师与管理机构关系规范

📚 本章知识概要

一、律师与管理机构关系规范的基本原则

我国对律师的管理体制是由 1993 年 12 月司法部《关于深化律师工作改革的方案》提出的"建立司法行政机关的行政管理与律师协会行业管理相结合的管理体制，经过一个时期的实践后，逐步向司法行政机关宏观管理下的律师协会行业管理体制过渡"确立的，这奠定了我国律师管理体制的基本架构。1996 年的《律师法》正式确立了"两结合"的管理体制，在立法层面上确定由律师协会作为行业管理机构。2007 年修订后的《律师法》将律师协会定位为律师自律组织，这表明对律师实行的行业管理从"行政管理为主、行业管理为辅的模式"逐步改革为"司法机关宏观管理下的律师协会行业管理制度"。实践证明，"两结合"管理体制是适应我国国情和律师行业发展实际、具有中国特色的社会主义律师管理体制。因此，在律师执业中，要接受司法行政机关和律师协会的管理。

二、律师与管理机构关系规范的具体内容

在执业中，律师、律师事务所应当服从狱政管理机关（看守所、监狱）、司法行政机关和律师行业协会的管理。律师与管理机构关系规范的具体内容和相关依据详见表 8.1。

表 8.1　律师与管理机构关系

	律师义务	权利主体	具体内容	相关依据
1	禁止违规会见义务	狱政管理机关	禁止违规会见当事人。	《律师协会会员违规行为处分规则（试行）》第 35 条第 1 项；《律师办理刑事案件规范》第 26 条第 1 款。
2	禁止提供虚假材料义务	司法行政机关	禁止向司法行政部门提供虚假材料或者有其他弄虚作假行为。	《律师法》第 49 条第 1 款第 3 项、第 50 条第 1 款第 7 项；《律师和律师事务所违法行为处罚办法》第 16、29 条；《律师协会会员违规行为处分规则（试行）》第 38 条第 1 项。
3	法律援助义务	司法行政机关	律师、律师事务所应当按照国家规定履行法律援助义务，为受援人提供符合标准的法律服务，维护受援人的合法权益。	《律师法》第 42 条、第 47 条第 5 项、第 50 条第 1 款第 6 项；《律师执业管理办法》第 45 条；《律师事务所管理办法》第 48 条；《律师和律师事务所违法行为处罚办法》第 9、28 条；《律师执业行为规范（试行）》第 94 条；《法律援助条例》。
4	禁止煽动、教唆当事人以非法手段解决争议义务	司法行政机关	律师应当引导当事人通过合法的途径、方式解决争议。	《律师法》第 40 条第 7 项、第 49 条第 1 款第 7 项；《律师执业管理办法》第 37 条；《律师和律师事务所违法行为处罚办法》第 20 条；《律师执业行为规范（试行）》第 6 条第 2 款；《律师协会会员违规行为处分规则（试行）》第 34 条第 4 项。
5	依法纳税义务	司法行政机关	依法纳税的义务。	《律师法》第 25 条第 2 款；《律师事务所管理办法》第 47 条第 3 款；《律师执业行为规范（试行）》第 90 条；《律师协会会员违规行为处分规则（试行）》第 39 条第 3 项。
6	参加职业培训义务	律师协会	律师应当按照规定参加司法行政机关和律师协会组织的职业培训。	《律师执业管理办法》第 49 条；《律师事务所管理办法》第 55 条；《律师执业行为规范（试行）》第 91、99 条。

续表

	律师义务	权利主体	具体内容	相关依据
7	履行备案、报告和缴费义务	律师协会	律师参加国际活动应当报律协备案；律师和律师事务所因执业行为被诉或者受到调查、处罚的，应当向律协书面报告；律师应当按时缴纳会费。	《律师执业行为规范（试行）》第100、101、105条。
8	参加公益活动义务	律师协会	律师协会倡导律师关注、支持、积极参加社会公益事业；律师应当参加律师协会组织的公益活动。	《律师执业行为规范（试行）》第11、102条。
9	执行行业处理决定、履行行业处分义务	律师协会	律师应当执行律师协会就律师执业纠纷作出的处理决定。律师应当履行律师协会依照法律、法规、规章及律师协会章程、规则作出的处分决定。	《律师和律师事务所违法行为处罚办法》第35条；《律师执业行为规范（试行）》第104条；《律师协会会员违规行为处分规则（试行）》第51条第1款。
10	参加实习活动义务	律师协会	申请律师执业的人员，应当按照规定参加律师协会组织的实习活动，并经律师协会考核合格。	《律师法》第5、6、46条；《律师执业管理办法》第6条第1、4款；《申请律师执业人员实习管理规则》。

专题三十一　律师会见在押人员规范

📚 知识概要

律师接受当事人委托会见在押人员，必须由其本人持相关证件并由其单独会见，这是律师从事业务的基本原则。律师职业是追求严谨和追求诚信的职业，社会对律师和律师事务所的执业行为的合法性、合规性一向寄予厚望。

特别是在辩护工作中，律师承载着更大的风险，律师违规会见当事人不仅会带来执业纪律处分的风险，而且，还可能触犯刑律，被追究刑事责任。

《律师法》在律师会见问题上赋予律师更大的空间和权利，会见时不受监督、不受监听。但是，个别律师缺乏依法执业的意识，一味迎合当事人的要求，违反规定，严重影响看守所的监管工作。《律师办理刑事案件规范》第26条第1款规定，辩护律师会见在押犯罪嫌疑人、被告人应当遵守看守所依法作出的有关规定。未经允许，不得直接向犯罪嫌疑人、被告人传递药品、财物、食物等物品，不得将通信工具提供给犯罪嫌疑人、被告人使用，不得携犯罪嫌疑人、被告人亲友会见。

经典案例

案例8.1　律师违规会见在押人员案（4案）

一、基本案情

案例8.1.1　律师违规会见在押人员案（一）

2017年8月11日上午，浙江省某律师事务所执业律师陶甲在看守所会见犯罪嫌疑人陶乙（因涉嫌聚众斗殴被依法逮捕，系陶甲堂弟）时，陶乙多次提出与其妻通话的要求，陶甲出于亲情关系考虑，将手机递至会见室栅栏内，拨通了陶乙妻子的电话并在开免提状态下让陶乙与其妻通话，后经查证通话时长为1分43秒，通话内容未涉及该刑事案件。陶乙与其妻通话时，被看守所民警发现。陶甲当即被终止会见。2017年8月17日，县检察院向市律师协会发出《检察建议书》，反映陶甲有违反看守所规定会见犯罪嫌疑人的行为。市律师协会于2017年10月16日对陶甲作出了中止会员权利6个月的处分决定（该处分决定已于2017年11月8日生效）。市司法局案件审查委员会经集体决定，于2017年12月25日对陶甲作出了停止执业6个月的行政处罚，停止执业期限从该决定书送达之日起计算。[1]

案例8.1.2　律师违规会见在押人员案（二）

2017年11月8日，浙江某律师事务所与陈某之父签订《委托代理合同》，

---

[1]　嘉兴市司法局嘉司罚决字〔2017〕第3号行政处罚决定书。

指派该所执业律师曾某担任陈某涉嫌网络诈骗一案的辩护人。曾某分别于 11 月 8 日、27 日两次会见在押犯罪嫌疑人陈某。在第二次会见时，曾某未经看守所同意，将事先由其誊抄好的陈某之父的信件交给在押犯罪嫌疑人陈某阅看，后又将陈某当场书写的信件带出看守所传递给陈某之父阅看。该两份信件内容与案件无关，后被县检察院予以查扣。市司法局鉴于曾某认错态度诚恳，主动交代违法行为，积极配合司法行政机关的调查处理，决定给予曾某停止执业 3 个月的行政处罚。[1]

案例 8.1.3　律师违规会见在押人员案（三）

被告人李某的妻子何某带律师魏某到某公安局预审监管支队办理申请律师会见被告人李某的手续。何某跟随魏某混入看守所。魏某明知何某跟随自己混进看守所是违规行为，却未加劝阻，反而放任了何某的行为。在魏某的默许下，何某冒充律师助手，欺骗了办案民警，一同参与了律师对犯罪嫌疑人李某的会见。整个会见过程约 20 分钟。在会见过程中，何某并未离开会见现场，魏某、何某二人也未向负责带引律师会见的办案民警告知何某的真实身份，何某还以律师助手的身份向被告人李某介绍魏某的律师身份，并与被告人李某有过简短的对话。对何某的上述行为，魏某一直未予劝止。

案例 8.1.4　律师违规会见在押人员案（四）

律师王某在看守所会见犯罪嫌疑人陈某时，应犯罪嫌疑人的要求，为其提供香烟若干支。会见结束后，犯罪嫌疑人陈某将王某提供的香烟带至监室，被看守所民警查出。律师协会依法对律师王某予以查处。

二、法律问题

结合以上案例，分析律师违规会见会承担何种法律后果？

三、教学安排

（一）教学内容

本案例主要要求学生掌握律师的禁止违规会见义务。

（二）课堂安排

要求学生在课前进行阅读与学习，包括：①案例 8.1.1～8.1.4；②表 8.1

---

〔1〕　金华市司法局金司罚决字〔2017〕第 7 号行政处罚决定书。

"禁止违规会见义务"中的相关依据。授课教师介绍教学内容之后，组织学生围绕以上法律问题进行研讨与分析。

四、重点提示

律师隐瞒家属身份带领家属（非律师人员）会见在押人员（见案例8.1.3），律师在会见在押人员时将手机交给在押人员使用（见案例8.1.1），律师在会见时违规传递文件（见案例8.1.2）、物品（见案例8.1.4）等，这些都是非常典型的律师违规会见案例。不论是出于利益驱使还是其他任何原因，执业律师在会见时违规都是律师不专业、不敬业的表现。

《律师参与刑事案件办案规范》要求律师在会见犯罪嫌疑人时，应当遵守羁押场所依法作出的有关规定，不得为犯罪嫌疑人传递物品、信函，不得将通信工具借给其使用，不得进行其他违反法律规定的活动。《律师协会会员违规行为处分规则（试行）》第35条第1项规定，会见在押犯罪嫌疑人、被告人时，违反有关规定，携带犯罪嫌疑人、被告人的近亲属或者其他利害关系人会见，将通信工具提供给在押犯罪嫌疑人、被告人使用，或者传递物品、文件，应给予中止会员权利6个月以上1年以下或者取消会员资格的纪律处分。律师事务所和律师应该引以为戒，通过规范化管理和自律教育，杜绝此类低级错误再度发生。

拓展资料

8.1【拓展阅读资料】

专题三十二　禁止律师向司法行政机关提供虚假材料规范

知识概要

律师执业准入是保证律师提供法律服务质量的基础。律师、律师事务所的执业申请、执业变更等都属于行政许可的范畴。《律师法》《律师执业管理办法》等详细规定了申请的条件和程序，特别规定了申请应当提交的材料。如果律师、律师事务所向司法行政部门提供虚假材料或者有弄虚作假的行为，会动摇整个律师执业的基础，严重危害整个行业的诚信。

《律师和律师事务所违法行为处罚办法》第16条将律师"向司法行政部门提供虚假材料或者有其他弄虚作假行为"的违法行为界定为：①在司法行政机关实施检查、监督工作中，向其隐瞒真实情况，拒不提供或者提供不实、虚假材料，或者隐匿、毁灭、伪造证据材料的；②在参加律师执业年度考核、执业评价、评先创优活动中，提供不实、虚假、伪造的材料或者有其他弄虚作假行为的；③在申请变更执业机构、办理执业终止、注销等手续时，提供不实、虚假、伪造的材料的。律师违反上述规定的，依据《律师法》第49条给予行政处罚。

《律师和律师事务所违法行为处罚办法》第29条将律师事务所"向司法行政部门提供虚假材料或者有其他弄虚作假行为的"违法行为界定为：①在司法行政机关实施检查、监督工作时，故意隐瞒真实情况，拒不提供有关材料或者提供不实、虚假的材料，或者隐匿、毁灭、伪造证据材料的；②在参加律师事务所年度检查考核、执业评价、评先创优活动中，提供不实、虚假、伪造的材料或者有其他弄虚作假行为的；③在办理律师事务所重大事项变更、设立分所、分立、合并或者终止、清算、注销的过程中，提供不实、虚假、伪造的证明材料或者有其他弄虚作假行为的。

📚 经典案例

案件8.2 向司法行政机关提供虚假材料案（8案）

一、基本案情

案例8.2.1 申请律师执业提供虚假材料案（一）

周某为某县中学教师，2009年取得法律职业资格证书，2011年向浙江省司法厅申请在浙江某律师事务所作为专职律师执业，并提交了《律师执业登记表》、县就业管理服务中心服务处出具的《失业证》、县人才开发服务中心出具的周某的人事档案《存档证明》等申请材料。2011年7月，浙江省司法厅作出准予周某律师执业的《行政许可决定书》并向周某颁发了律师执业证书。在申请材料中，周某伪造简历，提供虚假的证明材料，隐瞒其系中学教师的真实情况。为应对律师年度考核，从 2010 年 8 月开始，周某隐瞒其已参加机关事业单位养老保险的情况，通过浙江某律所另行办理了社会保险。在 2013 年至 2016 年律师年度考核中，周某继续隐瞒真实情况，通过了年度考核、备案。[1]

周某所在市司法局认为周某身为国家事业编制工作人员，明知其不符合专职律师申请条件，为实现其非法执业的目的，采取隐瞒真实情况、提交虚假材料等形式，骗取律师执业许可，并在之后的律师年度考核中继续隐瞒真实情况、弄虚作假，其行为违反了《行政许可法》第 31 条"申请人申请行政许可，应当如实向行政机关提交有关材料和反映真实情况，并对其申请材料实质内容的真实性负责"和《律师执业管理办法》第 11 条第 2 款"申请执业许可时，申请人应当如实填报《律师执业申请登记表》"等规定。根据《行政许可法》第 79 条、第 80 条第 3 项、《律师法》第 49 条第 1 款第 3 项，市司法局决定给予周某停止执业 9 个月的行政处罚。

案例 8.2.2　申请律师执业提供虚假材料案（二）

邹某为湖南省某高校的法学教授，于 2009 年 6 月经湖南省司法厅审批准予以兼职律师身份执业。2014 年初，邹某向司法行政机关提供了虚假的辞职证明，以合伙人身份加入另一律师事务所，同时采用欺诈手段通过了司法行政机关的审批，将兼职律师执业许可换为专职律师执业许可。湖南省司法厅于 2016 年 7 月决定撤销准予邹某的专职律师执业许可。[2]

张某为湖南省某高校在编在职的工作人员。湖南省司法厅于 2017 年也因类似的情形撤销了张某的专职律师执业许可。[3]

案例 8.2.3　申请律师执业提供虚假材料案（三）

2011 年 6 月，童某通过欺诈手段，骗取衡阳市人才交流中心出具了档案托管证明，掩盖其在广东省深圳市任公职人员的事实，使得其材料符合专职律师的执业条件。2011 年 9 月，湖南省司法厅准予童某以律师身份执业，并向童某颁发了专职律师执业证书。根据《律师法》第 9 条第 1 项的规定，湖南省司法厅于 2017 年 8 月作出了撤销童某律师执业许可的决定书，收回并注

---

〔1〕　温州市司法局温司罚决字〔2018〕第 6 号行政处罚决定书。
〔2〕　湖南省司法厅湘司许〔2016〕第 304 号行政决定书。
〔3〕　湖南省司法厅湘司许〔2017〕第 230 号行政决定书。

销了童某的专职律师执业证书。[1]

案例 8.2.4　律师故意隐瞒经历和修改学历案

李某于 2013 年 6 月被海南省司法厅批准以律师身份执业，但李某在申请律师执业行政许可时，隐瞒其在某法律咨询中心担任合伙人的经历，并把学历修改为大学本科。2014 年 5 月，海南省司法厅认为，李某在申请律师执业许可时，存在故意隐瞒经历和修改学历的行为。海南省司法厅遂作出了撤销李某律师执业许可的行政决定。李某对该行政决定不服，向司法部提出复议申请。同年 10 月，司法部作出了行政复议决定，维持原行政决定。李某不服，提起诉讼和上诉，一审法院驳回了李某的诉讼，二审法院驳回上诉，维持原判。[2]

案例 8.2.5　律师隐瞒受过刑事处罚情况案

朱某因故意犯罪而获刑，出狱后，参加了司法考试并取得了法律职业资格证。后朱某隐瞒了其受过刑事刑罚的情况，向安徽省司法厅申请律师执业，并获取了律师专职执业证。后因他人举报，安徽省司法厅查实后，撤销了朱某的律师执业证。朱某将省司法厅诉至法院，一审法院驳回了朱某的诉讼请求。[3]

案例 8.2.6　律师流动提供虚假材料案

2017 年 4 月 10 日，王某在由山东甲律师事务所转所至山东乙律师事务所的过程中，未在原所办理转所手续，向区司法局提供了加盖其私刻的山东甲律师事务所公章的《律师变更执业机构申请表》及业务、档案、财务交接清结证明书等虚假转所申请材料。王某所在市司法局决定给予王某停止执业 6 个月的处罚。[4]

案例 8.2.7　律师实习提供虚假材料案

某律师事务所实习律师高某参加律师协会举办的实习律师培训班。该实习律师不仅未经请假而擅自中断实习培训，而且私刻印章并予以使用，逃避律师协会对申请律师执业人员的考核、监督和管理。该律师协会纪律委员会责令该律师事务所解除与高某之间的实习协议，收缴高某的《申请律师执业

〔1〕　湖南司法厅湘司许〔2017〕第 249 号行政决定书。
〔2〕　浙江省高级人民法院〔2015〕琼行终字第 72 号行政判决。
〔3〕　刑政、孔华："律师状告司法厅一审败诉　前科被人举报，执业证被撤销"，载《安徽商报》2009 年 9 月 23 日，第 A4 版。
〔4〕　青岛市司法局青司罚字〔2017〕第 1 号行政处罚决定书。

人员实习证》，停止高某的实习期，认定其已进行的实习无效。高某自该决定生效之日起2年内不得再次申请实习。

案例8.2.8　律师隐瞒参与公司经营案

安徽某律师事务所律师张某参与公司经营。且在每年的律师执业年度考核和执业评价中，其个人自述的执业情况与该律师事务所出具的履职情况报告差距较大。根据《律师协会会员违规行为处分规则（试行）》第38条第1项的规定，市律师协会给予张某中止会员权利6个月的行业纪律处分。

二、法律问题

根据《行政许可法》第69条、第79条、第80条第3项，《律师法》第9条第1项、第49条第1款第3项，分析申请人在申请律师执业时提供虚假证明材料的，司法行政机关撤销律师执业许可是否属于行政处罚？

三、教学安排

（一）教学内容

本案例主要要求学生掌握律师的禁止提供虚假材料义务。

（二）课堂安排

要求学生在课前进行阅读与学习，包括：①案例8.2.1～8.2.8；②表8.1"禁止提供虚假材料义务"中的相关依据。授课教师介绍教学内容之后，组织学生围绕以上法律问题进行研讨与分析。

四、重点提示

（一）撤销律师执业许可是行政行为纠错机制

从法律规定上，《行政许可法》第69条规定了行政许可的"撤销"。结合《行政许可法》第69条以及其他法律中的类似表述可以看出，《行政许可法》第8条第1款中规定的"已经生效的行政许可"专指合法的行政许可，第8条第2款规定了"行政许可所依据的法律、法规、规章修改或者废止，或者准予行政许可所依据的客观情况发生重大变化的，为了公共利益的需要"，行政机关可以"撤回（废止）"行政许可。在行政法理论上，对行政行为的"撤销"和"撤回（废止）"区分也是很明确的。行政行为撤销针对的是违法行政行为，即行政行为成立之时就具有违法情形，有权行政机关作出决定使其失去法律效力，其效力可以溯及既往；行政行为废止针对的是合法行政行为，即行政行为成立之时不存在法律瑕疵，由于日后情况发生变化，维持该行政行为效力不符合公共利益的要求，有权行政机关作出决定使其失去法律效力，其效力不具有溯及力，即原合法有效的具体行政行为自废止决定作出之日后失效。

律师执业证书的注销，处于律师执业行政许可实施整个过程的末端环节，它是司法行政部门针对处于形式或者实质失效状态下的律师执业行政许可决定作出的处理，是由司法行政部门依据法定程序收回律师执业证书并且公告，使得律师执业证书失去效力的行为。根据《行政许可法》第70条第4项的规定，行政许可撤销决定是引发行政许可注销决定的法律事实之一，两者之间是一种因果关系。《律师法》第9条"省、自治区、直辖市人民政府司法行政部门撤销准予执业的决定，并注销被准予执业人员的律师执业证书"以及司法部《律师和律师事务所执业证书管理办法》第15条第1款等规定，非常清楚地明确了撤销律师执业许可与注销律师执业证书之间的关系。《律师执业管理办法》第23条明确规定了律师执业证书撤销之后，证书的收回和注销机关应当划归执业所在地管辖，由原审核颁证机关处理，即注销律师执业证书是撤销律师执业许可后的必经程序。

（二）撤销律师执业许可不是行政处罚

从过错责任主体来看，撤销律师执业许可的原因包括申请人实施违法申请律师执业的行为和司法行政部门实施玩忽职守、收受贿赂等违法行为两类。撤销律师职业许可如果损害了申请人的合法权益，就需要赔偿，所以肯定不是行政处罚。但是因申请人的违法行为所引发的撤销是否是行政处罚，学者观点并不一致。例如，有学者认为，对于申请人因真实信息的隐瞒或者虚假信息的提供而取得许可登记的，司法行政部门所作的撤销许可决定本质上应当属于行政处罚的范畴。基于以下五个方面的理由，撤销律师执业许可不是行政处罚的形式之一：

1. 适用的依据不同。撤销律师执业许可和律师执业行政处罚同样都是因为行政行为存在违法性，但是二者适用的法律依据不同。撤销律师执业许可是针对律师有违反《律师法》第5~8条关于律师执业相关规定的行为，申请人在申请时运用了不正当手段如贿赂、欺诈等，或者是对于不符法定条件的申请人作出了准予执业决定的情形，这违反了《律师法》关于设定和实施准予律师执业应当符合法定标准和条件的规定。律师执业行政处罚是针对律师执业中实施了违反《律师法》第38～42条规定的律师法定义务的行为，由司法行政部门对行政相对人给予行政制裁的行政行为。

2. 适用的前提不同。撤销律师执业许可主要是申请人在申请律师执业中，以欺诈、贿赂等不正当手段取得律师执业许可，导致司法行政部门作出准予律师执业的决定具有"先天"违法性，即准予律师执业许可在成立时存在瑕疵或者有违法情形，从而导致司法行政部门作出的行政许可是违法的。律师执业行政处罚是指在申请律师执业中，申请人和司法行政部门在作出准予律师执业决定时均未有违法事由，而是由于律师在执业中严重违法，主要适用于律师严重违反职业道德、触犯法律法规的情形，由原许可机关或原许可机关的上级机关剥夺其已被授予的许可事项的资格，应当被视为一种行政处罚。

3. 适用的性质不同。撤销律师执业许可是为了纠正之前作出的错误许可的一种行政处理，单纯地撤销律师执业许可并没有体现惩罚性，只是行政机关的纠错行为。并且，在被撤销律师执业许可后，申请人如果符合申请律师执业条件仍可申请律师执业。律师执业行政处罚是指司法行政部门对于实施了违背律师管理规范的律师或者律师事务所，依法行使其行政职权，对其作出行政惩戒。就惩戒的实施主体而言，可以理解为一种制裁性行政行为，而就惩戒的承受主体而言，则属于惩罚性行政法律责任的范畴。

4. 适用的主体不同。虽然作出撤销律师执业许可和律师执业行政处罚的均为司法行政部门，但是根据《律师法》的规定，撤销律师执业许可只能由准予律师执业的机关作出，即省、自治区、直辖市人民政府司法行政部门；律师执业行政处罚，根据违法行为的严重程度以及给予行政处罚的类型不同，分别由设区的市级或者直辖市的区人民政府司法行政部门和省、自治区、直辖市人民政府司法行政部门作出。

5. 适用的结果不同。撤销律师执业许可首先影响的是准予律师执业的行政行为的法律效力，其次才是申请人及利害关系人的权利义务。律师执业行政处罚限制、剥夺了作为行政相对人的律师、律师事务所的某种资格或者权益，是司法行政部门惩戒律师、律师事务所的手段和措施，是行政机关对行政相对人的行政处罚形式，其影响的是律师的权益，并不影响原准予律师执业行为所确立的法律效力。

拓展资料

8.2【拓展阅读资料】

专题三十三　律师法律援助义务规范

知识概要

　　法律援助是社会文明和法治完善的必然产物，是世界上多数国家普遍采用的一种司法救济制度。而对贫弱当事人提供法律援助也是律师的一项重要法定义务。法律援助义务是指律师、律师事务所应当按照国家规定履行法律援助义务，为受援人提供符合标准的法律服务，维护受援人的合法权益。承办法律援助案件是律师、律师事务所承担社会责任最为典型的形式。根据《律师法》《律师执业管理办法》《律师事务所管理办法》《律师和律师事务所违法行为处罚办法》《律师执业行为规范（试行）》和《法律援助条例》《关于刑事诉讼法律援助工作的规定》等，司法行政机关有权对于律师、律师事务所履行法律援助义务的状况进行监督。

　　《律师和律师事务所违法行为处罚办法》第9条将《律师法》第47条第5项规定的律师"拒绝履行法律援助义务"的违法行为界定为：①无正当理由拒绝接受律师事务所或者法律援助机构指派的法律援助案件的；②接受指派后，懈怠履行或者擅自停止履行法律援助职责的。律师拒绝履行法律援助义务的，依据《律师法》第47条给予行政处罚。《律师和律师事务所违法行为处罚办法》第28条将属于《律师法》第50条第6项规定的律师事务所"拒绝履行法律援助义务"的违法行为界定为：①无正当理由拒绝接受法律援助机构指派的法律援助案件的；②接受指派后，不按规定及时安排本所律师承办法律援助案件或者拒绝为法律援助案件的办理提供条件和便利的；③纵容或者放任本所律师有本办法第9条规定的违法行为的。

经典案例

案例8.3　律师未尽法律援助义务案

一、基本案情

律师肖某接受区法律援助中心指派为张某提供法律援助。法院送达民事传票，提前告知了开庭的具体时间和地点。但是肖某未按时出庭参加诉讼，最终由张某自己出庭，导致法院开庭时间迟延了22分钟。直到庭审结束，肖某也没有到庭，没有尽到维护受援人合法权益的义务。区司法局决定给予肖某警告的行政处罚，并责令改正。[1]

二、法律问题

1. 律师履行社会责任的形式有哪些？
2. 律师法律援助的范围有哪些？
3. 律师不履行法律援助义务有何后果？

三、教学安排

（一）教学内容

本案例主要要求学生掌握律师的法律援助义务。

（二）课堂安排

要求学生在课前进行阅读与学习，包括：①案例8.3；②表8.1"法律援助义务"中的相关依据。授课教师介绍教学内容之后，组织学生围绕以上法律问题进行研讨与分析。

四、重点提示

1. 我国律师制度重建历经40余年，这也是中国经济在高速增长后，正转

---

〔1〕　北京市怀柔区司法局（怀）司罚决字〔2017〕第1号行政处罚决定书。

向以增速放缓、结构调整、动力转换为主要特征的新常态。《中共中央关于全面推进依法治国若干重大问题的决定》要求"构建社会律师、公职律师、公司律师等优势互补、结构合理的律师队伍"。随着律师行业的蓬勃发展，律师履行社会责任的情况日益成为社会、行业关注的热点问题。律师社会责任是指律师利用其法律知识以及法律技能免费或象征性地收费，为贫弱群体提供法律服务，利用律师专业身份从事各种公益活动，回馈社会并提高公众对律师信任的一种责任。律师履行社会责任是律师维护当事人合法权益，维护法律正确实施，维护社会公平和正义的重要途径。目前律师承担社会责任的范围主要集中于社区普法、法律援助、免费咨询等方面，这些方面既是社会责任的应有内容，又是履行社会责任较为便利的形式；律师协会应当逐步采取措施鼓励、支持律师、律师事务所在环保、产品质量、医患纠纷、刑事附带民事等特殊案件中，在对未成年人、老年人、妇女、农民工等弱势群体的保护方面承担相应的社会责任，逐步扩大律师履行社会责任的参与范围。此外，应当开辟律师承担社会责任的新领域，鼓励律师在法学教育领域承担社会责任。

2. 承办法律援助案件是律师承担社会责任最为典型的形式。法律援助义务是指律师、律师事务所应当按照国家规定履行法律援助义务，为受援人提供符合标准的法律服务，维护受援人的合法权益。《律师法》第 42 条、第 47 条 5 项、第 50 条第 1 款第 6 项，《律师执业管理办法》第 45 条，《律师和律师事务所违法行为处罚办法》第 9 条、第 28 条，《律师执业行为规范（试行）》第 94 条和《法律援助条例》等构成了律师法律援助的基本规范。律师法律援助与律师执业条件、律师业务、权利义务、律师管理制度和律师法律责任等一并构成了律师法律制度。法律援助是社会文明和法治完善的必然产物，是世界上多数国家普遍采用的一种司法救济制度，而对贫弱当事人提供法律援助也是律师的一项重要法定义务。根据《法律援助条例》第 10 条和第 11 条的规定，律师法律援助范围包括：

（1）公民对下列需要代理的事项，因经济困难没有委托代理人的，可以向法律援助机构申请法律援助：依法请求国家赔偿的；请求给予社会保险待遇或者最低生活保障待遇的；请求发给抚恤金、救济金的；请求给付赡养费、抚养费、扶养费的；请求支付劳动报酬的；主张因见义勇为行为产生的民事权益的。省、自治区、直辖市人民政府可以对上述规定以外的法律援助事项作出补充规定。公民可以就上述事项向法律援助机构申请法律咨询。

（2）在刑事诉讼中，具有下列情形之一，犯罪嫌疑人、被告人没有委托辩护人的，可以依照上述规定可以申请法律援助：有证据证明犯罪嫌疑人、被告人属于一级或者二级智力残疾的；共同犯罪案件中，其他犯罪嫌疑人、被告人已委托辩护人的；人民检察院抗诉的；案件具有重大社会影响的。公诉案件中的被害人及其法定代理人或者近亲属，自诉案件中的自诉人及其法定代理人，因经济困难没有委托诉讼代理人的，可以向办理案件的人民检察院、人民法院所在地同级司法行政机关所属法律援助机构申请法律援助。

3. 律师拒绝履行法律援助义务的，由设区的市级或者直辖市的区人民政府司法行政部门给予警告，可以处5000元以下的罚款；有违法所得的，没收违法所得；情节严重的，给予停止执业3个月以下的处罚。具体的违法行为包括：①无正当理由拒绝接受律师事务所或者法律援助机构指派的法律援助案件的；②接受指派后，懈怠履行或者擅自停止履行法律援助职责的。

律师事务所拒绝履行法律援助义务的，由设区的市级或者直辖市的区人民政府司法行政部门视其情节给予警告、停业整顿1个月以上6个月以下的处罚，可以处10万元以下的罚款；有违法所得的，没收违法所得；情节特别严重的，由省、自治区、直辖市人民政府司法行政部门吊销律师事务所执业证书。具体的违法行为包括：①无正当理由拒绝接受法律援助机构指派的法律援助案件的；②接受指派后，不按规定及时安排本所律师承办法律援助案件或者拒绝为法律援助案件的办理提供条件和便利的；③纵容或者放任本所律师有上述"拒绝履行法律援助义务"的违法行为的。

◈ 拓展资料

8.3【拓展阅读资料】

专题三十四 律师引导当事人依法维权规范

知识概要

律师执业的目标之一是依法帮助委托人正确处理纠纷，从而达到社会和谐与稳定的目的。律师是法律的拥护者和践行者，其参与处理委托人的纠纷时必须采取合法手段平息矛盾纠纷，避免激化矛盾。《律师法》第40条第7项规定，律师在执业活动中不得有"煽动、教唆当事人采取扰乱公共秩序、危害公共安全等非法手段解决争议"的行为。《律师执业管理办法》第37条规定："律师承办业务，应当引导当事人通过合法的途径、方式解决争议，不得采取煽动、教唆和组织当事人或者其他人员到司法机关或者其他国家机关静坐、举牌、打横幅、喊口号、声援、围观等扰乱公共秩序、危害公共安全的非法手段，聚众滋事，制造影响，向有关部门施加压力。"根据以上规定，司法行政机关有权对于律师履行引导当事人依法理性维权义务的状况进行监督。

《律师和律师事务所违法行为处罚办法》第20条将律师"煽动、教唆当事人采取扰乱公共秩序、危害公共安全等非法手段解决争议"的违法行为具体界定为：①煽动、教唆当事人采取非法集会、游行示威，聚众扰乱公共场所秩序、交通秩序，围堵、冲击国家机关等非法手段表达诉求，妨害国家机关及其工作人员依法履行职责，抗拒执法活动或者判决执行的；②利用媒体或者其他方式，煽动、教唆当事人以扰乱公共秩序、危害公共安全等手段干扰诉讼、仲裁及行政执法活动正常进行的。

经典案例

案例8.4 煽动、教唆当事人以非法手段解决争议案

一、基本案情

浙江某律师事务所律师吴某在新浪微博上发表《拆迁户，如何做到合法快乐维权?》一文。该文中有如下内容："要想天平向你倾斜，必须依靠众人的力量。所以，诉讼才是最好的办法。而且，还不能只诉讼一次，为了让拆

你房子的部门多当被告，你得想着法子，找各种理由去起诉。现在法院要求一事一诉，正好，你可以把政府拆迁的各个环节都理一遍，然后把所有的环节都挨个儿起诉。一起强制拆迁，至少可以找出十个八个起诉的事由！想想，你一个人起诉十个八个，如果有十户几十户人家起诉，这个地方拆迁十几户起诉，那个地方拆迁几十户起诉——如果法院都立案审理的话，估计你会让那些尽给政府拆迁出坑爹的馊点子的御用律师和专门应付诉讼的工作人员忙得直吐血！"

"法院判输了怎么办？这个好办呀，一审输了可以上诉再来二审，二审输了还可以申请再审。如果起诉被驳回了，还可以换个理由或者根据驳回的理由调整再诉。只要你找准起诉的理由，不要滥用诉权，耐心地来玩诉讼的游戏。大家团结一致，让那些不依法拆迁房屋的人陷入被人民群众起诉的汪洋大海中去，看着他们在诉讼的海洋中被淹得上气不接下气，死去活来。你为什么还不开心呢？"

"如何通过上访来引起潜在的某位大领导的注意？这就需要多次、反复上访了。这就是问题一日不解决，上访一日不停止。套用别人的老话说：生命不息，上访不止。许多老上访户就是这样炼成的。"

"这种猫捉老鼠的游戏，天天逗着那些截访的人像只瞎眼猫一样乱转，好不好玩？玩起来开心不开心？所以，你得换个思维角度去玩上访，把上访当成一种游戏，别整天苦哈哈地让自己郁闷、不开心。"

市律师协会认定吴某错误地鼓励滥用诉讼和上访权，故意挑起民众与司法机关和政府的对立，这与一位执业律师寻求化解社会矛盾的工作出发点背道而驰。作为一名执业律师，吴某在文章中提供了多种被其形容为"快乐"的方法。其行为的实质是激化社会矛盾，挑起利益冲突。这是一种以律师身份严重误导公众的行为。吴某还在其微博、博客和微信公众号等网络平台上以律师身份发表恶意诽谤他人、误导公众、严重损害律师职业公众形象的言论与文章。市律师协会决定中止吴某会员权利9个月，责令吴某自本处分决定书生效之日起5日内删除并改正其在微博、博客及微信公众号等自媒体中的不当言论。[1]市司法局根据《律师法》第49条第1款第7项、《律师和律

---

〔1〕　杭州市律师协会杭律处字〔2017〕第8号处分决定书。

师事务所违法行为处罚办法》第 38 条第 1 款第 4 项、第 39 条第 2、3 项等规定，经该局局长办公会议研究决定，给予吴某停止执业 6 个月的行政处罚（停止执业期限从本决定书送达之日起计算）。[1]

二、法律问题

律师应当如何引导当事人通过合法的途径、方式解决争议？

三、教学安排

（一）教学内容

本案例主要要求学生掌握律师的引导当事人依法理性维权义务。

（二）课堂安排

要求学生在课前进行阅读与学习，包括：①案例 8.4；②表 8.1"禁止煽动、教唆当事人以非法手段解决争议义务"中的相关依据。授课教师介绍教学内容之后，组织学生围绕以上法律问题进行研讨与分析。

四、重点提示

"法律正在履行着（而且很好地履行着）排解和调和各种互相冲突和重叠的人类需求的任务，从而维护了社会秩序，使我们得以在这个秩序中维护与促进文明，所以它自始至终掌握了一种实际的权威。"[2] 司法应当站在中立者的立场，对涉及民众重大利益诉求和利益分配的问题进行引导，客观公正地对当事人之间的纠纷作出裁决，尽可能地照顾到双方之间合理的正当诉求，对双方给予充分的尊重。只有这样，当事人个体的公平和正义才能实现，最终推动社会秩序的形成和社会矛盾的化解。

对当事人合理诉求的尊重，不仅表现在法律实体上的保护，更表现在法律程序上强有力的保障，即不仅要求实现实体正义，更要求实现程序正义。而作为当事人代理人、辩护人的律师，只有依法严格履行职责，才能保障当事人的诉求获得正常表达、合理论证的机会，让司法机关在处理个案中能够

---

〔1〕 杭州市司法局杭司罚决〔2017〕第 21 号行政处罚决定书。
〔2〕 ［美］庞德：《通过法律的社会控制》，沈宗灵译，商务印书馆 1984 年版，第 29 页。

充分知晓当事人的诉求和理由，依法作出合理判决，从而化解社会矛盾、维护社会稳定、实现公平正义。

司法的本来作用就是定纷止争，恢复遭受破坏的社会正义和稳定。因此，正义价值和秩序价值必须要在司法活动的同时得到实现，绝不能有偏废。法国启蒙思想家卢梭认为，首先的而且最大的公共利益，永远是正义。大家都要求应该人人平等，而正义也就不外乎是这种平等。事物的经常倾向就是要破坏平等，而法律的经常倾向就应该是维护平等。[1]律师只有坚持公平正义的理念，依法履行代理职责，充分保障当事人各项权利的行使，才能保证社会矛盾和冲突的疏解与缓和，实现社会的平稳运行与和谐稳定。

◆ 拓展资料

8.4【拓展阅读资料】

专题三十五　律师、律师事务所依法纳税规范

◆ 知识概要

根据律师税收征管法律法规，个人出资兴办的独资和合伙性质的律师事务所，以每个投资者或合伙人为纳税义务人，以律师事务所每一年度的收入总额减除成本、费用以及损失后的余额，作为出资律师个人的生产经营所得，按照"个体工商户生产经营所得"项目，适用五级超额累进税率计征个人所得税。根据《律师法》第25条第2款的规定，"律师事务所和律师应当依法纳税"，司法行政机关对于律师、律师事务所履行依法纳税的状况进行监督。

---

〔1〕〔法〕卢梭：《社会契约论》，何兆武译，商务印书馆1982年版，第70页。

经典案例

案例8.5 律师事务所违规纳税案

一、基本案情

某区地税稽查局对区属首批 20 家律师事务所进行税务稽查，发现有 12 家存在涉税违法问题，存在的常见涉税问题有：律师事务所支付给律师的工资、补贴等报酬，采取以个人消费发票报销的方式记账，增加了律师事务所的成本支出，少缴企业所得税；律师与客户约定外出发生的调查费、车船费、餐费等费用，客户直接以现金形式支付给律师；一些律师向客户直接收取服务费，通过不记账、账外账等手段，隐瞒真实应税收入而未申报纳税。

二、法律问题

1. 律师、律师事务所是否应当纳税以及如何依法纳税？

2. 律师事务所不履行纳税义务有何法律后果？履行社会责任的形式有哪些？

三、教学安排

（一）教学内容

本案例主要要求学生掌握律师、律师事务所的依法纳税义务。

（二）课堂安排

要求学生在课前进行阅读与学习，包括：①案例8.5；②表8.1"依法纳税义务"中的相关依据。授课教师介绍教学内容之后，组织学生围绕以上法律问题进行研讨与分析。

四、重点提示

1. 根据律师税收征管法律法规，个人出资兴办的独资和合伙性质的律师事务所，以每个投资者或合伙人为纳税义务人，以律师事务所每一年度的收入总额减除成本、费用以及损失后的余额，作为出资律师个人的生产经营所得，按照"个体工商户生产经营所得"项目，适用五级超额累进税率计征个人所得税。在案例 8.5 中，我们可以发现，律师行业作为我国新兴服务行业有其特殊性。国家尚未出台专门针对律师行业的税收征管法律法规，而每年新进入该行业的人员数量增长较快，素质参差不齐，这也是造成律师行业税收违法现象比较普遍的原因之一。

2. 《律师法》第 25 条第 2 款规定，律师事务所和律师应当依法纳税。《律师协会会员违规行为处分规则（试行）》第 39 条第 3 项规定，律师事务所有不依法纳税行为的，由省、自治区、直辖市及设区的市律师协会给予警告、通报批评、公开谴责的行业纪律处分。当然，根据税收征管法律法规，律师、律师事务所的税收违法行为承担行政责任，责任的主要承担方式是罚款；构成税收犯罪的，则要承担刑事责任，责任的承担方式包括罚金、有期徒刑等。

拓展资料

8.5【拓展阅读资料】

专题三十六　律师与律师协会关系规范

知识概要

一、参加职业培训义务

随着市场经济的不断发展，律师需不断提高职业道德水准和业务水平，努力为社会提供优质法律服务，具备适应时代和符合委托人要求的代理能力。世界各国律师协会都有一项共同的职能，就是进行律师的继续教育。全国律协于 1996 年颁布了《执业律师继续教育试行办法》，明确全国律协和各省级律师协会应当成立律师继续教育委员会，具体指导继续教育工作。继续教育委员会由司法行政部门、律师协会、教育部门的有关人员和执业律师组成。

全国律协和各省级律师协会应当组建培训机构，具体负责继续教育工作的组织实施。凡在中国注册的执业律师均有权利也有义务定期接受继续教育。

《律师执业管理办法》第49条规定："律师应当按照规定参加司法行政机关和律师协会组织的职业培训。"《律师执业行为规范（试行）》第91条规定："律师事务所应当定期组织律师开展时事政治、业务学习，总结交流执业经验，提高律师执业水平。"第99条规定："律师应当参加、完成律师协会组织的律师业务学习及考核。"上述制度保障了律师具备应有的知识和技能。

二、履行备案、报告、缴费义务

律师、律师事务所应向律师协会承担备案义务、报告义务和缴费义务。《律师执业行为规范（试行）》第100条规定，律师参加国际性律师组织并成为其会员的，以及以中国律师身份参加境外会议等活动的，应当报律师协会备案。针对律师可能承担民事责任、行政责任或者刑事责任的情形，《律师执业行为规范（试行）》第101条规定，律师和律师事务所因执业行为成为刑、民事被告，或者受到行政机关调查、处罚的，应当向律师协会书面报告。

作为行业性自治组织的成员，《律师执业行为规范（试行）》第105条规定，律师应当按时缴纳会费。各省、自治区、直辖市律师协会制定各辖区律师会费的缴纳办法。一般都由市律师协会按年度收缴律师事务所的团体会费和执业律师的个人会费。年度会费数额一般会因地区的不同有所差异，公职律师执业机构的团体会费、个人会费按所在地的标准减半缴纳；法律援助等公益律师执业机构及其律师暂免缴纳团体会费、个人会费。

三、参加社会公益活动义务

律师社会责任是指律师利用其法律知识以及法律技能免费或者象征性地收费，为贫弱群体提供法律服务，利用律师专业身份从事各种公益活动，回馈社会并提高公众对律师信任的一种责任。[1]不同于社会其他职业，法律职业从其诞生之日起，就与"善和正义"密切相关，职业伦理、职业素养与职

---

〔1〕 袁钢："律师履行社会责任的新常态"，载《依法治国与律师（第一届中国法学会律师法学研究会年会论文集）》，中国法制出版社2016年版，第123页。

业知识合而为一。"善与正义"意味着法律职业不但不会游离于社会，反而需要服务、回报社会，因此，"公益性"就成为包括律师行业在内的法律职业的应有之义。[1]

随着律师行业的蓬勃发展，律师承担社会责任的情况日益成为社会、行业关注的热点问题。我国律师不仅努力为经济社会发展提供有偿的法律服务，还积极为困难群体提供大量的公益法律服务。一方面，律师积极接受政府指派，为困难群体提供法律援助服务；另一方面，广大律师、律师事务所通过自发的志愿公益服务方式，主动为困难群体提供无偿法律服务，维护个案的公平正义。在社会建设的大背景下，广大律师、律师事务所在当地司法行政部门的支持下，大胆尝试，积极探索职业化、专业化的公益法律服务专门机构模式。中国律师还通过普法培训、普法宣传、慈善捐助等方式开展多元化的公益服务，用自己的专业知识和经济收入从多个层面回报社会。引导律师服务困难群体，积极开展公益法律服务，是全国律协和各地律师协会的重点工作内容。[2]

四、执行行业处理、履行行业纪律处分义务

我国《律师法》第 45 条第 1 款规定："律师、律师事务所应当加入所在地的地方律师协会。加入地方律师协会的律师、律师事务所，同时是全国律师协会的会员。"服从律师协会管理是律师作为会员的基本义务。律师、律师事务所在面对可能遭受的行政处罚和行业纪律处分时，不应采取消极态度，而应积极行使权利，保护自身的执业权利。《律师和律师事务所违法行为处罚办法》第 35 条规定："律师、律师事务所对司法行政机关给予的行政处罚，享有陈述权、申辩权、要求听证权；对行政处罚决定不服的，有权依法申请行政复议或者提起行政诉讼；因司法行政机关违法给予行政处罚受到损害的，有权依法提出赔偿要求。"《律师执业行为规范（试行）》第 104 条规定："律师应当执行律师协会就律师执业纠纷作出的处理决定。律师应当履行律师协

---

〔1〕 参见袁钢："律师职业中的公益性"，载《律师：法治中国建设的生力军——"律师队伍建设之我见"优秀征文集》，法律出版社 2015 年版，第 266 页。

〔2〕《中国律师行业社会责任报告（2013 年）》，载中华全国律师协会网站，网址：http://www. acla. org. cn/html/xinwen/20130827/11102. html.

会依照法律、法规、规章及律师协会章程、规则作出的处分决定。"

五、参加实习活动义务

为完善律师执业准入制度，确保为律师队伍培养、输送合格人才，借鉴学徒式法律教育模式，我国已经建立了申请律师执业人员的实习制度。根据《律师法》第 5 条的规定，申请律师执业必须在律师事务所实习满 1 年。《律师法》第 46 条规定，律师协会应当履行"组织管理申请律师执业人员的实习活动，对实习人员进行考核"的职责。《律师执业管理办法》第 6 条第 4 款规定："申请律师执业的人员，应当按照规定参加律师协会组织的实习活动，并经律师协会考核合格。"《律师法》第 6 条和《律师执业管理办法》第 11 条第 1 款规定，申请律师执业，应当向设区的市级或者直辖市的区人民政府司法行政部门提出申请，并提交"律师协会出具的申请人实习考核合格的材料"。全国律协根据上述规定，2010 年修订了《申请律师执业人员实习管理规则》，从实习登记、集中培训、实务训练、实习考核、实习监督五个方面完善了申请律师执业人员实习制度。

📚 经典案例

案例8.6 律师不配合律协调查案（2 案）

一、基本案情

案例 8.6.1 律师不配合律协调查案（一）

投诉人张某以收取代理费不履行委托合同、不为委托人提供法律服务为由向律师协会投诉某律师事务所和律师严某。在收到律师协会送达的立案通知后，该律师事务所和严某在规定的时间内拒不申辩和提交相应的材料，逃避、抵制、阻挠调查。

案例 8.6.2 律师不配合律协调查案（二）

2005 年至 2016 年期间，北京某律师事务所及其律师朱某曾多次因投诉受到行业纪律处分。投诉人上官某某以逼迫委托人签订不公平协议、恶意诉讼、不当得利等为由向北京市某区律师协会投诉该律师事务所及该所负责人朱某。北京市某区律协于 2016 年 12 月 19 日立案调查，并追加该所律师王某为被调查人，并将案件初步审查意见报送至北京市律师协会。此次投诉，朱某以出国为由，拒绝向律师协会提交申辩材料，存在逃避、抵制调查的行为。依据《北京市律师协会会员纪律处分规则》第3、4、12、15、34条的相关规定，北京市律师协会执业纪律与执业调处委员会给予该律师事务所及朱某公开谴责的行业纪律处分。

二、法律问题

律师协会在律师职业伦理建设中应当如何发挥作用？

三、教学安排

（一）教学内容

本案例主要要求学生掌握参加职业培训义务，履行备案、报告和缴费义务，参加公益活动义务和执行行业处理决定、履行行业纪律处分义务。

（二）课堂安排

要求学生在课前进行阅读与学习，包括：①案例8.6.1和8.6.2；②表8.1"参加职业培训义务""履行备案、报告和缴费义务""参加公益活动义务"和"执行行业处理决定、履行行业纪律处分义务"中的相关依据。授课教师介绍教学内容之后，组织学生围绕以上法律问题进行研讨与分析。

四、重点提示

关于律师协会在律师职业伦理建设中的作用可以参考2016年11月29日司法部发布的《关于进一步加强律师协会建设的意见》。该意见在"总体目标"中要求："律师协会组织机构进一步健全，律师执业权利保障、执业行为规范和惩戒工作体系进一步完善，行业自律管理水平进一步提高，行业党的建设进一步加强，职能作用充分发挥"。

该意见在"进一步加强组织建设"中要求"健全律师执业权利保障和行业惩戒机构"。在"进一步加强制度建设"中要求"律师协会要抓紧制定规范律师执业行为的行业规范和业务标准，完善律师协会会员服务管理、业务培训、对外交流、律师执业年度考核等制度，筑牢织密律师执业活动监督、激励、约束的规范体系。修订《律师执业行为规范（试行）》和《律师协会会员违规行为处分规则》，细化行业纪律处分依据，确保各类违法违规行为得到及时有效的惩戒"。在"进一步加强纪律建设"中要求："健全完善投诉受理、调查、听证处理、复查申诉等工作程序，加大对律师违法违规行为查处力度，做到有投诉必受理、受理必调查、违规必惩戒、处理结果必回复。加强行政处罚与行业惩戒的工作衔接。对有危害国家安全和社会政治稳定苗头的，加强教育引导，对从事危害国家安全和社会政治稳定活动且拒不听从劝阻的，依法依规进行处理。健全完善律师不良执业信息记录披露和查询制度，及时发布律师失信惩戒信息。坚持教育、惩戒和监督并重，建立健全符合律师行业特点的惩治和预防腐败体系"。

拓展资料

8.6【拓展阅读资料】

第四编
公证员、仲裁员职业伦理

| 第九章 |

公证员职业伦理

专题三十七　公证员职业伦理的内容

📚 知识概要

一、公证员职业伦理的概念和特征

公证员职业伦理是指公证员在履行职务活动中所应遵循的伦理规范的总和，是调整公证职业内部公证员之间的关系以及公证员与社会各方面关系的行为准则，是评价公证员执业行为的善恶、荣辱的标准，对公证员具有特殊的约束力。公证员职业伦理是公证制度的基本构成要素，对公证行业的发展具有重大意义。公证公信力是公证行业的立业之本。始终维护和不断增强公证公信力是公证制度的本质属性和公证工作者的职责使命。加强公证员职业伦理建设，切实做到"依法履责、充分履责、规范履责、诚信履责"，是为社会提供优质高效的公证法律服务，始终维护和不断增强公证公信力的根本保障。

二、公证员职业伦理的依据

2005年8月28日，全国人民代表大会常务委员会通过了我国第一部《公证法》（2015年4月24日、2017年9月1日修正）。该法对规范公证员执业行为和提升公证员自身素质作出了明确规定，对于进一步加强公证队伍建设和加快推动公证事业发展具有重要的现实意义，也对公证员职业伦理建设提出了新的更高的要求。公证员职业伦理的依据主要是《公证法》、《公证机构执业管理办法》（司法部 2006 年 2 月 21 日通过）、《公证员执业管理办法》（司法部 2006 年 3 月 8 日通过）、《公证程序规则》（司法部 2006 年 5 月 10 日通过）、《公证员职业道德基本准则》（中国公证协会 2002 年 3 月 3 日公布，2011 年 1 月 6 日修订）。

三、公证员职业伦理的主要内容

《公证员职业道德基本准则》对我国公证员的职业道德作了具体明确的规定：

（一）忠于法律、尽职履责

《公证法》第 3 条规定，公证机构办理公证，应当遵守法律，坚持客观、公正的原则。《公证员职业道德基本准则》第 1～6 条具体要求：公证员应当忠于宪法和法律，自觉践行社会主义法治理念；应当政治坚定、业务精通、维护公正、恪守诚信，坚定不移地做中国特色社会主义事业的建设者、捍卫者；应当依法办理公证事项，恪守客观、公正的原则；遵守法定回避制度；履行执业保密义务；积极采取措施纠正、制止违法违规行为；等等。

（二）爱岗敬业、规范服务

《公证员职业道德基本准则》第 7～13 条具体要求：公证员应当珍惜职业荣誉，强化服务意识；履行告知义务；平等、热情地对待公证当事人、代理人和参与人；注重文明礼仪，维护职业形象；不发表不当评论；等等。

（三）加强修养、提高素质

《公证员职业道德基本准则》第 14～19 条具体要求：公证员应当牢固树立社会主义荣辱观，遵守社会公德；具有良好的个人修养和品行；应当忠于职守、不徇私情、弘扬正义；应当热爱集体，团结协作，相互支持、相互配合、相互监督；应当不断提高自身的业务能力和职业素养；应当树立终身学习理念，勤勉进取，努力钻研，不断提高职业素质和执业水平；等等。

（四）廉洁自律、尊重同行

《公证员职业道德基本准则》第 20～25 条具体要求：公证员应当树立廉洁自律意识，不得从事有报酬的其他职业和与公证员职务、身份不相符的活动；应当妥善处理个人事务，不得利用公证员的身份和职务为自己、亲属或他人谋取利益；不得索取或接受当事人及其代理人、利害关系人的答谢款待、馈赠财物或其他利益；应当相互尊重，与同行保持良好的合作关系，公平竞争；不得以不正当方式或途径对其他公证员正在办理的公证事项进行干预或施加影响；不得利用媒体或其他手段炫耀自己、贬损他人，以支付介绍费、给予回扣、许诺提供利益等方式承揽业务，利用与行政机关、社会团体的特殊关系进行业务垄断等不正当竞争行为。

◈ 经典案例

案例9.1 假冒他人办理委托公证案

一、基本案情

2016年5月24日，申请人张甲、牟乙与假冒马丙、张丁（二人系张甲父母）的人，持相关有效证件，一同到北京市某公证处申请办理公证，公证员李某为张甲、牟乙、"马丙"、"张丁"办理了《借款抵押合同》赋予强制执行效力公证和委托公证。经过公证处副主任郁某审批，北京市某公证处出具了（2016）京某内证字第7109号、（2016）京某内证字第7110号、（2016）京某内证字第7111号三份公证书，收取公证费4380元。其中，（2016）京某内证字第7109号公证书为《借款抵押合同》赋予强制执行效力公证，借款人为张甲，抵押人为马丙、张丁，出借人及抵押权人为牟乙，借款抵押合同主要内容为张甲向牟乙借款180万元整，"马丙""张丁"同意将坐落于北京市的某房屋抵押给牟乙作为张甲的还款担保。（2016）京某内证字第7110号、（2016）京某内证字第7111号公证书为委托公证，委托人为马丙、张丁，受托人为耿某，委托事项分别为代办房产抵押登记和注销抵押登记、代为出售房产和房屋买卖交易手续、代为办理物业交割以及代收房款等手续。

2016年6月21日，马丙、张丁二人位于北京市的某房屋所有权被过户至张甲名下。2017年1月19日，张甲与任某签订《商品房买卖合同》并办理网签手续。2017年2月9日，马丙、张丁到北京市某公证处申请撤销（2016）京某内证字第7109号、7110号、7111号公证。北京市某公证处经核查、辨别后，确定张甲于2016年5月24日带领他人假冒其父母马丙、张丁办理了上述公证，北京市某公证处依此作出《关于撤销（2016）京某内证字第7109～

7111 号公证书的决定》。2017 年 2 月 15 日，北京电视台《法治进行时》栏目播出《房子被占七旬老人有家难回》节目，曝光了北京市某公证处及其公证员李某涉嫌违法办理公证的行为，该行为造成了严重的不良社会影响。

张甲于 2017 年 2 月 9 日被北京市海淀区人民检察院以涉嫌寻衅滋事罪批准逮捕。李某自 2014 年 9 月起在北京市某公证处从事公证工作，1989 年取得公证员执业证。[1]

二、法律问题

1. 如何界定公证员李某行为的性质？
2. 应该由哪一级司法行政机关依据何种程序对李某作出何种行政处罚？
3. 北京市某公证处应对马丙、张丁承担什么责任？

三、教学安排

（一）教学内容

本案例主要要求学生掌握公证员职业伦理的基本要求，包括：①公证员职业伦理的原则要求；②公证员行政法律责任的构成与承担；③公证员的核实义务；④公证员行业责任的承担；⑤在公证体制改革背景下公证员的职业伦理。

（二）课堂安排

要求学生在课前进行阅读与学习，包括：①案例 9.1；②《公证法》第 18、20、22～24、28～31、41～43 条；《公证员执业管理办法》第 4～7、23、29～33 条；《公证机构执业管理办法》第 28～29、36～42 条；③《公证程序规则》。授课教师介绍教学内容之后，组织学生围绕以上法律问题进行讨论和分析。

此外，授课教师要求学生阅读 2014 年 6 月 6 日起施行的最高人民法院《关于审理涉及公证活动相关民事案件的若干规定》，组织学生讨论和重点分析公证员在办理公证过程如何充分履行审查核实义务，并讨论公证机构在什么情况之下，应当承担全部、补充和连带民事赔偿责任。

---

[1] 北京市司法局京司罚决字〔2017〕第 4 号行政处罚决定书。

四、重点提示

1. 本案是典型的公证员未能尽到审查义务的案件，申请人假冒他人办理委托公证，但是公证员未能审查出申请人不是本人，最终向假冒的申请人出具了公证书，该行为系为不真实的事项出具公证书。

2. 李某为不真实的公证事项办理公证，其行为违反了《公证法》第23条第5项有关公证员不得为不真实、不合法的事项办理公证的规定，属于《公证法》第42条第1款第2项规定的应予处罚的情形，且情节严重。根据《行政处罚法》第38条第2款的规定，北京市司法局行政机关负责人经集体讨论研究决定，根据《公证法》第42条第1款第2项的规定，给予李某吊销公证员执业证书的行政处罚。

3. 根据《公证法》及最高人民法院《关于审理涉及公证活动相关民事案件的若干规定》，在本案中，法院应当认定北京市某公证处存在过错，但是马丙、张丁的损失主要是张甲、牟乙与假冒马丙、张丁的人共同向公证处提供虚假证明材料造成的，因此，北京市某公证处未依法尽到审查、核实义务，应当承担与其过错相应的补充赔偿责任。

案例9.2 违反公证程序办理公证案

一、基本案情

张某自1998年开始担任淮北市某公证处公证员。2009年7月27日，淮北市某公证处出具（2009）皖淮某公证字第3297号具有强制执行效力的债权文书公证书。该公证书的证明内容为：借款人邹某、抵押人黄某、保证人梁某与贷款人淮北市区某农村信用合作联社某信用社，于2009年7月15日在淮北市签署了《淮北市区农村信用合作联社某信用社个人汽车消费贷款借款合同》。自上述借款合同生效及债权债务形成之日起，该公证书具有强制执行效力。2016年6月2日，邹某委托其妻向淮北市某公证处提出复查申请，要求复查（2009）皖淮某公证字第3297号公证书。

经淮北市公证协会审查，（2009）皖淮某公证字第3297号公证书卷宗档案中没有借款人、抵押人、保证人申请公证的申请表、笔录或其他能证明当事人申办公证的证据。淮北市某公证处于 2016 年 6 月 7 日作出复查决定，撤销（2009）皖淮某公证字第 3297 号公证书。[1]

二、法律问题

1. 如何界定公证员张某的行为性质？
2. 应该由哪一级司法行政机关依据何种程序对张某作出何种行政处罚？
3. 地方公证协会应当依据何种程序对张某作出何种行业纪律处分？
4. 淮北市某公证处应当对邹某承担何种责任？

三、教学安排

（一）教学内容

本案例主要要求学生掌握公证员职业伦理的基本要求，包括：①公证员职业伦理的原则要求；②公证员的回避义务。

（二）课堂安排

要求学生在课前进行阅读与学习，包括：①案例 9.2；②《公证法》；③本专题拓展资料"国际公证联盟《公证人道德准则》"。授课教师介绍教学内容之后，组织学生围绕以上法律问题进行研讨与分析。

四、重点提示

1. 本案是典型的公证员违反法定公证程序办理公证的案件。公证员未能履行勤勉尽责义务，其行为属于违反公证职业伦理规范的行为。

2. 张某的行为违反了《公证法》第 3 条"公证机构办理公证，应当遵守法律，坚持客观、公正的原则"的一般性规定，但是没有违反《公证法》《公证员执业管理办法》中的禁止性规定，所以不应给予其行政处罚。

3. 本案中，安徽省公证协会认为，在办理（2009）皖淮某公证字第 3297 号公证书过程中，承办公证员张某没有收集当事人的申请表，没有向当事人作询问笔录。此种行为违反了《公证法》第 2 条、《公证程序规则》第 17 条有关公证事项必须由当事人申请办理的规定。根据《安徽省公证协会章程》

---

〔1〕 安徽省公证协会皖公协处〔2017〕第 1 号处分决定书。

第 25 条第 1 项的规定，安徽省公证协会决定给予张某通报批评的处分。

4. 根据《公证法》及最高人民法院《关于审理涉及公证活动相关民事案件的若干规定》，本案中，张某违反公证程序、办证规则以及国务院司法行政部门制定的行业规范出具公证书，法院应当认定该公证处存在过错，应对邹某的损失承担全部赔偿责任。

拓展资料

9.1【拓展阅读资料】

专题三十八　公证职业责任

知识概要

公证职业责任是指由于公证人员的违法和违反职业伦理规范的行为所造成的，公证机构和公证员对当事人等所承担的责任，包括行业纪律处分、行政法律责任、民事法律责任和刑事法律责任。公证职业责任的重点是财产责任，公证职业责任的范围应与给当事人造成的损害相适应。

一、公证行政法律责任

行政法律责任是公证机构和公证员在执业过程中最主要的法律责任形式。公证员和公证机构在执业过程中违法行为的行政法律责任具体表现为司法行政部门给予的行政处罚。根据《公证法》第 41 条和第 42 条，公证机构及其公证员有违法行为的，司法行政部门可以给予警告、罚款、没收违法所得、停业整顿等行政处罚；可以给予公证员警告、罚款、停止执业、没收违法所得、吊销执业证书等行政处罚。《公证机构执业管理办法》第 36 条和《公证员执业管理办法》第 29 条具体规定了行政处罚的权限和程序。《公证机构执业管理办法》第 41 条和《公证员执业管理办法》第 32 条规定，公证协会依据章程和有关行业规范，对公证机构、公证员违反执业规范和执业纪律的行为，视其情节轻重，给予相应的行业纪律处分。公证协会在查处公证机构违反执业规范和执业纪律行为的过程中，发现有依据《公证法》的规定应当给予行政处罚情形的，应当提交有关司法行政机关处理。

二、公证民事法律责任

《公证法》第 43 条第 1 款规定："公证机构及其公证员因过错给当事人、公证事项的利害关系人造成损失的，由公证机构承担相应的赔偿责任；公证机构赔偿后，可以向有故意或者重大过失的公证员追偿。" 2014 年 4 月 28 日最高人民法院审判委员会通过的《关于审理涉及公证活动相关民事案件的若干规定》规定，当事人、公证事项的利害关系人提供证据证明公证机构及其公证员在公证活动中具有下列情形之一的，人民法院应当认定公证机构有过错：①为不真实、不合法的事项出具公证书的；②毁损、篡改公证书或者公证档案的；③泄露在执业活动中知悉的商业秘密或者个人隐私的；④违反公证程序、办证规则以及国务院司法行政部门制定的行业规范出具公证书的；⑤公证机构在公证过程中未尽到充分的审查、核实义务，致使公证书错误或者不真实的；⑥对存在错误的公证书，经当事人、公证事项的利害关系人申请仍不予纠正或者补正的；⑦其他违反法律、法规、国务院司法行政部门强制性规定的情形。当事人提供虚假证明材料申请公证致使公证书错误，造成他人损失的，当事人应当承担赔偿责任。公证机构依法尽到审查、核实义务的，不承担赔偿责任；未依法尽到审查、核实义务的，应当承担与其过错相应的补充赔偿责任；明知公证证明的材料虚假或者与当事人恶意串通的，承担连带赔偿责任。

三、公证刑事法律责任

根据《公证法》第 42 条的规定和《刑法》的有关规定，公证机构或其公证员因执业行为构成犯罪的，应当追究其刑事责任。因故意犯罪或者职务过失犯罪受刑事处罚的，应当吊销公证员的执业证书。最高人民检察院在 2009 年 1 月给甘肃省人民检察院的一份批复中指出，《公证法》施行以后，公证员在履行公证职责过程中，严重不负责任，出具的公证书有重大失实情况，造成严重后果的，依照《刑法》第 229 条第 3 款的规定，以出具证明文件重大失实罪追究刑事责任。

四、公证行业责任

对公证员的惩戒有 6 种：警告、严重警告、罚款、记过、暂停会员资格、取消会员资格。公证行业纪律处分的实施主要包括惩戒机构、惩戒管辖、惩戒投诉及处理、惩戒调查、惩戒决定的作出和送达、惩戒决定的复核等内容。中国公证协会和地方公证协会设立惩戒委员会，惩戒委员会是对公证员实施惩戒的专门机构。惩戒案件一般由地方公证协会的惩戒委员会受理，中国公证协会惩戒委员会认为影响较大、案情重大的案件也可以自行受理。投诉人可以直接投诉，也可以委托他人投诉。

◈ 经典案例

案例9.3　出具证明文件重大失实案

一、基本案情

1995 年 1 月至 1995 年 9 月，林某在担任汕头市某区公证处公证员期间，接受客户何某的申请，明知何某提供的产权人为苏某的位于汕头市某区某地块的土地证属于《土地管理法》明确规定的宅基地，不可作为抵押物办理抵押公证，仍于 1995 年 1 月 6 日出具了《公证书》予以公证。何某因此得以利用该《公证书》向银行申请贷款，致使银行在贷款期限届满后无法对抵押房产主张权利，造成贷款 37.3 万元未能收回。

1995 年 5 月，林某接受汕头市某物资发展公司的申请，在对该公司购买的 4 幢房产进行抵押贷款公证时，仅凭该公司提供的购房合同、收款收据，以及汕头市某物资发展公司的营业执照和某房地产开发有限公司出具的房产状况证明等，没有依照《公证程序规则》等规定，对上述 4 幢房产是否建成、是否有实际交易进行核实，也没有到实地去调查清楚，违反办理公证的程序，于 1995 年 5 月 26 日出具《公证书》予以公证，后使该公司得以利用该《公证书》及房产作为抵押向银行申请贷款 1640 万元。因汕头市某物资发展公司提供的是虚假的购房合同，致使银行在贷款期限届满后无法对抵押房产主张权利，造成贷款 1640 万元未能收回。同样，1995 年 9 月，林某根据汕头经济特区某物资公司的虚假购房合同出具《公证书》，致使银行在贷款期限届满后无法对抵押房产主张权利，造成贷款 100 万元未能收回。[1]

二、法律问题

1. 林某的行为构成玩忽职守罪还是出具证明文件重大失实罪？为什么？
2. 应该由哪一司法行政机关对林某作出何种行政处罚？

三、教学安排

（一）教学内容

本案例主要要求学生掌握公证职业责任中的刑事和行政责任问题。

（二）课堂安排

要求学生在课前进行阅读与学习，包括：①案例 9.3；②《公证法》；③本专题拓展资料"国际公证联盟《公证人道德准则》"。授课教师介绍教学内容之后，组织学生围绕以上法律问题进行研讨与分析。

四、重点提示

1. 关于公诉机关认为被告人林某的行为应当以玩忽职守罪追究刑事责任的问题。玩忽职守罪的犯罪主体是国家机关工作人员，侵犯的客体是国家机关的正常工作活动。林某的犯罪时间为 1995 年，根据 1982 年 4 月 13 日国务院发布施行的《公证暂行条例》（现已失效）的规定，公证处是国家公证机关，履行公证职责的公证员属于国家机关工作人员，林某的行为本应以玩忽职守罪追究刑事责任。但是，2006 年 3 月 1 日施行的《公证法》规定，公证机构是依法设立，不以营利为目的，依法独立行使公证职能、承担民事责任的证明机构。即原公证处的性质随着《公证法》的施行而发生变化，不再属于国家机关。公证员在履行公证职责过程中，严重不负责任，出具的公证书有重大失实，造成严重后果的，已不符合玩忽职守罪的构成要件。按现行刑

---

[1] 汕头市金平区人民法院（2014）汕金法刑初字第 231 号刑事判决书。

事法律的规定，应当以出具证明文件重大失实罪追究刑事责任，且出具证明文件重大失实罪比玩忽职守罪处刑较轻。因此，依照《刑法》第12条规定的"从旧兼从轻"原则，被告人林某某的行为构成出具证明文件重大失实罪。依照《刑法》第12条、第229条第3款、第67条第1款、第72条、第73条的规定，区法院判决被告人林某犯出具证明文件重大失实罪，判处有期徒刑9个月，缓刑1年，并处罚金2万元。

2009年1月15日开始施行的最高人民检察院《关于公证员出具公证书有重大失实行为如何适用法律问题的批复》明确规定，《公证法》施行以后，公证员在履行公证职责过程中，严重不负责任，出具的公证书有重大失实，造成严重后果的，依照《刑法》第229条第3款的规定，以出具证明文件重大失实罪追究刑事责任。

2. 根据《公证法》第42条的规定，由于出具证明文件重大失实罪属于职务过失犯罪，因此，应由省、自治区、直辖市人民政府司法行政部门吊销其公证员的执业证书。

案例9.4　西安体彩宝马案

一、基本案情

2004年3月19日，西安市体育彩票管理中心就2004年3月20日至25日在西安市东新街发行的6000万元即开型体育彩票，向新城区公证处申请"二次"开奖公证，并提供了相关文件材料。公证承办人、国家二级公证员董某未认真审查材料，也未查阅、索取有关文件。在彩票发行期间，董某与其助理在现场公证，但董某没有按规定监督审查"二次"抽奖彩民在中奖登记表上填写的奖票号码和中奖奖票背面填注的彩民姓名、身份证号码。在"二次"抽奖彩民申请公证过程中，又未收集应当由公证申请人提供的证明材料，再次丧失了对中奖登记表、中奖奖票填注彩民的姓名、身份证号码等情况进行监督审查的机会，导致部分已中奖奖票被彩票发行承包人杨某明和其雇员孙某贵抽走。二人将彩票交给他们叫来的"托儿"再次使用，"抽得"3个特A奖。同时，董某对3个"托儿"在申请公证中使用的假的或过期的身份证未仔细审查，也未留存身份证复印件，最终导致大奖被他人骗取，造成了恶劣的社会影响。

事件发生以后，有关责任人员已经受到了法律处理。新城区区委、区政府责令新城区公证处主任郭某停职检查，责令新城区司法局局长赵某作出深刻检讨，西安市司法局宣布依法对新城区公证处公证员董某予以吊销公证员执业证的惩戒处分。2004 年 6 月 17 日，西安市新城区人民检察院对涉嫌玩忽职守罪的公证员董某予以逮捕。12 月 21 日，西安市新城区人民法院对董某涉嫌玩忽职守案进行审理。12 月 31 日，新城区人民法院依法对董某玩忽职守案作出一审判决，董某因犯玩忽职守罪被判处有期徒刑 2 年，缓刑 2 年。[1]

二、法律问题

在公证法律体系逐步完善、公证体制改革顺利推进的今天，再来重新审视本案中的公证法律责任问题具有重要的价值。依据目前生效的公证法律职业伦理规范，来重新思考以下问题：

1. 吊销公证员董某执业证的法律依据是什么？

2. 西安市司法局是否有权吊销公证员董某的执业证？

3. 吊销公证员董某的执业证是惩戒处分还是行政处罚？

4. 如果董某不具有公务员身份，其行为是否构成玩忽职守罪？

5. 董某的行为涉嫌哪类犯罪，为什么？

三、教学安排

（一）教学内容

本案例主要要求学生掌握公证职业责任中的公证刑事法律责任和公证行业责任。

（二）课堂安排

要求学生在课前进行阅读与学习，包括：①案例 9.4；②《公证法》。授课教师介绍教学内容之后，组织学生围绕以上法律问题进行研讨与分析。

四、重点提示

"西安体彩宝马案"是公证行业发展中具有代表性的案件。首先，该案反

---

[1]　续晓梅："西安宝马彩票案与公证法起草"，载《国家行政学院学报》2005 年第 5 期。

映了有关公证法律法规、规章和行业规范严重不能满足公证业务发展需要的事实，该案发生在《公证法》颁布之前。2000 年司法部《关于深化公证工作改革的方案》提出，争取在 2002 年颁布《公证法》，到 2010 年基本解决公证工作的法律保障问题，明确公证的法律效力和公证工作的法律地位，健全公证法律体系。由于对《公证法》的具体内容争议很大，这项工作一直拖到"西安体彩宝马案"发生之时，也未形成《公证法》的送审稿。更不用提及当时对于现场监督公证缺乏明确的办证规则要求了。其次，该案反映出公证法律责任的重要性，这是约束公证行业工作人员职业行为的最基本保证。

案例 9.5　司法局长兼职翻译涉嫌贪污案

一、基本案情

20 世纪 80 年代，福建沿海城市出国公证业务较多，出国人员在办理公证时需要提供一些翻译文件。但是福清市某公证处没有专门的翻译人员以及设备，福清市公证处于是聘请当地一位中学老师来完成翻译工作。1997 年，这位老师移民国外，一些申请人找到时任福清市司法局长的黄某。黄某原为解放军某司令部情报译员，掌握英语、西班牙语等多国语言，部队转业后进入福清市司法局，具有翻译能力。

黄某在 1997 年 10 月至 2002 年 5 月期间，与其妻利用业余时间为福清市某公证处涉外公证翻译文件。公证处工作人员以每件译文 20 元的标准向申请人收取翻译费，未开具收费票据，黄某获取其中 8 元，另外 12 元则给公证处的工作人员，作为代收翻译件的劳务费等。

2002 年 9 月 7 日，福清市检察院认为，黄某收取的翻译费属于国有资产，对其以贪污和滥用职权两个罪立案追诉；对帮助黄某收取翻译件和翻译费的福清市某公证处原副主任林某以私分国有资产罪、贪污罪进行追诉。2003 年 2 月，福清市检察院将黄某和福清市某公证处公诉至法院，起诉书认定黄某"滥用职权致使公共财产遭受重大损失""利用职务之便贪污 178 318 元"。2003 年 5 月 10 日，中国公证协会秘书长、律师公证工作指导司公证业务处、协会法律顾问等三人组成联合调查组，对黄某的行为是否构成犯罪进行调查。调查结论认为，黄某的"翻译费应当属于翻译者的劳动收入，而不能纳入公证处的收入，更不宜界定为国有资产"。该调查结果引起了福建省、市司法系统的重视，但有关翻译费的定性，未被福清市人民法院采纳。

该案审理历经 11 年后，2014 年 6 月 10 日，福清市法院经查认为，翻译费用的 40% 归译者、60% 归公证处，这是译者与公证处默认的约定。60% 的费用为公证处所有的账外财产，黄某无权处置，其私分并占有了属于公证处的 40% 费用。福清市法院审理认为，黄某身为国家工作人员，利用职务便利，伙同他人侵吞公共财产 17 万余元，并分得其中 9 万余元，构成贪污罪，判处有期徒刑 11 年，没收贪污所得 17.83 万余元。对于检方指控黄某涉嫌滥用职权罪，法院未予采纳。

黄某不服提出上诉。2014 年 10 月 15 日，福州市中级人民法院二审开庭。福州市中级人民法院经二审审理认为，上诉人黄某利用个人专长，在业余时间翻译涉外公证文书，其收取的翻译费应归个人所有，不能认定为公共财产。而且，其行为并未导致国家、集体或他人的财产利益受到损失，不具有社会危害性，遂依法认定上诉人黄某的行为不构成贪污罪，依法宣告黄某无罪。期间，黄某经历了 2 次开庭审理、4 次拘捕、4 次取保候审，共计被关押 806 天。[1]

二、法律问题

公证收费是公证机构在办理公证事务过程中，按照法定标准向公证当事人收取的费用。由于公证机构是向社会提供法律服务和法律保障的证明机构，其办理公证事务要付出相应的人力、物力，要支出一定的费用。根据权利义务相一致的原则，公证机构向公证当事人收取公证费是十分必要的。《公证法》第 34 条第 1 款规定："当事人应当按照规定支付公证费。"随着公证体制改革的推进，目前公证机构只有事业体制和合作制两种组织模式。结合以上提示，讨论以下三个问题：

1. 黄某收取翻译费用、公证处代为收取翻译费用的行为应当如何界定？

2. 翻译费是否属于公证费范畴？

3. 如公证机构公证人员涉嫌私自挪用、侵吞公证费，其行为是否构成挪用公款罪、贪污罪？为什么？

---

〔1〕 "司法局长兼职翻译被控贪污"，载《法制晚报》2015 年 5 月 18 日。

三、教学安排

（一）教学内容

本案例主要要求学生掌握公证刑事法律责任。

（二）课堂安排

要求学生在课前进行阅读与学习，包括：①案例 9.5；②《公证法》第 34 条；③《刑法》关于私分国有资产罪、贪污罪的有关规定。授课教师介绍教学内容之后，组织学生围绕以上法律问题进行研讨与分析。

四、重点提示

1. 关于个人、公证处收取翻译费行为的性质，可以参考中国公证协会、福建公证协会等的观点。本案中，司法部派出调查组得出结论：本案中的翻译行为应当界定为翻译者与当事人之间的民事承揽合同行为，而非公证处的行为。公证处未提供翻译服务不能收取费用，故翻译费属劳动者的合法收入，而非公证处的收入，更非国有资产。福清市检察院的指控缺乏政策法律依据和证据支持，不能成立。

中国公证协会也向福建省司法厅复函称：翻译非公证处的法定职责，公证处因不具备翻译能力不能提供该服务，需翻译时，可由当事人与翻译者按民事承揽合同办理，无论公证处是否提供协助，均不能视为公证处的行为，翻译费应属翻译者的劳动收入，不能纳入公证处收入，更不宜界定为国有资产。福建公证协会致函福清市法院，认为公证处法定代表人并无主持、决定或授权他人私分翻译费的问题，公证处也无需以法人名义承担收件、翻译、收费、发件、结算及相应过错责任，公证处工作人员只是翻译活动的居间人。案中所涉通过翻译劳动收取一定报酬的模式并不违反法律规定。

2. 关于翻译费是否属于公证费范畴的问题，重点关注公证机构的性质和公证机构收取公证费的标准。公证机构属于非营利性机构，其收取公证费本身就属于低价收费。公证机构不是以市场调节价收取费用，而是根据公证费收费标准来收取。《公证法》第 46 条规定：公证费的收费标准由省、自治区、直辖市人民政府价格主管部门会同同级司法行政部门制定。目前，公证收费是根据 1997 年司法部、国家计委联合下发的《公证服务收费管理办法》，按照不同的公证事项计收公证费的。公证收费标准分为国家标准和地方标准两部分：合同、协议、继承、遗嘱、收养、提存、赋予债权文书强制执行效力、保全证据、有法律意义的事实和文书公证等实行国家标准；其他公证事项，如抵押登记及其他法律服务事务实行地方标准。实行国家标准的收费项目，省级物价部门可根据本地区实际情况，在上下不超过 10% 的幅度内，确定本地区实施的具体标准，并报国务院司法行政部门和价格部门备案。实行地方标准的收费项目，收费标准由省级物价部门会同省级司法行政机关共同制定，并报国务院司法行政部门和价格部门备案。还有一些涉及公证事项的收费，如公证机构因此支出的差旅费、调查费、翻译费、租用保险箱等费用，应当由当事人负担，不属于公证收费范围。

3. 关于公证机构公证人员的行为是否构成挪用公款罪、贪污罪的问题。作为法律服务的一种类型，公证法律服务不再作为国家权力的组成部分，公证员所行使的不再是国家证明权。并且根据 2017 年 7 月发布并实施的《关于推进公证体制改革机制创新工作的意见》，截至 2017 年 11 月 14 日，全国 889 家行政体制公证机构提前全部完成了改制任务。据此，无论公证人员是否具有事业单位编制，其均不能成为挪用公款罪、贪污罪的主体。

拓展资料

9.2【拓展阅读资料】

| 第十章 |

仲裁员职业伦理

专题三十九　仲裁员职业伦理的内容

◈ **知识概要**

一、仲裁员职业伦理的概念和特征

仲裁是指发生争议的双方当事人，根据其在争议发生前或争议发生后所达成的协议，自愿将该争议提交给中立的第三者进行裁判的争议解决制度。仲裁具有自愿性、专业性、灵活性、保密性、便捷性、经济性、独立性等特点，是一种未经司法诉讼途径而具有法律约束力的争议解决方式，更是一种最能体现当事人意思自治原则的争议解决机制。

我国《仲裁法》规定，仲裁以根据事实、符合法律规定、公平合理地解决纠纷为原则，仲裁员在争议处理上拥有比法官更大的自由裁量空间。仲裁和诉讼相比，当事人可以"自己选法官"，当事人可以选择自己信赖的，公道、正派且水平较高的，足以给案件作出公正裁决的仲裁员作为仲裁庭的组成人员。与仲裁员的业务水平相比，仲裁员职业伦理道德水平在处理仲裁案件时更能发挥实质性的作用。因此，如何规范仲裁员的行为、明确仲裁员职业伦理规范、提高其职业操守就成了众多知名国际仲裁机构和有关国际组织所关注的问题。

仲裁员职业伦理规范不仅能够为仲裁员明确行为准则提供指南，而且在帮助当事人评价仲裁员行为、仲裁机构管理仲裁员、司法机关进行司法监督方面也都具有重要的作用。所以，在我国制定并推广仲裁员职业道德准则不仅是非常重要的，而且是极其必要的。

二、仲裁员职业伦理的基本内容

由于仲裁员行为的民间性和独立性，法律仅规定了仲裁员的资格，对仲裁员的行为规范通常只是一些原则性的规定，如要求仲裁员公正、独立地解决纠纷，必须具备公道正派的个人品质等。只有专门性的仲裁员道德行为准则才系统、完整地对仲裁员的职业道德和操守问题作出了较为全面系统的规定。国际上比较推崇的专门性的仲裁员道德行为准则有美国仲裁协会和美国律师协会制定的《商事争议中仲裁员的行为道德规范》、国际仲裁协会制定的《国际仲裁员行为准则》、英国皇家御准仲裁员协会制定的《仲裁员道德行为规范》等。

在我国，至今还没有一套适用于全国仲裁系统的仲裁员伦理规范。《仲裁法》第 13 条，对仲裁员职业伦理提出了原则性的要求："仲裁委员会应当从公道正派的人员中聘任仲裁员……"第 15 条第 3 款规定："中国仲裁协会依照本法和民事诉讼法的有关规定制定仲裁规则。"自 1994 年《仲裁法》颁布以来，已有一些仲裁机构相继制定了类似性质的规则。如中国国际经济贸易仲裁委员会、中国海事仲裁委员会制定的《仲裁员守则》，北京、青岛、广州、天津等仲裁委员会通过的《仲裁员行为规范》或《仲裁员守则》。仲裁员职业伦理主要包括仲裁员公正、独立地处理仲裁案件的义务、主动披露与回避义务、勤勉义务、保密义务、相互尊重义务。

经典案例

案例 10.1　首席仲裁员言辞不当案

一、基本案情

2005 年 4 月 20 日，元盛公司就其与温榆河公司和球皇公司签订的《股权转让合同》向国际贸易仲裁委员会上海分会递交了仲裁申请，认为温榆河公司和球皇公司未支付合同约定的股权转让款，请求裁决解除《股权转让合同》、两公司支付违约金人民币 1700 万元以及仲裁费、律师费、差旅费等。

2006 年 6 月 2 日，仲裁庭在上海进行第 4 次开庭，并进行了案件调解。因双方主要争议在于温榆河公司和球皇公司是否未足额支付股权转让款，而温榆河公司和球皇公司在仲裁过程中陈述非但足额支付，且超额支付，故首席仲裁员陈某要求温榆河公司和球皇公司的代理人持诚实信用的态度进行调解（该次开庭时，球皇公司法定代表人卢某未到庭）。在此过程中，陈某用"化外之民"指称卢某，认为卢某不知如何有礼仪地去做事。该次开庭之后，温榆河公司和球皇公司代理人将上述情况告知了卢某，卢某对陈某所发表的言辞不满。

2006 年 6 月 6 日，球皇公司向国际贸易仲裁委员会上海分会提交了请求首席仲裁员陈某回避的申请。中国国际经济贸易仲裁委员会于 2006 年 9 月 1 日作出了（2006）中国贸仲京字第 8843 号决定，驳回了球皇公司所提出的回避申请。主要理由为：该次开庭，其目的是在仲裁庭主持下进行调解；陈某发表的言辞是在征询当事人调解意向的过程中产生的，不是针对特定的当事人或当事人所处的特定社会群体，其出发点是希望当事人应在尊重事实、诚实信用的基础上发表观点；仲裁活动本身是在相对封闭、不公开的状态下进行，除非当事人不遵守该原则，因此，并不存在社会公众对当事人评价降低的可能。[1]

二、法律问题

本案首席仲裁员是否应当回避？

三、教学安排

（一）教学内容

本案例主要要求学生掌握仲裁员职业伦理的基本要求，包括：①仲裁员职业伦理的原则要求；②仲裁员的回避义务。

（二）课堂安排

要求学生在课前进行阅读与学习，包括：①案例 10.1；②《仲裁法》第 13、30~38、58 条；③本专题拓展资料"仲裁员的操守"。授课教师介绍教

---

〔1〕　上海市第二中级人民法院（2007）沪二中民五（商）初字第 95 号民事裁定书。

学内容之后，组织学生围绕以上法律问题进行研讨与分析。

四、重点提示

《仲裁法》第 13 条除了对于法律职业资格、从事法律工作、专业职称等专业性问题提出要求外，只对仲裁员的职业伦理提出了"公道正派"的要求。本案中，首席仲裁员在仲裁开庭时发表的言辞显属不当，但是其行为是否有悖于仲裁员的公正性和独立性，即"公道正派"的要求，需要进一步判断。《仲裁法》第 34 条规定了近亲属、利害关系、可能影响仲裁的其他关系、私自会见当事人代理等四项法定回避理由，但是没有将言辞不当作为法定回避理由。受理撤销仲裁案件的法院需要从两方面来判断：一是受理本仲裁案件的仲裁委员会的《仲裁规则》中是否明确规定了仲裁员言辞不当或者类似表述属于应当回避的情形；二是该仲裁员是否是适格的仲裁员，是否符合仲裁员职业伦理规范的要求。如果违反，是否构成仲裁庭组成人员违法。从以上两个方面考虑，本案中受案法院撤销仲裁裁决的做法值得商榷。

案例 10.2　仲裁员接受当事人请吃案

一、基本案情

王某于 2015 年 1 月向安庆仲裁委员会提起仲裁，请求确认其与长键公司于 2014 年 6 月 18 日签订的《房屋所有权转让协议书》合法有效并裁决长键公司向其交付涉案房产及协助办理房屋产权变更登记手续。安庆仲裁委员会受理后，依法由祖某担任首席仲裁员，徐某、刘某组成仲裁庭进行审理。

后王某申请仲裁庭全体回避，徐某、刘某亦自行申请回避，安庆仲裁委员会遂作出决定，同意徐某、刘某回避，但对王某要求首席仲裁员祖某回避的请求，口头予以驳回。后安庆仲裁委员会依法选定汪某、潘某重新组成仲裁庭并仍由祖某担任首席仲裁员，王某依然多次申请首席仲裁员祖某回避并以祖某接受其宴请及购物卡为申请回避理由，安庆仲裁委员会对此均予以驳回。仲裁庭开庭审理时，王某因其要求首席仲裁员祖某回避的请求未予采纳拒绝参与庭审并宣告退庭，仲裁庭随即宣布该案书面审理。后王某书面申请撤回仲裁申请，安庆仲裁委员会作出（2015）宜仲决第 20 - 2 号决定，不同意王某撤回仲裁的申请。

案外人陈某、王某亲戚马某和仲裁员徐某书面证词表明，陈某受王某之托请祖某、徐某吃饭，吃饭时也谈论了该案，饭后由其结账且费用系王某支付。2016 年 8 月 4 日，安庆仲裁委员会作出（2005）宜仲裁第 20 号裁决，裁定《房屋所有权转让协议书》无效，对王某的其他仲裁请求不予支持。[1]

二、法律问题

1. 本案首席仲裁员祖某的行为违反了哪些仲裁员职业伦理规范？

2. 王某向有管辖权区法院起诉，要求撤销该案仲裁裁决，受案法院应该作出何种判决及理由？

三、教学安排

（一）教学内容

本案例主要要求学生掌握仲裁员职业伦理的基本要求，包括：①仲裁员职业伦理的原则要求；②仲裁员的回避义务。

（二）课堂安排

要求学生在课前进行阅读与学习，包括：①案例 10.2；②《仲裁法》第 34～36 条；③本专题拓展资料"仲裁员的操守"。授课教师介绍教学内容之后，组织学生围绕以上法律问题进行研讨与分析。

四、重点提示

1. 本案重点是分析根据《仲裁法》第 34 条第 4 项、第 35 条、第 36 条，首席仲裁员祖某的行为是否违反《仲裁法》关于回避的有关规定。仲裁员私自会见当事人、代理人或者接受当事人、代理人请客送礼的，属于应回避事由。祖某作为王某仲裁一案的仲裁员，其接受王某所委托的陈某吃请并谈论案情，就此祖某应自行回避，不得继续担任该仲裁一案的仲裁员。祖某作为仲裁员也将接受仲裁机构内部的纪律处分，如其行为触犯刑法，还可能需要承担相应的法律责任。

---

〔1〕　安徽省安庆市中级人民法院（2016）皖 08 民特第 19 号民事判决书。

2. 如仲裁员未回避或者仲裁机构主任决定不予回避，将可能导致仲裁庭的组成违反法定程序，该仲裁庭作出的仲裁裁决应被撤销。王某亦以此为由申请其回避，安庆仲裁委员会对王某的回避申请不予准许显然错误，程序违法。据此，王某依法申请安庆市中级人民法院撤销本案仲裁裁决，法院依照《仲裁法》第 58 条第 1 款第 3 项、第 2 款的规定，应当裁定撤销安庆仲裁委员会（2015）宜仲裁第 20 号裁决。

案例 10.3　仲裁员曾担任代理律师的实习指导老师案

一、基本案情

在申请人和立信公司与被申请人南山矿业公司仲裁案件中，仲裁员陈某是海南某律师事务所律师兼副主任，而该案申请人和立信公司的委托代理人符某是该所实习律师，仲裁员陈某是符某在该所实习期间唯一的指导老师。和立信公司随后撤销了对符某的委托。[1]

二、法律问题

1. 仲裁员曾担任代理律师的实习指导老师是否属于《仲裁法》第 34 条第 1 款第 3 项规定的仲裁员"与本案当事人、代理人有其他关系，可能影响公正仲裁"的情形？相应的，以上事项是否属于仲裁员应当披露的事项？

2. 在仲裁庭组成后，作为代理人的实习律师不再代理该案，那么作为实习指导老师的仲裁员是否仍应当回避？

3. 本案中，符某作为实习律师是否可以独立代理仲裁案件？

三、教学安排

（一）教学内容

本案例主要要求学生掌握仲裁员职业伦理的基本要求，包括：①仲裁员职业伦理的原则要求；②仲裁员的回避义务。

---

〔1〕　海南省中级人民法院（2011）海中法仲字第 3 号民事判决书。

（二）课堂安排

要求学生在课前进行阅读与学习，包括：①案例10.3；②《仲裁法》第58条；③本专题拓展资料"仲裁员的操守"。授课教师介绍教学内容之后，组织学生围绕以上法律问题进行研讨与分析。

四、重点提示

1. 仲裁委受理本案后，和立信公司的代理人符某的实习指导老师陈某为该案的仲裁员，符某与陈某之间同事加师生的特殊关系，可能会影响案件的公正裁决。陈某存在应当回避而未回避的情形，属于《仲裁法》第58条第1款第3项规定的可撤销的情形。

2. 虽然和立信公司随后撤销了对符某的委托，但陈某仍系和立信公司选定的仲裁员。由于二人之间存在的特殊关系，不排除和立信公司与陈某之间建立特殊关系的可能。符某的退出并不能摆脱该嫌疑，只有陈某主动回避才能保证仲裁公正。

3. 根据《律师法》《律师执业管理办法》《申请律师执业人员实习管理规则》等法律、规章及文件的相关规定，实习律师只能在实习指导律师的指导下学习律师业务规则和技能，不具备独立承办律师业务的资格，更不能单独出庭担任代理人。由此可见，符某独立担任和立信公司的委托代理人，本身就违反了律师职业伦理规范，应给予行业纪律处分。同时，符某实习律师的身份也让陈某作为实习指导老师在一定意义上可以被视为代理人。

案例10.4　仲裁员之间曾有师生或者同事关系案

一、基本案情

在2013年申请人叶某与被申请人曾某《存量房买卖合同》履行纠纷仲裁案件中，被申请人曾某认为仲裁委员会指定的首席仲裁员罗某与申请人指定的仲裁员卢某具有利害关系，起诉至法院请求撤销该案的仲裁裁决。罗某系某大学副教授（硕士生导师）、广州仲裁委员会仲裁员、原A律师事务所律师，而仲裁员卢某在该大学读硕士期间与罗某系师生关系。而卢某于2007年创办了A律师事务所，后于2011年转投B律师事务所，罗某一直在A律师事务所担任兼职律师。[1]

二、法律问题

首席仲裁员与对方当事人指定的仲裁员曾经存在同事或师生关系的，是否构成《仲裁法》第 34 条规定的法定回避的事由？

三、教学安排

（一）教学内容

本案例主要要求学生掌握仲裁员职业伦理的基本要求，包括：①仲裁员职业伦理的原则要求；②仲裁员的回避义务。

（二）课堂安排

要求学生在课前进行阅读与学习，包括：①案例 10.4；②《仲裁法》第 13、34、58 条；③本专题拓展资料"仲裁员的操守"。授课教师介绍教学内容之后，组织学生围绕以上法律问题进行研讨与分析。

四、重点提示

根据《仲裁法》第 34 条的规定，仲裁员回避事由可以分为两类：一类是仲裁员与案件争议本身的关系，另一种是仲裁员与案件当事人或其代理人的关系，并不包括仲裁员之间的关系。本案中，申请人主张的首席仲裁员与对方当事人指定的仲裁员之间曾经存在同事或师生关系，显然不属于以上法定回避的事由，本案不存在《仲裁法》第 58 条第 1 款第 3 项所列撤销仲裁裁决的事由。

在国际仲裁中被广泛认可的《国际律师协会国际仲裁利益冲突指南》也仅将"该仲裁员与另一仲裁员是同一律师事务所的律师"明确为仲裁员应当披露的事项。但是，"同事关系"应仅指现在存在的同事关系，如果曾经是同事，则不包括在该条规定的事项之内。根据该指南，即便首席仲裁员与对方当事人指定的仲裁员曾经存在同事关系，但在被选定或指定时，两位仲裁员并无同事关系，仲裁员也无需承担披露该事项的义务。但是目前在我国的仲

---

[1] 广东省广州市中级人民法院（2014）穗中法仲审字第 98 号民事裁定书。

裁实践中，仲裁员与当事人、代理人现在或两年内曾在同一单位工作的，都被视为现在的"同事关系"，被认定为存在可能影响公正仲裁的"其他关系"。对此，中国国际经济贸易仲裁委员会和中国海事仲裁委员会制定的《仲裁员行为考察规定》及《广州仲裁委员会仲裁规则》也有类似的规定。

至于曾经的师生关系，一方面，不同于基于利益的"同事关系"，很难被列入利益关系；另一方面，在地方高校承担本地法治人才培养的大前提下，如果将师生关系也列入"可能影响公正仲裁"的其他关系，也就基本上将在高校承担教学任务的教师排除在仲裁员名册之外，这也与《仲裁法》确定的仲裁员选任标准相冲突。

案例 10.5　仲裁员缺席仲裁案

一、基本案情

在佛山仲裁委员会受理的吴某与周某房屋租金纠纷仲裁案中，仲裁庭由 3 名仲裁员组成，分别为：首席仲裁员张某、仲裁员刘某、仲裁员饶某。该仲裁案分别于 2015 年 10 月 28 日、2016 年 3 月 30 日、2016 年 9 月 8 日、2016 年 9 月 20 日进行开庭审理。仲裁员刘某缺席 2016 年 3 月 30 日、2016 年 9 月 8 日、2016 年 9 月 20 日的庭审。吴某认为仲裁员刘某缺席仲裁庭庭审，而作为仲裁员都必须自始至终地参与对仲裁案件的审理，包括庭审、评议和裁决，因此其认为原仲裁程序违反法定程序，向佛山市中级人民法院申请撤销该案仲裁裁决。[1]

二、法律问题

1. 仲裁员缺席是否即意味着仲裁程序违法?
2. 仲裁员缺席是否违反仲裁员职业伦理规范?

三、教学安排

（一）教学内容
本案例主要要求学生掌握仲裁员职业伦理的基本要求。

---

〔1〕　广东省佛山市中级人民法院（2017）粤 06 民特第 86 号民事判决书。

（二）课堂安排

要求学生在课前进行阅读与学习，包括：①案例10.5；②《仲裁法》第58条；③本专题拓展资料"仲裁员的操守"。授课教师介绍教学内容之后，组织学生围绕以上法律问题进行研讨与分析。

四、重点提示

从司法实践情况来看，法院一般认为仲裁员缺席导致仲裁庭的组成"违反法定程序"。当一名仲裁员无法履行职责时，不填补该仲裁员的空缺，由剩余仲裁员组成的"缺员仲裁庭"是否可以继续完成仲裁程序？中国国际经济贸易仲裁委员会《仲裁规则》第34条和北京仲裁委员会《仲裁规则》第45条规定，通过限制仲裁程序进行的阶段来保证"多数仲裁员继续仲裁程序"的客观可行性，通过"征求当事人同意"这一设置，充分尊重当事人意思自治，给当事人提供灵活的程序选择权；通过"经仲裁委员会主任同意"这一设置来辅助仲裁庭对程序的掌控，保证程序的公正，即双方当事人对仲裁协议中仲裁员人数以及仲裁庭组成进行约定更改的方式，保证"缺员仲裁庭"仲裁的合法性。

本案是一起因仲裁员无法参加庭审而引起的当事人申请撤销仲裁裁决案。虽然《仲裁法》以及仲裁规则并未明确仲裁员缺席仲裁所应承担的责任。但是作为法律职业的重要组成，仲裁员理应承担起勤勉尽职的道德层面的义务。参加仲裁庭审、合议和裁决书制作，是对仲裁员的最基本要求。仲裁员在决定是否接受选定或者指定时，应充分评估自己的时间和精力，力求尽职、勤勉地参与案件的审理。

案例10.6　现职法官担任仲裁员案

一、基本案情

申请人廖某与被申请人鑫琥公司关于房屋买卖合同纠纷仲裁一案，申请人廖某不服鹰潭仲裁委员会（2014）鹰仲字第02号裁决，向法院提出撤销仲裁申请。申请人认为仲裁员郭某是鹰潭市某区法院在职法官，依照最高人民法院《关于现职法官不得担任仲裁员的通知》的规定，其依法不能担任仲裁员。鹰潭市某区人大常委会出具的证明材料表明，郭某被任命为鹰潭市某区人民法院审判员。[1]

二、法律问题

法院是否应当撤销本案涉案仲裁裁决？为什么？

三、教学安排

（一）教学内容

本案例主要要求学生掌握仲裁员职业伦理的基本要求，包括：①仲裁员职业伦理的原则要求；②仲裁员的回避义务。

（二）课堂安排

要求学生在课前进行阅读与学习，包括：①案例10.6；②《仲裁法》第58条；③本专题拓展资料"仲裁员的操守"。授课教师介绍教学内容之后，组织学生围绕以上法律问题进行研讨与分析。

四、重点提示

关于本案判定，有两种不同意见：

第一，法院应当撤销仲裁裁决，理由为《仲裁法》第13条第2款规定，仲裁员应当符合下列条件之一：……③曾任法官满8年的……就文义本身来看，"曾任法官满8年"即意味着担任仲裁员之时，其已不再担任审判员职务。因此，郭某不具备仲裁员资格，由其参与的仲裁庭违反了《仲裁法》第58条第1款第3项之规定，仲裁庭的组成违反了法定程序。

第二，法院不应当撤销仲裁裁决，理由为：①聘任仲裁员系仲裁机构依法自治的事项，人民法院在个案中只可进行程序性审查，应当尊重仲裁机构的自治，也保护了当事人对仲裁员名册的信赖利益。②最高人民法院《关于现职法官不得担任仲裁员的通知》规定现职法官不得担任仲裁员，旨在从人民法院内部单方面规范在职法官的行为，禁止在职法官担任仲裁员，不应以此来认定郭某在具体仲裁活动中的仲裁员资格。③《仲裁法》第13条第2款

---

[1]　江西省鹰潭市中级人民法院（2016）赣06民特第1号民事判决书。

第 3 项"曾任法官满 8 年的"的规定，旨在强调 8 年的审判员工作经验，并非是在否定现职审判员的仲裁员任职资格。因此，既然郭某已被列入仲裁员名册，其即具备了仲裁员资格，由其组成的仲裁庭并不违反《仲裁法》第 58 条第 1 款第 3 项的规定，法院不应撤销仲裁庭所作的裁决。

对于本案的法律问题，司法实践中做法各异，尚未形成共识，可以充分引导学生展开讨论。

◈ 拓展资料

10.1【拓展阅读资料】

专题四十 仲裁职业责任

◈ 知识概要

仲裁职业责任是仲裁员对其与仲裁案件有关的不适当的行为或不作为所应承担的法律后果。仲裁员在仲裁过程中存在某些不正当行为或过失，必然会影响到裁决的公正性，使当事人遭受不必要的损失。但对已经产生损失的情况，仲裁员是否要对其承担责任？这在仲裁立法和司法实践、仲裁实务以及仲裁法学理论方面存在着很大的分歧和差异。

《仲裁法》对仲裁责任作出了规定。《仲裁法》第 38 条规定，仲裁员有本法第 34 条第 4 项规定的情形，情节严重的，或者有本法第 58 条第 6 项规定的情形的，应当依法承担法律责任，仲裁委员会应当将其除名。第 34 条第 4 项规定的情形是"私自会见当事人、代理人，或者接受当事人、代理人的请客送礼的"。第 58 条第 6 项规定的情形是"仲裁员在仲裁该案时有索贿受贿，徇私舞弊，枉法裁决行为的"。因此，在法定情形下仲裁员对自己的过错行为承担责任，仲裁员的过错行为仅限于严重的故意违法行为；仲裁员对过错行为除了承担法律责任外，还要被仲裁委员会除名。

在国内的仲裁实践中，中国国际经济贸易仲裁委员会、中国海事仲裁委员会以及一些地方的仲裁委员会也在其仲裁员守则或有关行业规则中，规定了仲裁员的纪律责任。中国国际经济贸易仲裁委员会制定的《仲裁员行为考察规定》第 9~11 条，明确了仲裁员承担纪律责任的形式有更换仲裁员、警告、解聘等。

经典案例

案例 10.7 首例仲裁员终身禁入案件

一、基本案情

1999 年 10 月 28 日，天津某大学出版社（以下简称"出版社"）与富士施乐实业发展（上海）有限公司（以下简称"富士施乐"）签订了 DC4040P 彩色数码印刷机等《设备购买合同》及《维修合同》，合同价款 250 万元。但设备安装后，出版社发现该产品存在严重的质量问题，印刷出的产品达不到最基本的质量标准。在 2003 年 3 月 24 日至 9 月 30 日期间，维修次数高达 166 次。2003 年 8 月 19 日，出版社向天津仲裁委员会提出仲裁申请，请求解除买卖合同、返还价款。2005 年 11 月 18 日，天津仲裁委员会裁决，驳回申请人的仲裁请求，富士施乐向申请人支付 102 441.75 元。

一段 25 秒的录像显示：2005 年 7 月 6 日晚，富士施乐员工陈某、北京某律师事务所律师张某，与受聘于天津仲裁委员会的仲裁员戚某，在天津一家大酒店包房里就餐。此时正处以上仲裁案件在天津仲裁委审理期间。陈某与张某为该案富士施乐方委托代理人，戚某则是该案仲裁员。

对于共同吃饭一事，戚某的解释是，"由于需要在家里照顾患病的妻子，同时其个人意见与首席仲裁员的意见有些不一致，已经决定辞去本案的仲裁员一职……"，"我们吃饭的时候什么都没谈"。富士施乐的代理律师张某则强调，"本想让他和我们一起坐车回北京"，"也是考虑这位仲裁员要离职了，基于这一点，我们决定见个面"。但同时，律师张某也承认，"吃饭的时候，戚某谈了他的很多看法和观点"。

由于发现被人录像，戚某回北京后给天津仲裁委员会写了情况汇报，讲到了家庭的困难，也讲到了曾经与富士施乐方面的人员见面的事，觉得不适合再做本案的仲裁员。虽然在 2005 年 7 月 11 日，天津仲裁委员会回函称，"关于请辞本案仲裁员的请求已经报告领导，很可惜就本案无法再与您合作"。但不知何故，天津仲裁委员会最后还是动员该仲裁员参加了 2005 年 8 月 30 日的开庭。[1]

二、法律问题

1. 本案中仲裁员戚某的行为是否严重违反了仲裁员职业伦理规范？

2. 本案中北京某律师事务所律师张某的行为是否违反了律师职业伦理规范？

三、教学安排

（一）教学内容

本案例主要要求学生掌握仲裁员职业伦理的基本要求，包括：①仲裁员职业伦理的原则要求；②仲裁员法律责任。

（二）课堂安排

要求学生在课前进行阅读与学习，包括：①案例 10.7。②《天津仲裁委员会仲裁员行为规范》（2004 年 6 月 17 日天津仲裁委员会主任会议通过）第 5 条规定，仲裁员在仲裁案件过程中，不得有下列行为：以任何直接或间接方式，包括会面、电话、信件、传真、电子邮件等私自接触任何一方当事人或者代理人；私自向当事人或者其他人员就案件发表任何意见；泄露案件审理情况、仲裁庭合议情况或者当事人的商业秘密和个人隐私；接受当事人或者代理人的请客送礼、索贿受贿、徇私舞弊、枉法裁决。③本专题拓展资料"仲裁员的责任"。授课教师介绍教学内容之后，组织学生围绕以上法律问题进行研讨与分析。

四、重点提示

本案中，律师张某违规会见并宴请仲裁员戚某的行为，既使得仲裁员戚

---

[1] "富士施乐身陷'贿赂门'"，载《第一财经日报》2006 年 1 月 17 日。

某违反了仲裁员职业伦理规范，也使得张某违反了律师职业伦理规范。戚某最终被除名，被国务院终身禁止担任仲裁员，张某也被地方律师协会给予行业纪律处分。当然在本案中天津仲裁委员会坚持让戚某参加庭审的做法也值得商榷。

拓展资料

10.2【拓展阅读资料】

图书在版编目（ＣＩＰ）数据

法律职业伦理案例研究指导/袁钢编著. —北京：中国政法大学出版社，2019.11
ISBN 978-7-5620-9289-6

Ⅰ. ①法… Ⅱ. ①袁… Ⅲ. ①法伦理学－案例 Ⅳ.①D90-053

中国版本图书馆CIP数据核字(2019)第252064号

出　版　者　　中国政法大学出版社
地　　　址　　北京市海淀区西土城路25号
邮　　　箱　　fadapress@163.com
网　　　址　　http://www.cup1press.com（网络实名：中国政法大学出版社）
电　　　话　　010-58908435(第一编辑部)　58908334(邮购部)
承　　　印　　北京中科印刷有限公司
开　　　本　　720mm×960mm　1/16
印　　　张　　17
字　　　数　　270千字
版　　　次　　2019年11月第1版
印　　　次　　2019年11月第1次印刷
印　　　数　　1～5000册
定　　　价　　49.00元